广东海上丝绸之路博物馆经费支持出版

海洋出水金属文物腐蚀与保护

李伟华　主编　　陈　强　张玄微　副主编

Corrosion and Protection
of Metal Cultural Relics
in Marine Waters

化学工业出版社
·北京·

内容简介

本书是“南海Ⅰ号”海洋出水金属文物保护研究课题之成果，围绕海洋出水金属文物的腐蚀与保护展开，系统总结了金属文物保护的方法与技术，以“南海Ⅰ号”沉船作为案例，开展了相关腐蚀防护研究，开发了金属文物缓蚀新材料和新工艺，形成了新型缓蚀技术，取得了一系列的具有自主知识产权的研究成果。本书以铁和铜制品为主，主要内容有海洋出水金属文物情况概述及腐蚀保护方法、海洋出水金属文物腐蚀产物情况和腐蚀机理及影响因素、金属文物除锈方法、金属文物有害盐脱除方法、海洋出水金属文物缓蚀技术、金属文物的封护技术。

本书可供从事文物保护与修复及腐蚀与防护的科技人员、生产技术人员、博物馆科技人员阅读使用，也可供相关专业的高等学校师生参考。

图书在版编目（CIP）数据

海洋出水金属文物腐蚀与保护 / 李伟华主编 ; 陈强，张玄微副主编. -- 北京 : 化学工业出版社，2024.6
ISBN 978-7-122-45368-6

Ⅰ. ①海… Ⅱ. ①李… ②陈… ③张… Ⅲ. ①水下—金属器物—腐蚀—文物保护—研究—中国 Ⅳ. ①K876.44

中国国家版本馆 CIP 数据核字（2024）第 068679 号

责任编辑：王　婧　　文字编辑：胡艺艺　杨振美
责任校对：宋　夏　　装帧设计：张　辉

出版发行：化学工业出版社
（北京市东城区青年湖南街 13 号　邮政编码 100011）
印　　装：盛大（天津）印刷有限公司
710mm×1000mm　1/16　印张 11¾　字数 205 千字
2025 年 2 月北京第 1 版第 1 次印刷

购书咨询：010-64518888　　售后服务：010-64518899
网　　址：http://www.cip.com.cn
凡购买本书，如有缺损质量问题，本社销售中心负责调换。

定　　价：98.00 元　

序

随着国家水下考古事业的蓬勃发展，我国目前从各海域已发掘出包括“南海Ⅰ号”等在内多艘极具价值的古代沉船，并随之出水各类精美文物达数十万件，有陶瓷器、竹木漆器和石质器等，也包含了大量铁器、铜器、金银器等文物。由于海洋环境的复杂性、多样性和苛刻性等特点，海水中各种可溶性物质如氯离子等会渗透到铁器等金属文物之中，不断加速其腐蚀过程。故而，如何有效保护这些出水后的铁质等金属器物，已成为当前海洋出水金属类文物保护工作亟须解决的问题之一。近年来，我国文物保护科技工作者针对海洋出水金属文物的腐蚀与保护已开展了基础研究与实践探索，并取得了一定进展，但研究成果相对零散，且研究的系统性仍有待加强。因此，对海洋出水金属文物的腐蚀现状与保护方法进行系统综述，并对当前研究的前沿成果进行深入探讨与总结，可以为海洋出水金属文物保护存在的难点问题提供重要的理论指导与技术支撑。

在广东海上丝绸之路博物馆的大力支持下，李伟华教授团队开展了“南海Ⅰ号”海洋出水金属文物的保护研究，并结合研究成果编写了《海洋出水金属文物腐蚀与保护》一书。此书系统总结了海洋出水金属文物保护的现状，并深入探究了海洋出水金属文物腐蚀情况和影响因素；同时，对目前出水金属文物保护采用的除锈、脱盐方法进行了综述，并研究了其在“南海Ⅰ号”出水金属文物保护中的应用成效，为此类技术应用于其他海洋出水金属文物的保护起到良好的示范作用。本书对海洋出水金属文物缓蚀技术进行了论述，阐述了金属文物缓蚀材料的筛选评价方法及其研究与应用现状，综合分析了各类缓释剂的作用效果，有力支撑了出水金属文物缓蚀保护新材料、新技术的研发与应用。重点以“南海Ⅰ号”出水铁质文物为例，研究了新型缓蚀剂和复配缓蚀剂在铁器材料中的实施工艺和效果，深入阐释了缓蚀作用机制，扩大了缓蚀剂的应用范围。本书也对出水金属文物的封护技术进行了总结与展望，着重对封护材料进行了概述，具有一定的针对性与实用性。

此书基于作者在“南海Ⅰ号”海洋出水金属文物保护研究中的原始数据，归纳总结了当前海洋出水金属文物防护技术与方法，科学性与系统性较强。虽然目前的研究仍有待深入，但此书会加强人们对我国海洋出水金属文物保护的进一步认识，为减少我国海洋出水金属文物的腐蚀损失提供理论指导和技术支持，同时能促进我国珍贵文化遗产的保护与传承。

李化元 李玲

李化元，原中国文物保护技术协会监事长
李玲，湖北省文物考古研究院 研究员

前 言

海洋出水金属文物不仅反映了祖国灿烂辉煌的历史文化，也是全人类珍贵的历史财富，具有很高的观赏价值、科学价值和文化价值。然而海洋复杂苛刻的环境会导致出水金属文物的严重腐蚀，极大影响其历史价值，因此亟须开展出水金属文物高效保护的研究。

本书从海洋出水金属文物情况概述及腐蚀保护方法简介开始，深入讨论了海洋出水金属文物腐蚀产物情况和腐蚀机理及影响因素，系统阐述了海洋出水金属文物的除锈、脱盐方法及缓蚀和封护技术，归纳总结了各种保护技术的最新研究成果。重点论述了海洋出水金属文物缓蚀技术与方法，探讨了新型缓蚀材料与复配缓蚀材料的实施工艺与实施效果，科学揭示了各类缓蚀材料的作用机制。将“南海Ⅰ号”出水金属文物保护的研究进展与成果贯穿于各保护技术之中，印证了目前发展的出水金属文物保护技术的普适性，同时丰富了传统出水金属文物保护的方法与途径。

本书是在“南海Ⅰ号”出水金属文物保护研究基础上编撰而成，涵盖了出水金属文物保护的最新技术和发展动态。本书集研究内容的先进性与叙述的深入浅出为一体，旨在对出水金属文物保护各方面内容进行系统和全面的阐述，以更好地满足读者学习的需要。

本书编撰过程中获得了广东海上丝绸之路博物馆的大力支持，谨此表达衷心的感谢和敬意。作者研究团队成员田惠文、韩鹏、郑海兵、于放、谢慧、周航宇、王智俊、余健有等参与了本书的撰写和校对，在此表示衷心的感谢。

由于水平有限，难免有疏漏、不足之处，敬请广大读者批评指正。

李伟华
2024 年 10 月

目录

第 1 章　海洋出水金属文物情况概述及腐蚀保护方法 …………………… 001

1.1　海洋出水金属文物情况概述 ………………………………………… 001

1.1.1　海洋出水铁质文物 ……………………………………………… 003

1.1.2　海洋出水铜质文物 ……………………………………………… 004

1.1.3　出水的其他金属文物 …………………………………………… 006

1.2　海洋出水金属文物腐蚀保护方法 …………………………………… 007

1.2.1　海洋出水铁质文物腐蚀保护方法 ……………………………… 007

1.2.2　海洋出水铜质文物腐蚀保护方法 ……………………………… 012

参考文献 …………………………………………………………………… 013

第 2 章　海洋出水金属文物腐蚀产物情况、腐蚀机理及影响因素 ……… 014

2.1　海洋出水金属文物腐蚀产物情况 …………………………………… 014

2.1.1　海洋出水铁质文物腐蚀产物情况 ……………………………… 015

2.1.2　海洋出水铜质文物腐蚀产物情况 ……………………………… 016

2.2　海洋出水金属文物腐蚀机理及影响因素 …………………………… 018

2.2.1　海洋出水铁质文物腐蚀机理及影响因素 ……………………… 019

2.2.2　海洋出水铜质文物腐蚀机理及影响因素 ……………………… 022

参考文献 …………………………………………………………………… 025

第 3 章　金属文物除锈方法 ……………………………………………… 027

3.1　金属文物锈蚀情况概述 ……………………………………………… 027

3.1.1　铁质文物 ………………………………………………………… 027

3.1.2 铜质文物 …… 028
3.1.3 其他金属文物 …… 029
3.2 金属文物除锈常见方法 …… 029
3.2.1 机械法 …… 030
3.2.2 喷砂除锈 …… 030
3.2.3 激光除锈 …… 030
3.2.4 化学试剂除锈 …… 031
3.2.5 电化学除锈 …… 032
3.3 金属文物除锈方法应用 …… 032
3.3.1 山东蓬莱水城出土铁锚喷砂除锈 …… 032
3.3.2 辽代嵌金银饰铁器化学除锈 …… 033
3.3.3 覆盖铭文铜镜的化学除锈 …… 034
3.3.4 西夏银洗除锈保护 …… 035
3.4 “南海Ⅰ号”铁质文物喷砂除锈方法研究 …… 035
3.4.1 “南海Ⅰ号”出水铁质文物样品除锈方法选择 …… 035
3.4.2 “南海Ⅰ号”出水铁质文物样品喷砂 …… 036
参考文献 …… 037

第4章 金属文物有害盐脱除方法 …… 039

4.1 文物有害盐的存在形式及检测方法 …… 040
4.2 铁质文物脱盐方法 …… 040
4.2.1 蒸馏水清洗法 …… 040
4.2.2 碱液清洗法 …… 041
4.2.3 碱性亚硫酸盐脱氯法 …… 041
4.2.4 电解还原脱盐法 …… 042
4.2.5 亚临界水脱盐法 …… 042
4.3 铜质文物脱盐方法 …… 043
4.3.1 蒸馏水清洗法 …… 043
4.3.2 碱性连二亚硫酸钠清洗法 …… 043
4.3.3 倍半碳酸钠浸泡法 …… 043
4.3.4 电化学法 …… 044
4.4 脱盐溶液中氯离子含量检测方法 …… 045
4.4.1 离子色谱法 …… 045

4.4.2　硝酸银及硝酸汞滴定法 ………………………… 045
4.4.3　电位滴定法 ………………………… 046
4.4.4　氯离子选择性电极法 ………………………… 046
4.5　脱盐技术实际应用案例 ………………………… 047
4.5.1　魏家庄遗址出土铁质文物的脱盐处理 ………………………… 047
4.5.2　“华光礁Ⅰ号”南宋沉船出水铁质文物的脱盐处理 ………………………… 047
4.6　“南海Ⅰ号”出水铁质文物的有害盐脱除研究 ………………………… 048
4.6.1　“南海Ⅰ号”出水铁质文物样品脱盐处理 ………………………… 048
4.6.2　研究结果 ………………………… 049
参考文献 ………………………… 051

第5章　海洋出水金属文物缓蚀技术 ………………………… 053

5.1　金属文物缓蚀材料的研究与应用现状 ………………………… 053
5.1.1　缓蚀剂的分类 ………………………… 054
5.1.2　缓蚀剂的作用机理 ………………………… 056
5.1.3　缓蚀技术的特点 ………………………… 057
5.1.4　铁质文物的缓蚀研究与应用现状 ………………………… 058
5.1.5　铜质文物的缓蚀研究与应用现状 ………………………… 059
5.1.6　其他金属文物的缓蚀研究与应用现状 ………………………… 062
5.2　缓蚀剂的筛选与评价 ………………………… 064
5.2.1　缓蚀剂筛选方法 ………………………… 064
5.2.2　缓蚀剂评价方法 ………………………… 065
5.3　有机缓蚀剂 ………………………… 065
5.4　单宁酸缓蚀剂 ………………………… 069
5.5　硅酸盐类缓蚀剂 ………………………… 071
5.6　含磷类缓蚀剂 ………………………… 072
5.7　过渡金属离子缓蚀剂 ………………………… 073
5.7.1　过渡金属离子 ………………………… 073
5.7.2　过渡金属离子缓蚀剂作用机理 ………………………… 074
5.7.3　有机物盐与过渡金属离子的协同缓蚀 ………………………… 074
5.8　钼酸盐缓蚀剂 ………………………… 076
5.9　“南海Ⅰ号”缓蚀工艺 ………………………… 077
5.9.1　钼酸盐无机缓蚀剂实施工艺研究 ………………………… 077

5.9.2 钼酸盐无机缓蚀剂实施工艺结果 …… 078
5.9.3 植酸钠绿色缓蚀剂实施工艺研究 …… 080
5.9.4 植酸钠绿色缓蚀剂实施工艺结果 …… 081
5.9.5 新型肟醚基三氮唑缓蚀剂实施工艺研究 …… 084
5.9.6 新型肟醚基三氮唑缓蚀剂实施工艺结果 …… 087
5.9.7 新型均三唑环三氮唑缓蚀剂实施工艺研究 …… 099
5.9.8 新型均三唑环三氮唑缓蚀剂实施工艺结果 …… 102
5.9.9 十二烷基硫酸钠与4-巯基吡啶缓蚀剂的复配协同实施工艺研究 …… 113
5.9.10 十二烷基硫酸钠与4-巯基吡啶缓蚀剂的复配协同实施工艺结果 …… 116
5.9.11 杂原子官能团及其分布位置差异对缓蚀剂分子吸附性能的影响机制研究 …… 129
5.9.12 杂原子官能团及其分布位置差异对缓蚀剂分子吸附性能的影响结果分析 …… 133
5.10 金属文物缓蚀材料的研究与应用总结 …… 143
参考文献 …… 145

第6章 金属文物的封护技术 …… 149

6.1 铁质文物的封护技术 …… 149
6.1.1 铁质文物的腐蚀机理 …… 149
6.1.2 铁质文物的封护材料 …… 150
6.2 铜质文物的封护技术 …… 158
6.2.1 铜器的发展 …… 158
6.2.2 铜器的分类及其特点 …… 159
6.2.3 铜质文物的腐蚀机理 …… 160
6.2.4 铜质文物封护材料研究 …… 161
6.3 银质文物的封护技术 …… 166
6.3.1 银质文物的腐蚀因素 …… 167
6.3.2 银质文物的一般保护步骤 …… 168
6.3.3 银质文物的封护材料 …… 168
6.4 金质文物的封护技术 …… 169
6.5 展望 …… 171
参考文献 …… 172

· 第1章 ·

海洋出水金属文物情况概述及腐蚀保护方法

海洋出水金属文物对于历史的补充有着重要意义，它是古代人民辛勤劳作、社会实践乃至文化生活的智慧结晶。然而，由于长期处于海水浸泡环境，出水文物面临着严重的腐蚀问题。本章节对海洋出水金属文物情况进行概述，依据出水金属文物的材质进行归类，并归纳总结不同材质金属文物的腐蚀保护方法。

1.1 海洋出水金属文物情况概述

地球表面积有70%以上为水域面积。人类自古以来，大多靠水而居。在池塘、沼泽、江流、湖泊、海岸等水域内，都有人类的生活痕迹，部分水域更是遗留着古代社会的文化遗产。通过陆地考察和现代先进海洋、江河打捞技术对文物进行考察，来追溯古代人类的社会文化痕迹，研究古代的科学技术、文化、经济、贸易等社会运作方式，对古代社会文化的解构和重塑有着重要意义。现阶段查明的水下文物种类繁多，涵盖陶瓷、石器、金属甚至矿石等无机物质，以及木质、皮革、纺织品、骨质等有机和复合物质等。出水文物的类型与沉船所处的历史时代、生产力发展水平、科学技术水平、社会经济状况、国际文化等因素有着密切联系。

自古以来，我国一直秉承与邻为善的友好理念与行为准则，与世界各国都建立了友好往来的国际关系。西汉汉武帝时期开辟的“海上丝绸之路”，到了唐宋时期进入了飞速发展的繁荣阶段。海上丝绸之路，是古代中国与世界其他各国贸易流转和文化往来的重要方式之一，也被称为“海上陶瓷之路”和“海上香料之路”。海上丝绸之路以中国为起点，东达日本、朝鲜半岛，西经东南亚、印度洋地区，直至西亚和东北非。以印度尼西亚出土的中国汉代陶器为例，其中有大量的生活用具和祭祀用品，这些文物的出土地点为西加里曼丹、东苏门答腊以及巴厘、南苏拉威西、南苏门答腊的明古鲁（Bengkulu）与楠榜（Lampung）、中苏门答腊的克灵齐、西爪哇的万丹、中爪哇的葛都与慕利亚山区等。我国陶瓷曾经就在西爪哇的下万丹被发现，其历史可追溯到盛唐时期。1996 年发现的“华光礁Ⅰ号”沉船遗址及出水的相关文物（其中包括刻有楷书“壬午载潘三郎造”字样的青白釉碗，如图 1-1 所示），就显示了我国在南宋时期与东南亚国家建立了良好的商贸往来关系。整理海上丝绸之路沿线的水下文物，对于历史的补充有着重要意义。

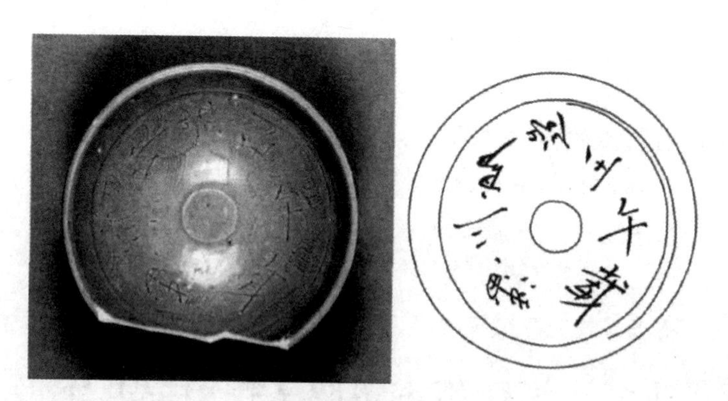

图 1-1 “壬午载潘三郎造”青白釉碗

漳州海域位于福建省，为古代海上丝绸之路的重要组成部分，而位于漳浦古雷半岛东面的菜屿列岛有着大量的出水文物，主要以青瓷器为主。栗建安等人对一批菜屿列岛出水文物进行初步整理，根据其基本特征可以确定为龙泉窑产品。

韩、日是中国的周边国家，自古以来与中国一直有着较为密切的往来。1975 年一艘沉船于韩国金罗道新安海底被人们发现，这一重大考古事迹揭开了世界考古史上的一大奇迹——新安海元代沉船[1]的神秘面纱。这艘船上运载了大量的龙泉青瓷、景德镇窑白瓷和青白瓷、建窑黑釉盏、吉州窑白地黑花瓷等以陶瓷为主的重要物品。袁泉对新安沉船出水仿古文物开展了研究，结合文献和史实，比较分析了宋元时期文物与古代日本的器物。其研究表明，新安沉船遗址中的仿古炉瓶既体现了宋元时期手工业生产蕴含的文化，又表现了古代日本武士僧侣在仿古方面的雅趣。每个历史时期的文化产物都折射出蕴意丰富的社会现象。

我国打捞发掘的出水文物，充分体现了古代中国较高的科学技术和社会文化水平，并显示出与古代各国之间商贸往来和经济文化交流已十分频繁。在经济文化交流过程中，中国的技术和文化逐渐被世界各国人民吸收，创造出具有自身民族和地区特色的技术和文化，同时又反馈到中国，有着良好的协同促进作用。国家交流的主体是人民群众，交流媒介是各国的社会文化和经济发展。在现今构建21世纪“海上丝绸之路”的进程中，要充分发挥世界各国人民的主体作用和经济文化发展的客体作用，在新形势下进一步巩固全球共同发展，构建新型睦邻关系，共筑人类命运共同体。

1.1.1 海洋出水铁质文物

在海洋出水文物中，铁质文物是其中非常重要的一类，其中以“南海Ⅰ号”出水的铁质文物最具代表性。“南海Ⅰ号”于1987年在阳江海域被发现，是目前发现的最古老、体型最大以及最完整的海上沉船。“南海Ⅰ号”出水文物中有大量的铁锅及铁条，如图1-2所示。万鑫等人对“南海Ⅰ号”的沉船出水铁器基体及其夹杂物进行了分析，结果表明铁锅为过共晶白口铁及亚共晶白口铁，铁条为亚共析钢，铁锅的制作工艺为铸造，铁条则为锻造。陈士松对“南海Ⅰ号”出水文物概况进行了详细分析，属性上来说，“南海Ⅰ号”出水文物大部分属于船货，是外销商品，主要包括陶瓷器和铁器，另一部分为船员用品，如砚台、试金石、执壶、玉石饰品、木珠串饰品、木梳子等。“南海Ⅰ号”中发现的陶瓷文物主要含二氧化硅和三氧化二铝，并含有少量的二氧化钛、二氧化锰、氧化铜、氧化钾、氧化镁等成分，一些陶瓷器外表层还包含铁质物质，且有一部分瓷器被贝壳、泥沙等包络。“南海Ⅰ号”入选2019全国十大考古新发现，其蕴藏的信息总量非常庞大，从发现到后期的打捞发掘工作，前后历经近三十年，成为国内水下文物发掘工作的典型。

---

[1] 新安船是近1323年前，由现在的浙江宁波起航，目的地为日本福冈的古商船之一。

图 1-2 “南海Ⅰ号”出水的铁质文物

另一有代表性的出水案例是“华光礁Ⅰ号”。1996 年中国渔民潜水打渔时发现了南宋沉船“华光礁Ⅰ号”的残存船板，它在 800 多年前沉入海底，是我国首次在远洋海域发现的古代船体。2007 年，中国国家博物馆与海南省旅游和文化广电体育厅联合组成西沙考古工作队，对“华光礁Ⅰ号”沉船遗址开展了我国首次大规模远洋水下考古发掘，累计发掘出水文物一万多件。“华光礁Ⅰ号”上布满大块铁质凝结物，因沉船在远海，打捞不便，打捞出水的铁器以小单体、小块凝结物为主，经统计有长 11～21cm、宽 2.2～4.0cm、厚 0.3～1.4cm 的铁器 500 多件。

上述“南海Ⅰ号”和“华光礁 Ⅰ 号”相关文物的出水，为我国铁质文物腐蚀防护工作的开展和发展提供了大量重要文物支撑。

1.1.2 海洋出水铜质文物

除铁器外，铜器也是出水金属文物中较为重要的一部分。铜质文物按照材质可分为红铜、黄铜、白铜、青铜等多种类型，以青铜材质的文物居多。早在 3900 多年前，华夏大地的先民就已掌握青铜冶炼和铸造技术，进入广泛制作和使用青铜器的青铜时代。

在陆上出土的文物中，以杨家村青铜器、后（司）母戊大方鼎、四羊方尊等文物为代表的青铜器，见证了中华大地灿烂的青铜文明。

而在海上出水的文物中，在诃陵（今印度尼西亚爪哇岛）发现的“黑石号”沉船在当时引起了较大反响。由于诃陵当时是唐朝同南亚、西亚等地区海上贸易往来的必经点，致使该岛屿附近经常发生海盗事件，成为商船沉没的危险区域，由此也积藏了很多宝物。在此背景下，1998 年在该海域挖掘出了唐朝末期的

“黑石号”沉船。

通过从水下打捞这一古沉船，人们发现了很多珍贵罕见的宝物，出水文物数量超过六万件。在这之中，瓷器占了最大比重，涵盖邢窑、越窑以及巩县窑的产品，产自长沙窑的瓷器件数超过五万。在各式各样的出水瓷器里，高度在一米左右的白釉绿彩瓶极为引人注目，这件产自长沙窑的瓷器属于唐朝时期供奉皇家的专用瓷器，与之一同打捞出来的还有青花瓷盘、金银制杯盘和铜镜等，数量基本为几件或几十件不等。

作为古代用来整理面容衣冠的器物，铜镜包括铜、锡以及铅等成分，分为方、圆、桃、花瓣以及带柄状等形状。铜镜有正反两个面，正反两面的工艺各有不同。制造精良、图文华丽的铜镜体现了我国古代青铜冶炼和铸造技术的高超，反映出了古人的审美艺术和文化特点。目前的出水铜质文物中，铜镜占大多数。而在该沉船的众多文物中，一面看似普通的铜镜实际上正是人们一直在找寻的“江心镜”（图 1-3）。该镜被认为是沉船出水铜镜中最不寻常的一面，因为它不仅是其中唯一一面有道教旨趣的铜镜，而且还自铭其产地和铸造时间，为探讨这艘商船承载货物的来源地（港口）提供了重要线索和依据[1]。该镜尽管已经锈损，但仍可清晰看到外有一周文字，刻着“扬子江心百炼造成唐乾元元年戊戌十一月廿九日于扬州”的字样，印证了江心镜的存在。该镜由极富我国古代文化色彩的青龙、白虎、朱雀、玄武以及八卦等元素进行装饰，这与文献上面的内容存在矛盾。事实上，在唐代几乎没有铜镜会用青龙、白虎、朱雀以及玄武来装饰，而基本上采用各种异兽来修饰，因此唐代铜镜也被叫成四兽镜。而八卦镜尽管比较多，但是很少会和青龙、白虎、朱雀以及玄武等元素混在一起使用。

图 1-3　“黑石号”沉船出水江心镜

“黑石号”沉船的打捞出水让人们对盛唐有了更多、更全面的了解和认识。这些文物是古代中国和国外开展文化交流的最好证明，是最具说服力的证据，同时留下的珍贵铜质文物也为我们开展出水铜质乃至金属文物研究及保护提供了最佳实物。

另外，上述的“南海Ⅰ号”亦出水了大量铜质文物，包含数万枚的铜钱，还包括一些铜器皿、铜配饰、铜衡器和铜镜。铜器皿包括带柄带流铜锅、铜圈足小碗、铜条状物（推测为铜箸）等食器和铜香熏器盖、凤求凰百花铜盘等；铜佩饰包括铜戒指、铜手镯、铜钩、铜环等；铜衡器包括铜砝码和由铜指针、铜天秤立柱、三足底座等构成的铜天平；而出水的铜镜有带柄铜镜、带纽六出葵花形铜镜、带纽桃形铜镜和无柄无纽铜镜。以铜环、铜镜、铜衡器等青铜文物为主，也有铜戒指、铜秤盘等黄铜文物，这也为研究宋代海上丝绸之路特别是铜质文物的相关发展和历史情况提供了宝贵的器物材料依据[2]。

图 1-4 “庆元路”铭文的铜权

1975 年发现新安沉船对研究元代铜质文物有着重要意义，在其中获得了刻着“庆元路”字样的铜权，如图 1-4 所示。新安沉船在韩国新安郡海域被发现，这处海域在《宣和奉使高丽图经》中有所记载。1976 年，新安沉船的打捞工作开始，前后历时近八年才基本完成了发掘，由此很多文物得以面世。在各种出水文物中，铜钱所占比例较大，总重量为 28 吨，且都是由中国制造，涵盖唐、宋、辽、金、西夏以及元时期的铜钱货币。研究表明，新安沉船产自我国泉州地区，自庆元港出发前往日本，船体装货规模位居当时东亚地区之首，该船在 1323 年经过高丽新安道水域时沉入水中。此次沉船打捞工作得到的文物种类多样，透过这条沉船及相关文物可以了解到当时我国同东北亚邻国之间的海上贸易情况。

而对于明清时代的出水铜质文物，1999 年出水的晋江深沪湾沉船铜质文物是其中的重要发现。出水的铜质文物中包括铜铳、铜锣、铜圆形器等多件铜器。其中铜铳包括前膛、药室以及尾銎。前膛外表是筒状，铳口呈圆形且比较宽，设置有固箍，内含铁弹；两耳是异兽形状；药室为椭圆体，设置有小药门，呈圆形；尾銎中空呈筒状，外沿亦铸固箍。铜铳外面设置了六条箍。前膛下方采用楷体写着“温字八号”的字样。铜铳上面刻着竖向铭文，共三列，从右往左依次是“嘉靖三十二年孟春吉日”“温州府铸造”“耆民张元钲铜匠池魁”。铜铳背部写着“铳重二百七十斤”。这些内容将此铜铳的序号、生产时间、生产部门、生产者和总重等信息完整简练地表达了出来。口内径 16.3 厘米、外径 22.4 厘米、腹围 86.3 厘米、尾銎内径 16.3 厘米、外径 24.5 厘米、通长 81.8 厘米。古船遗址中相关铜质材料的出水为研究明清时代的铜质文物提供了重要研究物证。

1.1.3 出水的其他金属文物

在其他出水的金属文物中主要以金银质文物为主，但主要是在江河中出水，其中以彭山江口明末战场遗址最具代表，2017 年 1 月至 4 月，四川省文物考古研究院等单位对其发掘。其出水器物品种多，数量大，级别高，时代跨度大，涉及地域广，在全国都堪称一项重大的考古成果，价值含量十足。此次发掘的一大收获是发现了数十页金、银材质的明代封册，其中出水的荣世子妃吴氏金册仅余单页，长 24.4 厘米、宽 10.1 厘米、厚 0.61 厘米、重 1415 克，封册长边每侧各有 2 个穿孔，孔间距 13.4 厘米、孔径 0.2 厘米，相关金银器的发现对了解明代册封制度具有重要意义；同样上述遗址还出水了大量与张献忠大西政权相关的各类文物，包括册封妃嫔的金册、200 余枚西王赏功金币（图 1-5）、铭刻大西国国号的银锭等，这对研究和了解大西国历史具有重要的意义；另外同期还出水了大量岁贡金锭，比较有代表性的像“伍拾两金锭”，其为长沙府于 1621 年供奉给吉王的黄金，在目前出土的所有明朝金锭里体积最大，应是长沙府向吉王府岁贡的一种特型金锭，而非市面上流通的货币，存世稀少，价值极高，哪怕经历了数百年水下时光，却仍然光彩照人，同时期的银锭都已经发黑了，这些器物的出水对了解明代岁贡制度具有重要的价值。

图 1-5　西王赏功金币

1.2　海洋出水金属文物腐蚀保护方法

1.2.1　海洋出水铁质文物腐蚀保护方法

铁质文物由于处于海水的浸泡环境，长期受到氯离子等介质的腐蚀，从浸泡环境中打捞出水后，由于环境（温度、湿度、空气杂质等）的突变及氧气透过电解质薄层水膜会导致文物受到更为恶劣的腐蚀。目前，对于出水铁质文物的腐蚀防护方法主要如下。

1.2.1.1　现场保护

刚发掘的器物在保护前需要及时预处理才能避免损害。首先要进行表面清洁，将疏松的吸附有大量氯离子的附着层去除，然后尽量缩短暴露在空气中的时间，让器物保持潮湿。这样可尽可能减少空气中氧气进入器物锈层内部，减少阴极区氧气的还原反应。一般将器物存放在碱性溶液中，如 NaOH、Na_2CO_3 等，既可以减少氧气的渗入，又可以中和铁器腐蚀产物中的 HCl，从而在金属铁的表面形成一层缓蚀膜。绥中三道岗元代沉船出水铁器就采用了遮光和使用浓度为5%的 Na_2CO_3（pH=11）溶液浸泡的紧急手段，实现了腐蚀速度的减缓[3]。

1.2.1.2 清除铁锈

铁质文物打捞出水后，其表面覆盖一层厚薄不均、疏松多孔的凝结层。其成分主要是铁的氧化物、氢氧化物、生物残骸及不溶性盐等。由于该凝结层有毛细管虹吸作用，极易在文物表面形成水膜，进一步加速铁器的腐蚀，因此，要为出水文物清洗除锈，按清洗原理的不同可分为物理法和化学法。对于大型结实的器物可采用小锤、凿子或电动工具仔细清理其锈蚀物。通过物理法除锈时，需要严格控制力度，在细微的区域可在放大灯或显微镜等设备的辅助下进行清除。而对于脆性大或表面有疏松的锈层时，应采用化学法进行除锈。较为常见的化学试剂包括磷酸、草酸以及柠檬酸等。同时为了避免化学试剂对文物的腐蚀，应加入一定浓度的缓蚀剂，如铬酸盐、吡啶等。具体来讲清除铁锈的方法主要包括如下几种[4]。

（1）机械法

采用手工或电动工具等清理铁质文物表层的包络物和锈蚀体。相对而言，这种方式快捷便利，简单易行，适用于含沉积物较多、锈层较厚的出水铁质文物的现场除锈。较为常见的机械器具包括棍棒、锤子、小凿、铁铲、钢丝刷、铁丝刷等。电动工具有角磨机、电动钻机以及刻字机等。使用机械清除需要严格控制力度，对于表面有金银饰等较为珍贵的铁质文物，更应在放大灯或显微镜等设备辅助下进行清除。

（2）喷砂法

利用专业喷砂设备喷射磨料至锈蚀文物上，借助其冲刷作用剥除铁质文物表面的锈蚀物质。主要设备有干式喷砂机、湿式喷砂机等，分开放式和密闭式两种。喷砂效果主要由磨料决定，磨料分为金属磨料和树脂磨料。铁质文物除锈中，磨料和设备的选择非常重要，要根据铁质文物的材质及具体的腐蚀程度来决定。现阶段被广泛采用的磨料涵盖石英砂、刚玉砂、塑料砂、玻璃粉、核桃皮粉末等，颗粒有粗、中、细之分。

（3）化学法

采用溶剂或乳液等同铁锈产生化学效应的方式去除铁质文物外表的铁锈。所使用的化学溶剂涵盖柠檬酸、草酸以及磷酸等。为避免试剂对器物机体的损害，在实际应用时添加浓度为0.1%～1 %之间的缓蚀剂，如磷酸盐、铬酸盐、吡啶等。具体操作：可使用10 %柠檬酸水溶液，加氨水调节溶液pH值至3.5～4.0之间，以0.1 %二巯基苯并噻唑为缓蚀剂，将配制好的清洗除锈溶液滴于脱脂棉上，浸润软化锈蚀物，配合使用手术刀、牙钩或小型电动工具除去锈蚀物，使用化学除锈剂除锈后，要及时用蒸馏水反复清洗[5]。

1.2.1.3　除氯脱盐

经过表面除锈的铁质文物仍存在大量残留的氯离子，氯离子能够破坏文物表面钝化膜的形成，加速文物表面的锈蚀反应从而加快锈蚀层的分裂脱离。因此，除氯脱盐是文物保护工作中最为关键的环节。除氯技术各有特点和适用范围，可以根据铁质文物的类型、存在的腐蚀环境和损耗程度来选择对应的除氯方法，目前常用的除氯方法有溶液浸泡法、电解还原法、物理脱盐法和纸糨糊敷法[6]。经过除氯脱盐后，需要检测除氯的效果，一般认为清洗液中氯离子的量低于5mg/L时达到脱盐目的。也可以在脱盐水样中加入数滴稀硝酸银溶液，若有白色沉淀产生，需要继续进行除氯，若无，则除氯脱盐工作完成。具体的除氯方法如下。

（1）溶液浸泡法

溶液浸泡法是利用浓度差作用使器物中的氯离子不断向清洗溶液扩散，从而达到除氯的效果。随着扩散过程的推移，器物与清洗液中的氯离子逐渐达到平衡，此时需要更换新的清洗液，使其形成浓度差重新开始扩散作用，以此来逐步降低铁质文物中的氯离子浓度。常见的清洗液有NaOH水溶液、LiOH甲醇溶液、碱性亚硫酸盐溶液等。其中使用NaOH溶液时应保证其浓度在2.00%～5.00%，且pH值必须在12以上，此方法原材料易获得、操作方便，但容易破坏铸铁文物；LiOH甲醇溶液利用OH^-置换铁质文物中的Cl^-，此方法温和，对金属文物损坏性较小，但往往处理时间长，脱盐效果较差；碱性亚硫酸盐溶液通过亚硫酸离子将腐蚀产物还原成致密的Fe_3O_4锈层以增加氯离子的扩散速度，由于SO_3^{2-}在大气中易氧化失效，因此该方法必须使用密闭容器，适用于处理小型器物。

（2）电解还原法

电解还原法是以器物作为阴极，碳钢作为阳极，稀碱液作为电解液，通过直流电源将铁质文物中的锈蚀物还原成致密的Fe_3O_4，以增加锈层的孔隙率使氯离子的扩散速度加快，达到除氯目的。开始阶段应使用低电流密度以适当减少腐蚀产物，一段时间后适当提高电流密度来排除氯离子。利用该法进行除氯清洗时，为了让电流覆盖整个器物，需要准确测量器物的表面积以控制施加电流的大小，但往往很难实现。而通过控制电压进行除氯能够避免因为电流过大而造成氢脆，具有安全、高效的特点，但恒电位法对于电位的选取往往根据经验，目前尚缺乏深入研究。电解还原法只适用于保留有金属芯的出水铁质文物，并不适用于被完全腐蚀的铁器。

（3）物理脱盐法

物理脱盐法是指通过改变物理环境使铁质文物的氯离子脱除的方法，主要有真空脱盐法和高温脱盐法。真空脱盐法通过对密闭环境施加真空条件，打破锈层内外的压力平衡，使表面的含氯物质脱除。此时由于环境密闭，也可往容器中注入碱性亚硫酸盐溶液，大大提高了脱氯效率。而高温脱盐法通过采用高温环境使含氯物质挥发从而实现脱除，过程中也可加入还原性气体将部分腐蚀产物还原成金属铁，该法缺点是处于高温环境中的铁质文物容易被破坏。

（4）纸糨糊敷法

纸糨糊敷法是将纸糨糊涂敷于器物表面，通过纸糨糊水的渗透作用，以溶解含氯物质，再利用浓度差使盐分扩散到纸糨糊表面结晶，达到除氯的目的。纸糨糊的制作方法为将宣纸打碎后浸泡到去离子水中并用氢氧化钠溶液调至 pH 值为 9 左右，充分搅拌直至纸完全吸收去离子水，涂敷的厚度要均匀。

1.2.1.4 缓蚀处理

铁质文物的缓蚀处理即将缓蚀剂浸润或者涂抹在铁质文物表面，借助化学反应在铁质文物外表层产生一层保护膜。该保护膜能够阻挡外界物质如气体等的腐蚀。铁质文物缓蚀剂的应用主要有两个领域：一是清洗、除锈或脱盐试剂中的缓蚀剂，这类缓蚀剂由于配方较少，本文不做详细介绍；二是铁质文物表面缓蚀剂，也就是涂敷于铁质文物表层的缓蚀剂，主要作用是减缓其在展厅或库房中所受的大气腐蚀[7]。

（1）铁质文物表面缓蚀剂

铁质文物表面缓蚀剂种类繁多，除单宁酸及苯并三氮唑可单独作为缓蚀剂使用外，其余都是复配型缓蚀剂，这也是目前国内外研究的趋势，具体包括以下几种类型。

① 胺类缓蚀剂：常用种类有亚硝酸二环己胺、苯甲酸二环己胺、碳酸二环己胺等；

② 磷酸和磷酸盐缓蚀剂：将磷酸、磷酸二氢盐、氧化加速剂以及协助反应剂等按照常温进行配制；

③ 单宁类缓蚀剂：单宁能够同铁进行反应，生成化合物，从而在物体表面产生防锈保护层，为了提高效果，往往会在使用单宁类缓蚀剂的同时联合化学辅助剂一起使用，并进行重复涂抹；

④ 钼酸盐以及其他缓蚀剂：一般采取钼酸钠同其他缓蚀剂结合的方式进行配制，借助不同试剂的化学反应在文物表面产生保护层。

（2）缓蚀处理工艺

常用的缓蚀处理工艺主要有刷涂、喷涂、涂敷等。刷涂是缓蚀工艺实施普遍采用的方法。喷涂是利用喷枪或高压柱塞泵等将缓蚀剂加压，产生雾化气流并在文物表层发生作用。喷涂时应采用纵横喷涂的方法，即先上下后左右或先左右后上下；喷涂过程中保持与器物表面的等距。涂敷是利用无酸性纸浆吸附缓蚀剂后均匀贴附在文物表面，并定期更换，最终使缓蚀剂在文物表面形成致密膜。涂敷法成膜效果较好，解决了大型铁器无法浸泡预膜的难点，也克服了刷涂、喷涂等方法成膜不均的缺陷，尤其适用于成膜速度较慢的缓蚀剂。其缺点是操作时间较长。

缓蚀处理实施过程中，需对文物遮蔽，避免大风、雨、尘等的影响。缓蚀、干燥后应在2天内封护处理，其间避免尖锐物体或酸类液体破坏缓蚀部位的膜层。缓蚀工艺实施完毕后，用热风机将缓蚀部位干燥。

1.2.1.5　封护保存

出水铁质文物进行除锈除氯及缓蚀处理后，需要进一步进行表面化学处理和化学封护，以抵抗在后期保存过程中外界腐蚀介质的侵蚀，另外还能减少缓蚀剂的挥发。封护有涂刷、喷涂和浸渍三种方式，可根据铁质文物的具体情况和封护材料选择合适的封护方式。

（1）微晶石蜡封护

微晶石蜡是一种结构紧密、抗污能力强、耐老化、熔点较高的由原油蒸馏得到的润滑油馏分精制合成的具有微晶性质的合成蜡，适合作为铁质文物的封护材料。其封护过程通常是将铁质文物直接浸泡到熔融的微晶石蜡中，直至没有气泡生成时，温度冷却到100 ℃以下后取出器物。微晶石蜡封护法是目前为止最常用的封护方法，但该法处理时间较长、过程较复杂，适用于结构简单的铁质文物。

（2）有机高分子材料封护加固

受长期锈蚀的影响，铁质文物容易发生开裂。对此，应该实施合理的加固方案，修复铁质文物的开裂部位，以最大限度地恢复文物的本来风貌。应当按照文物的锈蚀开裂情况，依次选取丙烯酸树脂、有机硅、氟碳树脂、环氧树脂等有机高分子材料进行封护加固修补。一般通过涂刷的方式对铁质文物表面进行封护，具体来说，针对器物上裂缝，应该利用无害铁锈填充开裂缝隙，再滴入环氧树脂溶液作固化处理；利用聚丙烯酸溶液与无害铁锈的混合物根据铁质文物原貌修补其残缺位置，同时作固化处理。有机高分子材料若在涂刷成膜后产生眩光，可在表面涂刷一层消光剂，降低表面光泽。有机高分子材料通常耐老化性能比无机材料差，同时在合成过程中需要使用大量有机溶剂，对环境和施工人员均造成一定的影响。近年来，人们开发出一种新型的有机-无机杂化材料，其有机相和无机相的界面相互作用强，微区尺寸可以达到分子复合的水平，对铁质文物具有优异的封护加固效果。

1.2.2 海洋出水铜质文物腐蚀保护方法

出水铜质文物和出土铜质文物在腐蚀方面存在着不少异同点，对于出水铜质文物而言，其大多具备比较高的盐分，并且外表往往附着有凝结物。在对海洋出水铜质文物进行保护时，一方面需要吸取出土铜质文物腐蚀保护的经验教训，另一方面也应该积极创新保护方式和方法。对此，本文开展了相关研究，并提出了一些有效的建议和策略。

1.2.2.1 保护修复原则

铜质文物的保护，主要是去除粉状锈。铜质文物在刚被打捞出来时，外层大多附着有很多凝结物，这有利于减轻环境对其的损害。然而这些凝结物在不同程度上掩盖了文物的信息，因此需要对其予以清除。在清除这些附着物时，一方面应该以清楚显示文物信息为目标，另一方面也要注意尺度，避免对文物造成损伤。此外，文物修复人员还应该明确文物的价值，注意减少文物修复工作对文物的影响，尽可能地保留好文物的原貌。

1.2.2.2 保护修复流程

相关铜质文物的保护修复流程包括信息提取、清洗、除盐、缓蚀和封护等环节。

（1）信息提取

拍照登记，记录文物的保存状况，尽量详尽做好保护工作日志，并根据文物信息登记表填写各项内容。

（2）清洗

出水铜器的凝结物含钙量高，质地坚硬，应该借助设备完成对其的清除工作。在清洗时，以人力的形式通过手术刀切除凝结层，在这个过程中注意保存好铜器的表面局部特征，以便后续展开对铜器海洋出水信息的研究。在手术刀无力清除的情况下，可以借助超声波洁牙机来清除附着体，清除时应该谨慎细致，避免对文物本身造成损伤。

（3）除盐

铜质文物本身腐蚀程度较高，结合实验环境，依据去离子水浸泡脱盐法对铜器进行除盐处理。为加快铜质文物脱盐的速率，采用磁力搅拌器对去离子水进行冷热搅拌。脱盐效果通过浸泡液的电导率来评价，如果溶液电导率在一定时间内几乎不发生变化，那么可以认为已经完成了脱盐工作。

（4）缓蚀

采取无水乙醇以及丙酮对铜质文物进行脱水操作，再用5％苯并三氮唑（BTA）酒精液体浸润铜质文物，然后将其置于封闭环境中，经过一至两小时后将铜质文物从溶液中取出来，进行烘干处理，分离其外部出现的结晶体。

（5）封护

经过上述操作之后，再对铜质文物予以封护处理。以3％丙烯酸树脂（B72）丙酮液体充当封护溶液，这种溶液没有任何颜色，透明且光线折射率小，对缓蚀环节铜质文物表面产生的膜层进行固化，改善其防腐蚀性质，增加铜质文物的保存时间，最后在铜质文物上抹上蜡层提升封护效果。

参考文献

[1] 中国社会科学院考古研究所. 偃师杏园唐墓[M]. 北京：科学出版社，2001：142.

[2] 国家文物局水下文化遗产保护中心，广东省文物考古研究所，中国文化遗产研究院，等. 南海Ⅰ号沉船考古报告之二：2014～2015年发掘(下)[M]. 北京：文物出版社，2018：481.

[3] 周文晖. 海洋出水铁质文物的保护[J]. 福建文博，2012，78(1)：83-85.

[4] 万娟. 海洋出水铁质文物的病害特征和保护处理方法[J]. 客家文博，2019(4)：31-37.

[5] 张治国，李乃胜，沈大娲. 亚临界水脱盐技术在海洋出水铁质文物保护中的应用[J]. 中国文化遗产，2019(5)：31-34.

[6] 许淳淳，岳丽杰，欧阳维真. 海底打捞铁质文物的腐蚀机理及其脱氯方法[J]. 文物保护与考古科学，2005，17(3)：55-59.

[7] 包春磊，贾世杰，李剑，等. 热带海洋出水铁炮的保护研究[J]. 腐蚀科学与防护技术，2016，28(2)：189-192.

·第2章·
海洋出水金属文物腐蚀产物情况、腐蚀机理及影响因素

本章第一部分总结了海洋出水的铁质文物和铜质文物在腐蚀环境中的基本情况特征并对出水的腐蚀产物情况做了介绍；第二部分对海洋出水金属文物的腐蚀机理和影响因素做了介绍，包括出水铁质文物和铜质文物的腐蚀机理情况和影响它们腐蚀的典型因素。

2.1 海洋出水金属文物腐蚀产物情况

出水金属文物的腐蚀与其材质有关，不同材质的文物腐蚀情况不同。本节首先介绍了铁质文物在海洋中的基本腐蚀形式，包括电化学腐蚀等，并简述了腐蚀产物（主要为铁锈）形成过程及一些有代表性的腐蚀产物（包括氧化物、氯化物、硫化物等）情况，最后对上述腐蚀产物对文物和环境的影响做了说明；其次，明确了铜质文物腐蚀的基本定义，并重点结合具体案例对铜质文物（着重研究青铜器）的腐蚀产物（包括氯化物、氢氧化铜矿物、锡化物等）情况做了介绍。

2.1.1　海洋出水铁质文物腐蚀产物情况

中国工程院调查显示，2014 年我国腐蚀成本约占我国 GDP 的 3.34%，达 21278.2 亿元人民币，其中海洋腐蚀造成的经济损失占比近 33%。虽然海洋腐蚀损失巨大，但采取针对性措施可以有效地控制腐蚀问题。如果保护措施到位，每年至少可以减少 15%～35%的海洋腐蚀损失。对海洋出水铁器腐蚀问题的研究，为海洋有效防腐提供了积极有益的参考。

自然界中的铁化学性质活泼，稳定性相对较弱，容易同其他物质发生反应从而形成锈蚀。作为电解质溶液，海水中盐类物质众多，富含 NaCl 等多种盐类化合物，并存在高浓度溶解氧，这导致了海水中铁器的主要腐蚀方式为电化学腐蚀。铁器刚沉入海底时腐蚀速度较快，之后逐渐减缓趋于稳定，形成浅而密集的溃疡状的蚀坑。打捞出水后，铁器腐蚀层大面积起鳞，与新生的腐蚀物粉末斑一起剥落；铁器出现明显的大范围裂缝，在铁器表面和剥落的腐蚀层上有明显的脓疱；铁器表面锈迹斑斑，锈层较厚，结构疏松，出现空鼓泡和铁锈疤，锈蚀产物呈片状脱落[1]。还有一些多年海洋考古研究表明，水下铁质文物的锈蚀程度远高于地表铁质文物，锈蚀速度是地表铁质文物的 5 至 10 倍。

1995 年，由于海南部分临海港进行改造而出水的一批铁炮，其出水时间比较长，同时海南多温润天气，在海水和空气的双重锈蚀作用下，很多铁质文物遭到了严重的破坏，表面出现了大量锈蚀痕迹，并且混有泥土等物质，成分结构繁杂，锈蚀层呈片状分布。大部分铁质文物表面的锈层疏松易落，轻微触碰就会掉落大量的锈体，而且这些锈体由多种不同的物质构成，无法清晰辨别，给发掘工作带来了更大的困难。

进一步通过扫描电子显微镜-能谱仪（SEM-EDS）对上述铁炮锈层进行检测时发现：出水铁质文物锈层一般比较疏松，常有大量孔洞；在有孔洞或有褐铁矿分布的锈层中，Cl^- 含量很高。由于 Cl^- 半径小且电负性很强，对铁表面较薄的氧化物膜具有较强穿透力，便于参与铁质文物腐蚀过程。Cl^- 的参与会加速铁腐蚀的阳极反应，生成可溶性 Fe^{2+} 的氯化物[2,3]，还会加速铁质文物表面保护性氧化物的破坏性溶解[4]，因此危害性很大。

铁质文物在海水中长期腐蚀，局部 pH 的改变，破坏了周围海水中溶解碳酸钙和二氧化碳的平衡，在器物表面产生了不溶于海水的碳酸钙和氢氧化镁沉淀。这些沉淀物成年累月与沙子、海洋生物和腐蚀产物混杂在一起，会形成一个坚硬致密的结壳或凝结物。

铁质文物腐蚀产物是指铁质文物在腐蚀过程中生成的新物质，俗称“铁锈”。从铁质文物沉入海底到被发掘出水的较长一段时间中，铁质文物腐蚀产物主要有氧化物、氢氧化物、氯化物、硫化物、氧硫化物等。

氧化物包含 FeO、Fe_2O_3、$Fe_2O_3 \cdot nH_2O$、Fe_3O_4；氢氧化物包含 $Fe(OH)_3$、α-FeOOH、β-FeOOH、γ-FeOOH；氯化物包含氯化亚铁 $FeCl_2$（由于铁质文物通常存储于酸性条件下，长时间的浸泡会对其产生一定的腐蚀）、氯化铁 $FeCl_3 \cdot H_2O$、$FeCl_3 \cdot 6H_2O$（常出现在出水不久或迅速干燥保存的铁质文物，或是处于相对湿度较大的环境中，通常以黄色“液滴”的状态存在，常与水发生反应，生成 β-FeOOH）；硫化物包含 FeS、FeS_2、Fe_3S_4；硫酸盐包含 $Fe_2(SO_4)_3 \cdot 5H_2O$、$FeSO_4 \cdot 4H_2O$；碳酸盐包含 $Fe(HCO_3)_2$、$FeCO_3$；磷酸盐包含 $FePO_4 \cdot 2H_2O$、$Fe_3(PO_4)_2 \cdot 8H_2O$。根据性质的不同将其分为两类，包括有害锈和无害锈两种。其中以四方纤铁矿（β-FeOOH）较为常见。形成原因是铁质文物出水后在空气环境中发生氧化反应，形成腐蚀物，由于其结构的不稳定性，常转化为 α-FeOOH。若处于潮湿环境条件下，转化为 Fe_3O_4，β-FeOOH 相含有大量的氯离子，所处环境中氯离子浓度越高，β-FeOOH 中氯离子含量就越大。氯离子可以自由活动，甚至挣脱 β-FeOOH 相再进入溶液中，从而进一步腐蚀文物。通过上述能够得知，四方纤铁矿（β-FeOOH）是造成铁质文物在海水中出水后严重氯腐蚀的主要原因，因此在判别器物中是否存在有害盐时，可通过四方纤铁矿的检测来完成。

同时目前的研究发现，铁器的腐蚀产物由两种氯离子构成：一是自由态氯离子，铁器出现的腐蚀很大程度上是由自由氯离子直接造成的，包含了铁器锈蚀的孔隙中存在的可溶性氯化物和吸附在锈蚀表面的氯离子；二是结合态氯离子，主要位于 β-FeOOH 隧道结构中[5]。当处于潮湿环境时，β-FeOOH 隧道中的氯离子极易被水或氢氧根离子所替代，从而释放出来大量的自由态氯离子，加快铁器的锈蚀；除此之外，β-FeOOH 自身极易变化为 α-FeOOH，其状态并不稳定，从而也能够释放出大量的氯离子，造成腐蚀面积增大[6]。因此，β-FeOOH 的存在会对文物的稳定性造成极为严重的影响。

2.1.2 海洋出水铜质文物腐蚀产物情况

铜质文物腐蚀即铜质文物本身同外界物质产生生物、化学等类型的反应，由此遭受损伤（GB/T 10123—2022）。铜器特别是铜器中有代表性的青铜器在腐蚀过程中所生成的新的物质，称为青铜器腐蚀产物。青铜器与不同的物质发生化学反应或者电化学反应，将产生不同的腐蚀产物。这些产物包括由化学反应产生的氧化物、硫化物、氯化物、氟化物，因电化学反应产生的硫酸盐、碳酸盐、磷酸盐、硝酸盐等。其中，铜器上含氯的腐蚀产物主要包括氯化亚铜、碱式氯化铜等，在一定条件下将与青铜器基体发生循环腐蚀，致使青铜器逐步粉化损坏，这一现象被称作“青铜病”。富氯的海水环境，是产生“青铜病”的重要原因，因此，船载铜器的“青铜病”情况较多见。而常见的腐蚀产物包括以下几种。

（1）氯化物

海水环境中铜器最主要的腐蚀产物为氯化物[7]。Bengough 最先观察到 CuCl 是青铜器在海水腐蚀中最先形成的腐蚀产物。Gettens[8] 是确定 CuCl 在铜合金上作为腐蚀产物的第一人。腐蚀产物中最重要的铜的氯化物是氯化亚铜（CuCl）和铜的三羟基氯化物，包括氯铜矿［$Cu_2(OH)_3Cl$］、副氯铜矿［$Cu_2(OH)_3Cl$］、斜氯铜矿以及羟氯铜矿等种类，它们是 $Cu_2(OH)_3Cl$ 的同分异构体。澳大利亚西部海岸出水的一批海洋铜器腐蚀产物里不仅存在氯铜矿、副氯铜矿还有大量的氯化亚铜等。将铜合金在海洋环境中暴露 16 年的实验也证明，绿色铜锈主要为碱式氯化铜和副氯铜矿等。

（2）孔雀石[$CuCO_3 \cdot Cu(OH)_2$]

通过水胆矾和氯铜矿沉淀的浓度-pH 曲线估计[9]，在海洋埋藏环境下，虽然碳酸钙通常和铜矿物共存，但氯化物和硫化物在铜腐蚀层中很常见，孔雀石却很少见。但也有报道称，发现了孔雀石和氯铜矿在海洋出水铜器上并存的现象，但这是极不常见的。在澳大利亚西部海岸出水的一批海洋铜器中也发现了孔雀石，认为孔雀石有可能是出水后形成的物质[10]。在富氯的海水环境中，孔雀石和铜的三羟基氯化物（如氯铜矿）会发生竞争性的沉淀反应：

$$Cu_2(OH)_3Cl + CO_3^{2-} \longrightarrow CuCO_3 \cdot Cu(OH)_2 + Cl^- + OH^-$$

在 pH=8 时，正常海水中碳酸盐的活度为 2.4×10^{-6} mol/L，这种环境至少在理论上有利于孔雀石的形成。

（3）氢氧化铜矿物［$Cu(OH)_2$］

氢氧化铜矿物［$Cu(OH)_2$］很少以稳定的矿物相出现，主要在腐蚀过程中作为短暂的中间产物并迅速地转化为其他矿物。“Rapid 号”沉船上的铜器中 $Cu(OH)_2$ 曾作为铜合金腐蚀产物产生[11]，一旦干燥，这种凝胶状沉淀就会变成氯铜矿。另外还发现了一种氯铜矿的不同组分 $Cu_7Cl_4(OH)_{10} \cdot H_2O$。

（4）黑铜矿（CuO）

黑铜矿物质不太常见，在大部分海洋环境中，最先形成的总是红色的赤铜矿层。黑铜矿物质的形成往往意味着铜质文物有过加热史（火、火灾等）[12]。在澳大利亚海岸沉船遗址的5000多件器物中只发现了形成黑铜矿的两个例子[12]：一是“快速号”沉船的一颗铜钉，黑铜矿是主要的腐蚀产物；二是来自“巴达维亚号”（Batavia）沉船的残骸，在一个被烧过的复合材质大炮的铜膛上鉴定出了黑铜矿。

（5）锡的化合物

“Rapid号”沉船遗址里埋于泥沙下10cm处的青铜鸠（或燕）尾榫接头上出现了锡的硫氧化物 $Sn_3O_2SO_4$[10]；在埋于木头的青铜钉上发现了 $Sn_6O_4(OH)_4$、SnO_2、$Sn(CH_3COO)_2$，同时还发现了 $Sn_3O_4(Sn_2SnO_4)$。而在青铜器上常见的有氧腐蚀情况下锡的腐蚀产物为氧化锡（锡石，SnO_2），其他锡的腐蚀产物 $Sn_4(OH)_6Cl_2$、$Sn_6O_4(OH)_4$ 和 Sn_3O_4 则较少出现。同样地，在这上千件器物中，也仅有一次发现了的情况。锡的化合物主要是由青铜合金中出现了富铜的α相优先腐蚀导致的，这一论断已经通过“Rapid号”沉船遗址出水青铜钟的研究得到证实[11]。

总之，有氧环境下铜合金的腐蚀不仅取决于在含氯介质中铜合金的化学变化，还依赖于主要合金元素如锡、铅和锌，以及痕量金属如砷和锑。而且腐蚀产物多样化，往往在一件铜器上会出现多种腐蚀产物。如西澳大利亚海岸出水铜器中的腐蚀产物包括 Cu_2O、CuCl、$CuCl_2$、CuO 和羟氯铜矿［$Cu_4(OH)_6Cl_2\cdot 3H_2O$］，还有 Sn_3As_2、SnO、$Sn_4(OH)_6Cl_4$，以及 $ZnSO_4\cdot 4H_2O$、二价铜硫酸盐和碳酸盐等物质[10]。

2.2 海洋出水金属文物腐蚀机理及影响因素

本节首先着重对海洋出水铁质文物腐蚀机理进行了介绍说明，包括电化学反应和氧浓差电池反应原理，并对出水铁质文物的两个典型代表铸铁和锻铁的腐蚀原因进行了详细阐述；其次，对海洋出水铜质文物腐蚀机理进行了介绍，包括化学和电化学反应过程，并归纳总结了腐蚀的主要影响因素，包括内部因素和外部因素。

2.2.1 海洋出水铁质文物腐蚀机理及影响因素

2.2.1.1 出水铁质文物腐蚀特征及影响因素

海水中铁质文物大部分情况下会完全包裹在凝结物硬壳中。铁质文物出水后直接暴露于空气中，由于锈层内部和表面凝结物中附着大量的氯盐，加之从海洋环境突然转入大气环境，水分、氧气及其他污染物在器物表面形成电解质溶液，因此铁基体的腐蚀仍然在快速进行。

铁质文物出现腐蚀不仅仅是由环境、空气、湿度等外部因素造成，其物质自身的组织结构、活泼性程度等内部因素同样也会造成自身腐蚀。那么想要进一步减少铁质文物腐蚀现象的发生，以此来保护文物，就要：首先从外部因素入手，尽可能地控制其外部条件最优化、科学化；其次是将铁质文物自身含有的氯离子、有害锈筛除，同时封护文物表面，减少与外界的接触。从海水里出水的铁质文物遭到腐蚀的原因是大量的氯离子附着，因此铁质文物的保护必然要从氯离子下手。氯离子自身半径小，具有较强的穿透力与电负性，铁的阳离子与氯离子结合后形成可溶性盐，破坏铁质文物表面的保护膜，使得文物的腐蚀现象加剧[13]。此外，有害锈所具备的蓄水功能使得在酸性、碱性条件下都会对铁质文物造成腐蚀，同时分子会由于吸水作用渗透到文物结构的内部，从而造成化学腐蚀和电化学腐蚀。久而久之，铁质文物的腐蚀一直处于恶性循环的状态，最终导致器物被彻底毁坏。

2.2.1.2 出水铁质文物的腐蚀机理

（1）电化学循环机理

① FeOOH 参与的电化学循环机理[14]。铁蚀产物疏松多孔，即便是在相对湿度小于 100%条件下，也同样会出现水分凝聚，一旦通风不及时，就会使铁质文物表面出现水膜。同时 Cl^- 将会在水膜中作用，渗透至铁质文物内部，在此状态下，铁质文物的腐蚀情况会加剧。其主要机理是电化学循环过程。

在阳极，经过氧化溶解后的铁被分解成阳离子；在阴极，电子反应下 FeOOH 与 Fe^{2+} 还原为 Fe_3O_4，锈孔口处 O_2 和 H_2O 共同作用使 Fe_3O_4 水解氧化为 FeOOH。反应式如下。

阳极（在 Fe/Fe_3O_4 界面上）：

$$Fe \longrightarrow Fe^{2+} + 2e^-$$

阴极（在 $Fe_3O_4/FeOOH$ 界面上）：

$$8FeOOH + Fe^{2+} + 2e^- \longrightarrow 3Fe_3O_4 + 4H_2O$$

$$4Fe_3O_4 + O_2 + 6H_2O \longrightarrow 12FeOOH$$

在 $Fe_3O_4/FeOOH$ 界面处发生电化学过程。在半导体 Fe_3O_4 作用下将氧化后电子送至界面处，Fe^{2+} 经 Fe_3O_4 通道中产生的电解质溶液向外扩散，至 $Fe_3O_4/FeOOH$ 界面处，构成了腐蚀微电池。在 $Fe_3O_4/FeOOH$ 界面处反复循环产生的 FeOOH（FeOOH 作为阴极去极化剂），使得反应继续进行。也正是此种现象的存在，导致铁质文物内部的腐蚀情况愈发严重，铁层厚度逐渐增加。

② Fe^{3+} 参与的电化学循环机理。文献［15］明确说明电化学循环涉及 Fe^{3+}。其中 Fe^{3+} 充当氧化剂，进一步加速对铁质文物的腐蚀作用。同时溶液中 H^+ 浓度升高会使 Fe^{3+} 氧化性增强，导致 Fe^{3+} 可以直接氧化铁质文物表面的 Fe 原子生成 Fe^{2+}。除此之外，Fe^{2+} 还会受到空气中氧气的催化作用，加快了 Fe^{2+} 与 Fe^{3+} 之间的转化速度。

锈层内存在的溶解氧将生成的 Fe^{2+} 氧化为 Fe^{3+}：

$$2Fe^{2+} + 1/2O_2 + H_2O \longrightarrow 2Fe^{3+} + 2OH^-$$

部分 Fe^{3+} 与铁质文物表面的铁原子反应如下：

$$2Fe^{3+} + Fe \longrightarrow 3Fe^{2+}$$

上述两个反应为互相催化反应，使得铁质文物溶解速度提高。

在介质与环境条件处于有利情况下，能够有效地促进 Fe^{3+} 的生成，不断循环上述过程，使得铁质文物锈蚀速度加快。

（2）氧浓差电池腐蚀机理[16]

一般来讲，带锈铁质文物所形成的锈蚀产物的结构有的较为紧密，有的疏松，通过电解质溶液的浸泡后，通常认定带有铁锈面的铁质文物在介质中产生的溶解氧含量高，为阴极区，反之，铁质文物表面在接触的介质中产生负氧，为阳极区，从而发生腐蚀反应，最终在其表面形成氧浓差电池腐蚀。在阳极溶解反应的过程中，产生 Fe^{2+}，又因锈层的阻碍导致其无法运动，形成闭塞区。铁盐在此区域内发生水解使大量的 Cl^- 聚集，pH 值迅速降低，从而造成铁质文物局部腐蚀愈发严重。由于锈层中孔隙沉积的存在，使得局部铁锈的腐蚀以不均匀的速度发生，随时间推移逐渐平稳。

2.2.1.3 铸铁和锻铁的腐蚀原因

铸铁和锻铁因制造工艺不同所含物质有较大差别，被海水腐蚀的情况也各不相同。灰口铸铁容易发生选择性腐蚀，表面出现一层松软的石墨区，石墨区主要含有 H_2O、FeOOH、$FeCl_3$、SiO_2、Fe_3C 和石墨。石墨可以形成一个连续的三维网状结构，将器物的原始形状保留下来。当所有金属铁全部腐蚀后，腐蚀不再进行。锻铁中的碳含量较铸铁低，因此在海水中腐蚀后不会形成石墨区，其主要腐蚀产物是 FeOOH、$FeCl_3$、SiO_2 和各种硅酸盐，由于没有石墨层将腐蚀物固结在一起，腐蚀产物十分酥脆，呈不规则的长条龟裂或鳞片状，极易从铁基体上剥离（如图 2-1 所示为海南“华光礁Ⅰ号”宋代沉船遗址出水铁条的情况）。

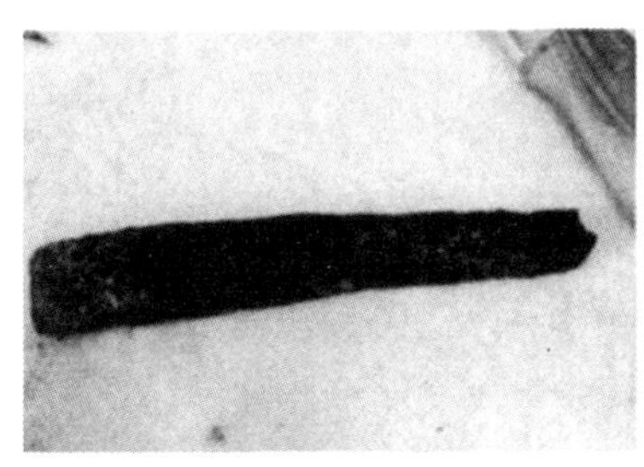

图 2-1　海南“华光礁Ⅰ号”宋代沉船遗址出水的铁条

（1）铸铁文物的腐蚀原因

出水铸铁器物一般由铁基体和石墨化的锈蚀层组成，石墨有良好的导电性，一方面能按原状包裹器物，另一方面它能充当导体，连通铁芯和器表。如果器物直接处于高湿度的空气中，铁盐和氯盐会生成 Fe_2O_3、$FeCl_3$、HCl 和 FeOOH，器物内部的酸性不断增加。在保证氧气存在的情况下，铁器会迅速产生化学腐蚀现象，铁基体不断产生新的锈蚀物，体积不断增大，对石墨区施加压力，最后导致石墨区片状剥落[17-19]。

（2）锻铁文物的腐蚀原因

出水锻铁器物的锈蚀层和基体间没有明显的分层，锈蚀物不规则且易脱落。一般来说，保留无铁芯的锻铁的锈蚀物毫无意义。锻铁在出水后也比铸铁要相对稳定些，但是由于大量水分和氯离子的存在，其腐蚀速度仍会比一般的铁器快。在合适的保存环境下，即使锻铁器物不进行任何处理，在腐蚀进行到一定程度后也会慢慢地趋于稳定。

同时对上述提到的 1995 年海南部分临海港改造出水的一批铁炮的铁锈层进行 XRF（X 射线荧光光谱）与 XRD（X 射线衍射光谱）分析，最终的结果显示铁炮铁锈组成包括了 α-FeOOH（针铁矿）、β-FeOOH（四方纤铁矿）、γ-FeOOH（纤铁矿）、Fe_3O_4（磁铁矿）和菱铁矿（siderite，$FeCO_3$）。多种成分能够同时出现在某一物体的锈蚀物中，如 FeOOH 具体有三种不同的结构，包括

α、β、γ，它们是能够共存的。在对其铁炮损坏原因的分析中，发现纤铁矿（γ-FeOOH）的破坏作用较大，在铁质文物属于有害锈的范畴。含 Cl^- 的腐蚀产物包括四方纤铁矿（β-FeOOH）。铁炮铁锈中，有害锈 γ-FeOOH 以及 β-FeOOH 的含量都很高，若不能够及时地将其清除，铁器的腐蚀将会愈发严重，从而造成较大的损失[20]。

2.2.2 海洋出水铜质文物腐蚀机理及影响因素

2.2.2.1 出水铜质文物的腐蚀机理

要做好铜质文物的保护，首先得研究铜器的腐蚀机理，摸清楚铜器腐蚀产物产生的条件和原因，才能找到有效的措施对其加以保护。其中以青铜器的腐蚀机理研究最为重要。青铜器上疏松膨胀呈绿粉状的产物被称作粉状锈，其化学名称叫作碱式氯化铜。由于青铜器上的碱式氯化铜会不断产生，不断消耗铜器基体，因此，该病害被称为青铜器的癌症。从碱式氯化铜的产生原因，也即从青铜器的锈蚀机理来看，青铜器的腐蚀过程是一个不断循环的化学反应和电化学反应过程，产生该病症的腐蚀产物氯化亚铜和碱式氯化铜不断生成，给器物造成严重破坏，甚至完全矿化。

学界对于出水铜质文物的腐蚀机理看法存在差异，目前广被接受的观点和解释主要有以下几种。

① 铜器所处的环境中包含氯化物，由于氯离子体积很小，可以通过水膜同铜器中的铜发生化学反应，进而产生氯化亚铜，相应的化学反应式为：

$$Cu+Cl^- \longrightarrow CuCl+e^-$$

氯化亚铜再同水发生化学反应，得到氧化亚铜和盐酸：

$$2CuCl+H_2O \longrightarrow Cu_2O+2HCl$$

氧化亚铜遇氧气、水以及二氧化碳时会产生碱式碳酸铜：

$$2Cu_2O+O_2+2H_2O+2CO_2 \longrightarrow 2CuCO_3 \cdot Cu(OH)_2$$

氧化亚铜与水、氧气和盐酸相接触时亦会产生碱式氯化铜：

$$2Cu_2O+2H_2O+O_2+2HCl \longrightarrow CuCl_2 \cdot 3Cu(OH)_2$$

② 铜质文物的腐蚀产物主要为 CuCl、Cu_2O、$CuCO_3 \cdot Cu(OH)_2$ 以及 $CuCl_2 \cdot 3Cu(OH)_2$ 等物质，这个结论在化学分析中得到了证明并在测试中得到

了检验。

③ 碱式氯化铜具有疏松膨胀的属性，一般呈粉末状，水与氧气都能够同其相接触，导致氯化亚铜通过化学反应产生碱式氯化铜：

$$4CuCl + O_2 + 4H_2O \longrightarrow CuCl_2 \cdot 3Cu(OH)_2 + 2HCl$$

这正是内层粉状锈出现的原因，上述化学反应的产物之一盐酸在与铜、氧气相遇之后，将产生氯化亚铜：

$$4Cu + 4HCl + O_2 \longrightarrow 4CuCl + 2H_2O$$

所生成的氯化亚铜将再次同水以及氧气发生反应产生碱式氯化铜。通过不断地循环往复，腐蚀产物不断增多并逐渐深入到铜质文物内部，导致铜质文物出现通体腐蚀的情况，这就是上面所称的“青铜病”[21]。

2.2.2.2 出水铜质文物腐蚀影响因素

(1) 内因——材料本身的影响

决定金属性能的最基本的内在因素是金属的成分、结构和组织。当然，对于铜器腐蚀也不例外。铜具有较高的热力学稳定性，且在空气中，铜及铜合金表面会在常温下直接生成氧化亚铜保护膜，因此在干燥的大气中具有较好的耐腐蚀性。相对于氢而言，铜的电极电位为正，在水溶液中无法发生氢去极化腐蚀，因此在除氧的淡水中，铜及铜合金有较好的抗腐蚀能力，但在一些含有氧的环境中容易发生氧去极化腐蚀。通常，在潮湿的环境里，铜及铜合金表面容易生成碱式碳酸铜（俗称铜绿）。

另外，不同类型的铜合金，在海水中的耐腐蚀能力也有所不同。紫铜、黄铜、白铜、青铜在海水中皆具有一定的钝化能力，但青铜的较弱。另外铜合金的水中腐蚀基本上属于氧去极化腐蚀，铜合金材质对其全面腐蚀速率有一定影响，相比较而言，在海水中，白铜耐蚀性最好，黄铜和紫铜次之，青铜略差。

(2) 外因——环境介质的影响

环境是材料腐蚀的外在影响因素。出水铜器长期处于海洋的沉积环境中，环境的影响不容忽视。海水是一个复杂的环境，受到很多组合变量和相互影响的变量的影响，作用于铜器，使其蚀变。海水中最普通的成分有氯离子、钠离子、硫酸盐、镁离子、钙离子、钾离子，它们占海水中盐分的99%之多。一般海水含盐量为35‰，河口区和海港处因有淡水稀释可能降低至1‰以下，地中海（38.6‰）或红海（41‰）这样的环境中盐分比较高。海水的pH值变化不大，通常在8.0～8.2之间。海水中溶解的气体主要有氧气以及光合作用产生的二氧化碳，水中二氧化碳与碳酸盐或碳酸氢钠离子之间的平衡形成重要且有效的缓冲体系[22]。另外，还有酸碱度、温度、压力、生物活动、悬浮物和沉淀物等等变量。在海水中，金属器具腐蚀的影响要素包括很多，生物、物理、化学和区域因素扮演着各自的角色，并且其影响密不可分，经常互相关联。其中最主要的几个因素如下。

① 盐浓度。在盐分增多的条件下，溶液电导率将提高，导致腐蚀速率提升；同时，由于溶液中氧气的溶解与盐分含量呈负相关，所以腐蚀速率会减慢。在盐浓度较低时，电导率的增大对腐蚀影响起主要作用，而在盐浓度较高时，增加盐浓度对溶液电导率影响不大，而对溶解氧量影响较大，因此，随着盐浓度的增大，铜的腐蚀速率存在一个极大值。但盐水浓度增大，会持续增大铜点蚀等局部腐蚀倾向，究其原因，可能是氯离子会破坏铜表面膜，不是生成 CuCl，而是对 Cu_2O 的掺杂[23]。Cl^- 会在很大程度上影响 Cu 表层膜的破裂。

② 溶解氧。溶解氧对于水中铜器腐蚀速度的影响比较显著，腐蚀试验观察可见：在去离子水中浸泡以后，青铜样品表面跟空白样品几乎没有变化，且重量没有变化，而向去离子水中充氧后，青铜表面出现了腐蚀斑点。

溶解氧的浓度增大时，氧离子化反应会提速，增加氧的极限扩散电流密度，导致氧去极化腐蚀速率提高。然而在溶解氧的浓度达到某个值时，对应的腐蚀电流升至铜的致钝电流，导致铜出现钝化，从而极大地减慢铜腐蚀的速率。由此可见，溶解氧在铜器腐蚀方面的影响有正有负，但要看谁是主要的控制因素[24]。

③ 区域因素。这里所说的区域因素定义为海洋中金属被腐蚀部位相对海水的位置。在海洋环境中，金属的腐蚀现象与暴露条件有关联，金属在海洋环境中位置不同，其遭受腐蚀的程度及腐蚀的影响因素、影响机理都可能会有所不同。一般按相对位置的不同分为海水全浸区、海底泥土区。

海水全浸区域的金属受水中大量溶解氧和氯离子的影响，容易出现严重的腐蚀现象。海水内部氧含量可能比表层高，温度接近 0℃，水流速度低，pH 值比表层低，受到的腐蚀比较有限。海底泥土区的沉积物质较为丰富，盐分多，电导率高，海底泥土成为良好的电解质，致使水中金属出现腐蚀。同时，这一区域的氧气含量少，滋生了很多厌氧菌，这些细菌会在局部上造成金属腐蚀。固液两相组成的非均匀体系，常有细菌（如硫酸盐还原菌）。泥浆电阻率很低，有很强的腐蚀性；有微生物腐蚀产物（如硫化物）；海底泥的流动会带来磨蚀。相较而言，该区域的金属腐蚀情况不那么严重。

海洋出水文物表面凝结物便是在海泥层内，在海水泥沙、海生物、细菌和真菌等多种腐蚀因素的作用下生成的混合体。

④ 海洋生物。与海洋内铜器腐蚀相关的还有海洋环境中的生物。这些生物基本上为寄宿在金属上的依附性生物，包括海洋动物、植物和微生物，我们国家沿海地区广泛分布着藤壶、牡蛎、苔藓虫、水螅以及红螺等依附性海洋生物。

海洋生物的附着会造成破坏情况，主要有以下几种：

a. 在海洋生物附着的局部区域，形成了氧浓差电池导致局部腐蚀，如藤壶的外壳与金属表面形成的缝隙，会造成缝隙腐蚀。

b. 海水的物质组成由于海洋生物的活动会在一定范围内产生变化。如藻类植物附着后，由于光合作用增加了局部水域的氧气浓度，加快了腐蚀速度；海洋生物的呼吸作用会形成二氧化碳，其遗体会产生硫化氢，对腐蚀也起到了加速作用。

c. 在海平面下 20～30 米处，由于太阳光无法穿透海水，植物不能进行光合作用，一般只有动物和细菌存在。在海底缺氧条件下，铜器腐蚀的主要原因是硫酸盐还原菌[25]。

总之，铜质出水文物的腐蚀是各种物理、化学、生物和区域协同作用的结果，是一个复杂的过程，需要结合起来分析。

参考文献

[1] Wakinson S. Degree of mineralization: its significance for the stability and treatment of excavated ironwork[J]. Studies in Conservation,1983,28 (2):85-90.

[2] Traubenberg S E, Foley R T. The influence of chloride and sulfate ions on the corrosion of iron in sulfuric acid[J]. Electrochemical Society, 1971, 118(7):1066-1070.

[3] Foley R T. Role of the chloride ion in iron corrosion[J]. Corrosion, 1970, 26(2):58-70.

[4] Virtanen S, Schmuki P, Davenport A J, et al. Dissolution of thin iron oxide films used as models for iron passive films studied by in situ X-ray absorption near-edge spectroscopy[J]. Journal of the Electrochemical Society, 1997, 144(1):198-204.

[5] North N A. Corrosion products on marine iron[J]. Studies in Conservation, 1982, 27(2): 75-83.

[6] Selwyn L S, Sirois P I, Argyropoulos V, et al. The corrosion of excavated archaeological iron with details on weeping and akaganeite[J]. Studies in Conservation, 1999, 44 (4):217-232.

[7] North N A. Conservation of metals[M]// Pearson C. Conservation of marine archaeological

objects. London: Butterworths, 1987: 207-252.

[8] Gettens R J. Mineralization, electrolytic treatment, and radiographic examination of copper and bronze objects from Nuzi[J]. Technical Studies in the Field of the Fine Arts, 1933(1): 119-133.

[9] Holm R, Mattsson E. Atmospheric corrosion test of copper and copper alloys in Sweden: 16 years results [R/OL]. ASTM International, 1985: 85-104. http://www.astm.org/stp33187s.html.

[10] Garrels R M, Drever R M. Mechanism of limestone replacement at low temperature and pressure[J]. Bulletin of the Geological Society of America, 1952, 63 (4): 325-380.

[11] MacLeod I D, Taylor R J. Corrosion of bronzes on shipwrecks-a comparison of corrosion rates deduced from shipwreck material and from electrochemical methods[J]. Corrosion, 1985, 41(2): 100-104.

[12] MacLeod I D. Identification of corrosion products on nonferrous metals artifacts recovered from shipwrecks[J]. Studies in Conservation, 1991, 36(4): 222-234.

[13] 梁慧，郑申明，袁金泉，等. 自贡盐业铁工具的防锈保护[J]. 文物保护与考古科学，1996，8(1) :35-42.

[14] 陶宏. 盐业铁质文物锈蚀机理探讨[J]. 盐业史研究，2000(3) :31-47.

[15] 刘舜强. 出土铁钱的修复与保护[J]. 文博，2001 (4) :78-80.

[16] Turgoose S. Post-excavation changes in iron antiquities[J]. Studies in Conservation, 1982, 27(3) :97-101.

[17] 李德珊. 铸铁中磷共晶类型及分析方法[J]. 铸造，1993(8):39-42.

[18] 朱德荣. 铸铁中磷共晶的金相形态[J]. 机车车辆工艺，1992(1):22-24.

[19] 申泽骥，苏贵桥. 铸铁的电化学腐蚀机理[J]. 现代铸铁，2002(1):13-16.

[20] 中国腐蚀与防护学会. 金属的局部腐蚀[M]. 北京：化学工业出版社，1994.

[21] 杨德钧，沈卓身. 金属腐蚀学[M]. 2 版. 北京：冶金工业出版社，2003:230-231.

[22] Schumacher M M. Seawater corrosion handbook[M]. United States: N. J. Noyes Data Corp, 1979, 107-108.

[23] 芬克 F W，博伊德 W K. 海洋环境中金属的腐蚀[M]. 北京：科学出版社，1976:17.

[24] 林玉珍，杨德钧. 腐蚀和腐蚀控制原理[M]. 北京：化学工业出版社，2014:6.

[25] 潘传智，杨迈之，蔡生民，等. 氯离子对铜或黄铜表面膜半导体性质的影响[J]. 物理化学学报，1993，9(1):99-102.

· 第3章 ·

金属文物除锈方法

除锈是金属文物出水、出土后进行保护的第一步，直接影响到后续脱盐、缓释和封护的效果。本章总结了金属文物除锈的物理方法和化学方法。物理方法包括机械法、喷砂除锈和激光除锈；化学方法包括化学试剂除锈和电化学除锈等，由于铁、铜、金、银文物本身基质的不同，所采用的化学除锈剂有所差别。这些方法各有优缺点和适用范围，在保护过程中应根据实际情况选择合适的除锈手段。

为了进一步说明文物除锈，列举了几个典型案例的除锈过程。在文物保护过程中，我们应该遵循除害而不伤害文物的原则。在除锈之前，通过现代仪器检测对锈蚀情况进行分析，再对症下药选择合适的手段，从而达到理想的除锈效果。另外，课题组对“南海Ⅰ号”出水铁质文物进行了喷砂除锈探究。喷砂法能够达到比较理想的除锈效果，同时对文物伤害较小。

3.1 金属文物锈蚀情况概述

3.1.1 铁质文物

铁是继青铜器后用于实际生产生活的一种重要材料，古代铁制品（包括钢）

是由铁元素与碳元素形成的化合物或混合物，极易受到环境影响而快速产生严重的腐蚀。其中，长期埋藏于海底的铁质文物由于持续的电化学反应而发生腐蚀。铁质文物被打捞出水后，环境急剧改变，其表面与孔洞内留存的氯化物会加速腐蚀，周而复始的腐蚀造成对文物的永久损害[1]。

通常情况下，铁质文物的锈蚀可分为两类，即无害锈和有害锈。顾名思义，无害锈不会对文物造成腐蚀损坏，无害锈常见的成分有磷酸铁和四氧化三铁，它们结构紧密、质地坚硬、性质稳定，甚至会在器物表面形成氧化物保护层，阻止对铁质文物进一步的腐蚀。有害锈与无害锈相反，结构疏松且不稳定，通常是含有一定浓度 Cl^- 的铁锈蚀产物，如亚铁氧化物等。这些疏松的锈蚀物在一定条件下能够吸收水分子，使其进入内部，发生化学腐蚀和电化学腐蚀，从而使铁质文物腐蚀，最终彻底毁坏铁质文物。所以在实际保护过程中，除去铁质文物上的疏松锈层是非常有必要的[2]。

3.1.2 铜质文物

中国历史源远流长，五千年文明发展过程中各种文物不胜其数，其中，青铜器久负盛名，其铸造技术被称为第五大发明。青铜器主要成分是铜锡合金，铜占70%～95%，锡占5%～30%[3]。

青铜器在长期埋藏过程中，不可避免受到自然环境的侵害形成各种锈蚀产物。青铜文物众多，年代、铸造工艺、原料、出土地点各不相同，因此青铜锈的类型和颜色亦不同。

青铜器病害有几种不同类型的划分方式。根据锈层的形态和颜色，青铜病害可以分为地子和锈被两类：若青铜器仅颜色发生变化，则称为地子；如果青铜器的器型和颜色都发生改变，则被称为锈被。根据文物修复大师高英先生的建议，腐蚀现象主要分为光膜类腐蚀、锈被腐蚀和膨胀类腐蚀，膨胀类腐蚀最严重。另外，青铜病害还可以分为贴骨锈、浮锈、发锈、釉锈和糟坑锈[4]。

青铜器的锈蚀产物也可按锈蚀的危害分为无害锈和有害锈。黑色的氧化铜（CuO）、红色的氧化亚铜（Cu_2O）、蓝色的硫酸铜（$CuSO_4$）、绿色或蓝绿色的碱式碳酸铜［$CuCO_3 \cdot Cu(OH)_2$、$2CuCO_3 \cdot Cu(OH)_2$］等属于无害锈。这些无害锈性质稳定、颜色鲜艳，使青铜器文物拥有精美古典的古斑。有害锈一般包括含有氯离子的氯化亚铜（$CuCl$）和碱式氯化铜［$CuCl_2 \cdot 3Cu(OH)_2$］[5]。碱式氯化铜是青铜粉状锈的主要成分，是恶性膨胀的一种铜锈，能对青铜器不断腐蚀，严重破坏青铜器纹饰、文字，让其患上“青铜病”（青铜粉状锈），是各类铜锈中对青铜器破坏最严重的。

3.1.3　其他金属文物

金器具有非常稳定的化学性质，不少出土金器依然璀璨照人，不似铁器、铜器严重锈蚀。但金器表面依然存在部分斑驳，这可能是因为在锻造过程中出现间隙，掺杂的金属处在潮湿环境下氧化腐蚀。

银器稳定性不及金器。在长久的埋藏过程中，银器与酸、碱、盐等物质接触发生电化学腐蚀，出土以后受到空气、紫外线、水蒸气等的进一步影响使银器表面黯淡无光，主要呈黑色和灰黑色。银器的锈蚀产物以硫化银和氯化银为主，也可能含有硫酸盐、氧化物、有机碳化物、碳酸盐和羰基化物。

银器表面变色部分是一层薄膜，有学者认为这是器件年代久远的象征，可以予以保留。但对银器有害的锈蚀产物有必要进行进一步处理[6]。

除锈这步如若处理得不好，将会直接影响后续金属文物上氯化物的去除和缓蚀剂的使用。目前，国内的金属文物除锈主要是借鉴工业上金属表面除锈所采用的工艺和设备，在此基础上，进一步研究适用于金属文物除锈的方法。

3.2　金属文物除锈常见方法

金属文物除锈方法可分为物理方法和化学方法两类[7]。物理方法是通过物理手段，如手工或者借助动力工具来清除金属文物上的锈蚀产物，主要包括手工法、小型机械法、超声波清洗法、喷砂法、激光清洗法等；化学方法主要包括化学试剂法、电化学法、氢气还原法、等离子体还原法等。这两类方法各有优劣。总体上讲，物理方法具有较强的可控性，但在操作上有时存在一些不便。化学方法可以有效地溶解锈蚀产物，但是对除锈时间的掌握比较困难。除锈剂通常能与基体发生作用，一旦化学除锈时间过长，会对文物造成不可逆的损害，而除锈时间过短则达不到理想效果。而且，除锈后如果除锈剂未被彻底清理干净，可能会对器物造成损害。此外，有些除锈剂的毒性会导致人员的伤害和环境的损害。以下介绍几种常见的除锈方法。

3.2.1 机械法

机械法指采用手工或电动工具等去除铁质文物表面的附着物及疏松锈蚀物。手工除锈由于方便、灵活、所需设备少的优势，适用于含有较多沉积物、锈层较厚的出水铁质文物的现场除锈。常用工具有榔头、小锤、凿子、铲刀、钢丝刷、铁丝刷等。由于手工除锈强度大、效率低，已经逐渐被其他除锈方法所替代。小型电动设备包括小型角磨机、小型电钻、刻字机等。使用机械清除需要精确严格地控制操作，对于表面有金银饰等较为珍贵的铁质文物，更应在放大灯或显微镜等设备辅助下进行除锈操作[5]。

3.2.2 喷砂除锈

喷砂除锈通过将磨料（如铜矿砂、石英砂、金刚砂、铁砂、海南砂等）高速喷射到需要处理的工件表面，对工件表面产生冲击和切削作用，使工件外表面或形状发生改变，剥落文物表面的锈蚀。

金属文物除锈中，磨料和设备的选择非常重要。喷砂设备主要有干式喷砂机和湿式喷砂机，分为开放式和封闭式两种。磨料要根据金属文物的材质及具体的腐蚀程度来决定。

3.2.3 激光除锈

激光除锈技术利用激光的特性，破坏掉污染物和待清洗物表面之间的作用力，同时又不损伤待清洗物本身，从而达到除锈目的。激光光束的发散角很小，具有很好的方向性，因此在聚光系统的作用下，激光束可以聚集成直径大小不一的光斑。在激光能量相同的条件下，不同光斑的激光束所产生的能量密度或功率密度不同，这样就可以根据不同文物的清洗要求，方便地控制激光功率。激光可以实现时间和空间上的高度集中，聚焦激光束在焦点附近能产生几千甚至几万摄氏度的高温。把足够能量的激光束聚集后，照射在文物需要除锈的部位，锈蚀吸收激光的能量，发生一系列物理化学反应，从而除去锈蚀[8]。

激光除锈法并不直接接触文物器件，而是以光的形式传递能量，因此相较于机械法和化学法能更好地保护文物。另外，通过控制激光光斑的大小和位置，能精准去除不同部位、不同形状的锈蚀。

3.2.4 化学试剂除锈

化学试剂除锈法是指使用化学试剂与有害锈发生反应，使其溶解或转化为稳定状态，从而达到除锈目的。不同种类金属的锈蚀物以及基体性质不同，因此使用的化学试剂和除锈过程也不同。以下详细展开说明。

（1）铁质文物化学除锈

常用的除锈试剂主要有磷酸、乙二胺四乙酸二钠、柠檬酸、乙酸、酒石酸、草酸、甲酸、六偏磷酸钠等。其基本原理是利用试剂的酸性以及与铁离子的络合能力，将锈蚀产物溶解或软化[9]。考虑到化学试剂除锈的可控性较低，在除锈过程中加入适当的缓蚀剂可以抑制除锈剂对铁基体的腐蚀。

（2）铜质文物化学除锈[10]

该方法适合去除铜器表面大面积的锈蚀层，具体包括氧化银局部封闭法、碳酸铵除锈法、EDTA 除锈法和传统除锈法。

氧化银局部封闭法适用于斑点状局部锈蚀的青铜器。先用物理机械法处理青铜器表面，除去表层白蜡状氯化亚铜，显露出青铜器基体，再用丙酮清洗干净并干燥。接下来用乙醇和氧化银调成糊状，将糊状氧化银封在处理过的局部锈蚀孔洞处，然后在洁净潮湿的环境中放置一夜。反复多次如此操作，直到在相对湿度90%的环境中器件表面不会出现鲜绿色粉状锈。氧化银与未剔除干净的氯化亚铜反应生成角银从而达到阻隔氯离子的目的。

碳酸铵除锈法适用于锈蚀程度不严重的青铜文物。在碳酸铵粉末中加入蒸馏水，调和成糊状。将糊状碳酸铵直接涂抹在器物锈蚀部位。为避免除锈剂对基体的伤害，除锈完成后及时用蒸馏水清洗青铜器表面。

EDTA 除锈法可以软化器物表面的硬结物。使用该方法时，先在待处理处铺上一层棉花，再将浓度为3%～5%的 EDTA 水溶液滴在棉花上。

传统方法主要用酸除锈。将乌梅或山楂制成糊状，加入其他试剂，直接涂在器物表面，利用此类植物中含有的柠檬酸、果酸等有机酸去除锈蚀物。质地较硬的青铜器也可以用浓度较低的稀硝酸溶液擦拭，注意不宜直接用硝酸溶液浸泡器物，除锈完成后同样需用蒸馏水清洗干净表面。

（3）银器文物化学除锈

通过大量的实验探究，文物保护工作者认为用于银器文物较好的除锈剂包括硫代硫酸络合物、硫脲络合物、硫氰酸络合物；效果一般的有乙二胺络合物、氨络合物、甲酸溶液、EDTA（乙二胺四乙酸）、碳酸钠溶液等[11]。

3.2.5 电化学除锈

电化学除锈法包括阴极除锈法和阳极除锈法[12]。

阳极除锈法是将腐蚀器件作为阳极，当通稳压直流电时，阳极发生析氧反应，同时阳极金属溶解，致使锈层分离脱落。但阳极金属的溶解也就是文物的溶解，给文物造成毁灭性的损伤，因此，此法极少使用。

阴极除锈法以酸性或碱性溶液作为电解液，腐蚀器件作为阴极，电解时阴极上发生析氢反应，产生的氢气气泡使锈层脱落，同时阴极金属不溶解。但是，不通电时，酸性电解液会一定程度腐蚀金属，因此要注意应该在通电以后再将器件浸入电解液。

3.3 金属文物除锈方法应用

3.3.1 山东蓬莱水城出土铁锚喷砂除锈[13]

蓬莱水城即古登州港，位于山东半岛北端，洪武九年（1376 年）置登州府，修建水城，驻扎水师，成为当时北方的海防要塞。1984 年，蓬莱县对蓬莱水城进行了清淤工作，出土大量文物，其中包括五件完整铁锚。

（1）铁锚病害分析

通过 XRF、XRD、IC（离子色谱）等表征手段分析锈蚀产物和凝结物，每件铁锚选取 2～4 个不同位置进行分析检测。分析了四件铁锚，每件铁锚外表面大部分包裹着坚硬厚重且含有一定有害盐（氯化物）的海洋凝结物，并且同一件器物不同部位的氯含量不同，甚至差别很大。氯化物可导致铁器发生小孔腐蚀，加速局部腐蚀如点蚀、应力腐蚀、缝隙腐蚀等，且氯离子能阻止钢铁表面生成的活性 γ-FeOOH 转化为非活性的 α-FeOOH，因此在对这批文物进行保护时，除锈工作是必不可少的。

（2）除锈

铁锚通体锈蚀，表面覆有一层海洋凝结物，凝结物下有多层锈蚀，呈黄色、褐色、黑色等，铁基体在黑色锈蚀产物下，部分锈蚀掺杂着泥沙，十分坚固。因此在现场进行除锈作业时，应选用移动车式喷砂机，同时结合机械方法。

喷砂机条件：喷嘴直径4mm，磨料为40目棕刚玉，喷砂出口压力0.4～0.6MPa。

喷砂操作：对于较薄的锈层，0.4MPa的工作压力即可除去，喷砂时间短；对于较厚较硬的铁锚锈蚀产物，采用0.6MPa的工作压力，喷砂时间长。

3.3.2 辽代嵌金银饰铁器化学除锈[14]

1953年，内蒙古赤峰出土了一批辽代嵌金银饰铁带钩（图3-1），由于在地下埋藏时间过长加之出土后保存不当，这批珍贵的文物锈蚀斑斑，锈蚀产物几乎完全覆盖精美的金银饰图案。为了保护文物，保护人员运用化学软化除锈法和机械法相结合的手段，成功保存这批嵌金银饰铁带钩。

图3-1 保护前后的铁带钩

（1）保护前分析检测

应用XRD、DX-95能谱仪、X探伤等对器物不同部位进行全面系统的分析，使文物保护工作能有的放矢、对症下药。

（2）除锈剂选择标准

筛选除锈剂从两个方面考虑。一方面，根据反映前后修饰物的重量变化，检测除锈剂的除锈率。另一方面，检测锈蚀物的浸取率。所谓浸取率是指在溶剂浓度、浸泡时间、搅拌速度等相同的条件下，浸取过程中溶解的质量与浸取前该锈蚀物的质量之比。此外，在促使锈蚀软化的同时，除锈剂对文物基体、金银饰图案无明显副作用。

（3）锈蚀软化处理

选择磷酸作为溶剂溶解锈蚀产物；用双氧水作为氧化剂改变锈蚀物中二价铁离子的价态；再用柠檬酸、草酸、酒石酸、乙酰丙酮等与三价铁离子络合形成络合物，以减少锈蚀物的组分，增大其溶解度。

为了加速上述过程，增大除锈速率，在软化过程中还运用了超声技术。超声波在液体介质中传播时，会使液体产生强烈的振荡、拉伸、压缩等效应，形成微空穴，强烈的激波压力增加铁的氧化物与试剂之间的相对运动。

3.3.3 覆盖铭文铜镜的化学除锈[15]

平凉市博物馆的一件带有铭文的圆形铜镜（图 3-2）因锈蚀严重无法辨别年代，整体仅有两处显示金属色。用氧化银封闭法对其进行除锈工作，除锈后铭文清晰可见，并推测出铜镜为汉镜、为日月镜。这项保护工作不仅获得更多文物历史信息和艺术特征，也取得较好的保护效果。

图 3-2 保护前（左）后（右）铜镜背面

（1）确定保护重点

为了长期保存铜镜并获得有价值的研究信息，对铜镜的锈蚀状况、锈蚀产物进行分析。此铜镜的除锈重点是除去表面浅绿色粉状锈和铭文区的锈蚀产物。

（2）除去灰尘土垢

在用化学法除锈之前，先用物理方法处理表面灰尘土垢。用软毛刷拂去器物表面灰尘，并蘸取酒精软化表面结构疏松的土垢。对于质地坚硬的土垢，软化处理后用手术刀剔除。

（3）有害锈处理

用工具刀剔除铜镜上的浅绿色粉状锈以及造成粉状锈的白色蜡状氯化亚铜，再用丙酮将锈蚀区域擦拭干净。用乙醇调和氧化银，加入几滴甘油制备成糊状氧化银。将糊状氧化银涂抹在剔除处理的部位，尽量覆盖均匀，充分反应 24 小时后重复上述操作。

铭文区的锈蚀产物质地坚硬，先用脱脂棉蘸取浓度为 1%的双氧水覆盖软化，再用手术刀小心剔除，露出铜基体。为了使新露出的铜与周围铜基体颜色一致，用 20%的乙醇将铝粉调成糊状涂敷于此处，并每隔 2 小时滴加 20%乙醇以保持敷料湿润，24～36 小时后用蒸馏水洗净，新铜与铜镜颜色一致。

接下来也通过采取缓蚀和封护手段进一步保护铜镜。

3.3.4 西夏银洗除锈保护[16]

1976 年在宁夏灵武临河石坝村窖藏中发掘出土了一件西夏银洗（图 3-3），是国家一级保护文物。出土后，这件银洗在潮湿的南方巡展，导致内侧底部部分区域出现锈蚀。对于这样一件珍贵的西夏文物，去除有害锈，进行全方位保护十分必要。

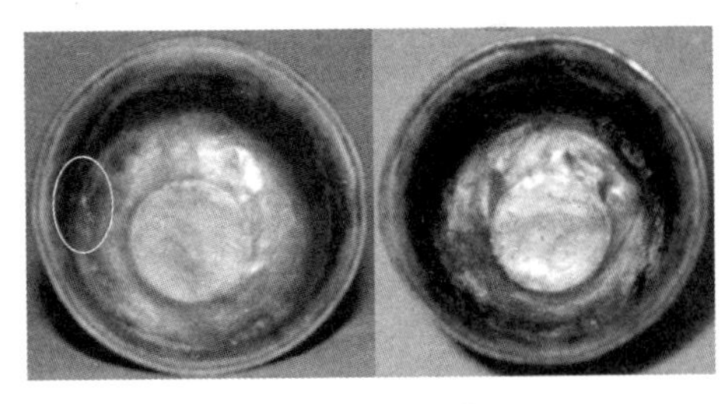

图 3-3 除锈保护前（左）后（右）的西夏银洗

（1）锈蚀原因分析

通过显微共焦拉曼光谱仪和合金分析检测仪检测，这件西夏银洗的主要成分是 95%以上银、3%左右铜和微量锡、铅、铋。适当加入铜、锡、铅可以提高银器的硬度、光泽度和稳定性。但在潮湿环境中，即空气相对湿度高于 58%时，含铜的金属文物会在 24 小时内出现有害锈。因此，潮湿环境是这件银洗出现有害锈的重要原因。

（2）除锈保护措施

传统银器除锈方式是高温煅烧除锈，但高温严重破坏文物本身的肌理。这件西夏银洗采用了机械除锈的方法。

首先用圆头手术刀轻轻剔除有害锈，再用镊子夹住脱脂棉，蘸取无水乙醇反复擦拭有害锈位置，直到露出金属银的光泽。之后用蒸馏水反复擦洗除锈部位，清洗除去剩余残留物。最后吹风机吹干即完成除锈工作。银比铁、铜金属具有更稳定的化学性质，锈蚀情况远不及铁、铜严重，因此能得到更好的保存，除锈工作也相对更加简单。当然，除锈之后的后续保护和环境控制才是让银器长久保存的重中之重。

3.4 “南海 I 号”铁质文物喷砂除锈方法研究

3.4.1 “南海 I 号”出水铁质文物样品除锈方法选择

物理喷砂（丸）打磨操作方便，喷砂速度快，除锈效率高，可满足室内外大型铁器的除锈要求，因此是工作人员首选的除锈方法。物理喷砂除锈是通过喷砂机向锈蚀铁质文物表面喷射一定尺寸的砂粒或特殊的磨料，使砂粒与锈蚀层发生物理碰撞、摩擦，从而剥离锈蚀层。

在使用喷砂除锈的过程中，需要根据具体铁质文物表面的锈蚀程度和文物种类的不同，选择出不同的磨料及设备。研究表明，以刚玉砂为磨料不仅除锈效率高，还不伤及铁器，因此我们选择以刚玉砂为磨料对“南海Ⅰ号”出水铁质文物进行喷砂处理。

3.4.2 “南海Ⅰ号”出水铁质文物样品喷砂

本实验选用的喷砂试样为“南海Ⅰ号”出水的腐蚀较为均匀和锈蚀层比较薄的带锈铁质文物，如表 3-1 所示，试样分别命名为 sysu-cet-T-1、sysu-cet-T-2、sysu-cet-T-3。

表 3-1 喷砂样品编号

序号	样品名称	实验编号	取样部位
1	铁条	sysu-cet-T-1	残条
2	铁条	sysu-cet-T-2	残条
3	铁条	sysu-cet-T-3	残条

在实验室选用型号为 850W * 4-120L 无油空压机配套手持式喷砂枪，对 sysu-cet-T-1、sysu-cet-T-2、sysu-cet-T-3 试样进行喷砂除锈实验，实验条件：选择喷砂机出口压力为 $6kgf/cm^2$（$1kgf/cm^2=9.81\times10^4Pa$），喷嘴口径 4mm，磨料为刚玉砂（100 目），清除时间为 2s、4s、30s、60s。

从表 3-2 中，可以看出喷砂时间会显著地影响喷砂效果，例如当喷砂时间为 2s、4s 时，铁质文物上的颜色仅有微小变化，说明铁质文物表面还残留着许多锈蚀产物，而当喷砂时间增加至 60s 时，喷砂部位基体颜色明显加深，表明铁质文物上的锈蚀层被完全去除，因此，在后续的喷砂实验中，选择喷砂时间为 60s 对试样进行喷砂除锈实验。

表 3-2 不同喷砂时间对“南海Ⅰ号”出水铁质文物样片的损伤程度

磨料	时间/s	距离/cm	对基体损伤的程度
刚玉砂 100 目	2	30	喷砂部位基体颜色有变化
刚玉砂 100 目	4	30	喷砂部位基体颜色有变化
刚玉砂 100 目	30	30	喷砂部位基体颜色明显变化
刚玉砂 100 目	60	30	喷砂部位基体颜色明显加深

图 3-4 为 sysu-cet-T-1、sysu-cet-T-2、sysu-cet-T-3 喷砂前后的对比图，从图中可以看出经过喷砂处理后，铁质文物表面的颜色明显加深且表面更自然，喷砂后，对文物损伤也较小。对于损伤比较严重的 sysu-cet-T-1 铁条经喷砂除锈后，还能看到其完整的形状，说明采用喷砂除锈可减少对铁质文物的损伤。

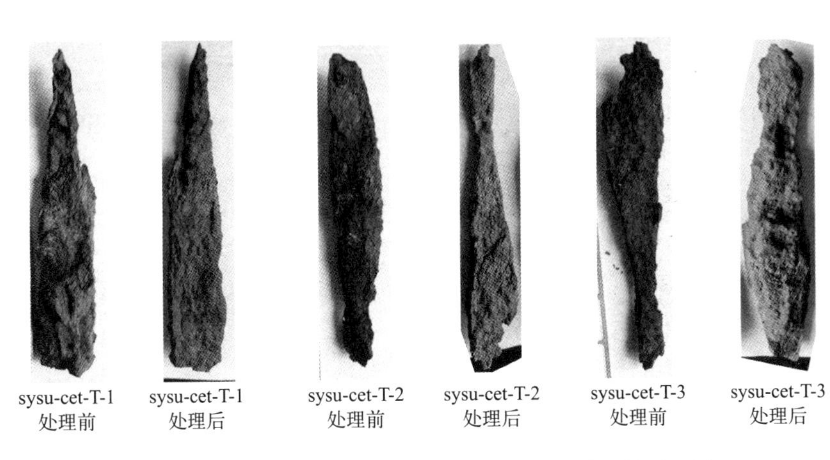

图 3-4 “南海Ⅰ号”出水铁质文物喷砂除锈前后的对比图

“南海Ⅰ号”出水铁质文物的喷砂除锈实验达到了预期的除锈效果，经过喷砂处理后，展现出了文物本身的面貌，提高了铁质文物外观的安全性。在喷砂处理过程中，优先采用了喷砂、回收刚玉砂磨料、除尘三步同时进行的方式，避免了人工除锈过程中产生的粉尘，减少了对环境的污染。

参考文献

[1] 万娟. 海洋出水铁质文物的病害特征和保护处理方法[J]. 客家文博，2019(4):31-37.

[2] 乌日罕. 简析铁质文物的除锈方法[J]. 赤峰学院学报(自然科学版)，2016，32(11):54-56.

[3] 吴鹏. 青铜器的除锈修复研究[J]. 文物鉴定与鉴赏，2020(09):102-103.

[4] 吴玉清. 青铜器保护材料：清洗剂评价指标及评价方法研究[D]. 北京:北京化工大学，2014.

[5] 钟家让. 出土青铜器的锈蚀因素及其防护研究[J]. 山西大学学报(自然科学版)，2004(01):44-47.

[6] 范小宁. 金属材质文物保护与修复的现状与进展[N]. 中国文物报，2020-07-31(008).

[7] 孙晓强. 腐蚀铁器的保护与修复[J]. 文物修复与研究，2003(00):71-82.

[8] 胡雨婷，秦伯豪. 激光清洗技术在青铜器除锈中的应用[J]. 文物修复与研究，2016(00)：65-69.

[9] 张然，成小林，潘路，等. 铁质文物常用除锈试剂的除锈效率及其腐蚀性的比较研究[J]. 文物保护与考古科学，2020，32(3)：17-27.

[10] 陈颢. 青铜文物修复过程中的除锈及缓蚀[N]. 中国文物报，2015-12-25(007).

[11] 陶小凤，陈坤龙，何海平. 馆藏银器的腐蚀特征与保护研究综述[J]. 北京文博文丛，2016(04)：105-112.

[12] 江棂，柯国平，叶良彪. 电化学方法除锈(垢)的研究[J]. 煤炭科学技术，1996，24(08)：36-37.

[13] 成小林，胥谞，赵鹏. 山东蓬莱水城出土铁锚病害分析与保护处理[C]//中国文物保护技术协会. 中国文物保护技术协会第八次学术年会论文集. 北京：科学出版社，2014：17-25.

[14] 杨小林，潘路，葛丽敏. 辽代嵌金银饰铁器的保护研究[J]. 文博，2006(5)：75-79.

[15] 文娟，倾陇鹏. 试论青铜镜除锈保护技术[J]. 丝绸之路，2011(20)：110-111.

[16] 王艳玲. 西夏银洗除锈保护[J]. 文物修复与研究，2016(00)：148-152.

· 第4章 ·

金属文物有害盐脱除方法

文物出土后要尽快进行脱盐处理，这对于文物的稳定极其重要。在长久的埋藏过程中，土壤、海水中的各种盐类会结合到文物的腐蚀层内，导致大量的氯化物聚集在金属文物表面，局部浓度可达20%。金属文物出土（水）以后，在一定的氧气和湿度条件下，会继续受到表面聚集的盐类，尤其是氯化物的腐蚀，并由于表面开裂和分层剥落而产生新的腐蚀。这是一种快速的电化学过程，可以使文物在很短的时间内被损坏。这一过程中主要取决于氧、水、盐三种因素，因此消除任何一种因素就能防止上述腐蚀过程的发生。目前对文物的保存环境采取了多种强制手段，并且使用最好的保护涂层，但仍然无法有效隔绝氧气与水。所以最好的方法就是排出氯化物[1]。

脱盐处理通常在除锈之后进行，脱盐之前首先要对器物中有害盐的含量进行分析，根据检测结果确定是否要脱盐。之后再选择合适的方法进行脱盐处理，主要依据器物的形状、腐蚀状况、保存环境等因素来判断。通过检测脱盐溶液中氯离子的含量判断脱盐程度。目前，海洋出水文物的脱盐方法较多，常用方法有蒸馏水清洗法、碱性盐还原法、碱液清洗法、电解还原法等，亚临界水技术是一种较新的方法，其他方法还有氢气还原法、等离子还原法等。这些方法各有优劣，要根据实际情况进行选择。

4.1 文物有害盐的存在形式及检测方法

充分了解锈蚀产物能够对后续脱盐工作提供科学的理论支持，有的放矢地选择合适正确的脱盐方法。因此，对文物有害盐进行分析是非常有必要的。相关文献［2,3］已经报道了出水铁质文物的腐蚀产物种类及存在形式。铁质文物一旦出土或出水就会立即暴露于空气中，如果保存环境的相对湿度波动较大，常以黄色液滴形式存在的氯化铁（$FeCl_3$），就会在铁质文物中见到。氯化铁易于水解，暴露于空气中会转化为四方纤铁矿（β-FeOOH）。四方纤铁矿是铁质出水文物的常见锈蚀产物。判断铁质文物中是否含有有害盐类，一般以四方纤铁矿是否存在为准。

青铜器的腐蚀产物最重要的是氯化亚铜 CuCl 和铜的三羟基氯化物，包括氯铜矿、副氯铜矿、羟氯铜矿和斜氯铜矿，它们都是 $Cu_2(OH)_3Cl$ 的同分异构体，而氯化亚铜是青铜器在海水中最先形成的腐蚀产物。

X 射线荧光光谱（XRF）与 X 射线衍射光谱（XRD）是两种常用的分析方法。XRD 与显微拉曼光谱可分析样品的物相组成。SEM-EDS（扫描电子显微镜-能谱仪）与 EPMA（电子探针显微分析）可对样品的元素组成、元素分布进行分析。

4.2 铁质文物脱盐方法

铁质文物脱盐方法包括蒸馏水清洗法、碱液清洗法、碱性亚硫酸盐脱氯法、电解还原脱盐法、亚临界水脱盐法等。

4.2.1 蒸馏水清洗法[4, 5]

（1）直接清洗法

用蒸馏水反复清洗浸泡器物直至清洗液中不含氯离子为止。也可以加入缓蚀剂如 $NaNO_2$、$Na_2Cr_2O_7$ 等起到缓蚀作用。

（2）煮沸法

铁质文物浸泡在蒸馏水或去离子水中去除有害盐时，将清洗液煮沸能加快氯离子的浸出速度。

（3）冷热交替法

将铁质文物在冷热环境中交替浸泡，也可以增大氯离子的迁出速度。

（4） Soxhlet 清洗法

将器件置于密闭的容器中，采用热蒸馏水循环装置，并用惰性气体如 N_2 等作为保护气体，防止铁质文物进一步氧化锈蚀。对于刚打捞出水的铁质文物，β-FeOOH 并未被氧化形成，用此方法脱盐效果更好。

4.2.2　碱液清洗法

根据铁在水溶液中的电位-pH 图可知，铁在碱性水溶液（pH 值为 9～13）中的腐蚀程度较小。用碱液浸泡一方面对铁质文物基体损伤较小，另一方面能有效地去除 Cl^-、SO_4^{2-} 等有害盐。

常用的脱盐碱液有 NaOH 和 LiOH 溶液。North 和 Pearson[5]、Koezuka[6] 都研究比较了 NaOH 和 LiOH 溶液对氯盐的脱除效果，他们的实验结果都认为 LiOH 溶液的脱盐速率比 NaOH 溶液慢。NaOH 溶液相比于其他碱液之所以拥有更高的脱盐速率，是因为 NaOH 更容易迁移，OH^- 能更快速地渗入腐蚀产物中，促使 Cl^- 释放。但 LiOH 溶液也有其优势：LiOH 法处理的器物更容易除去氯化物，也很容易干燥；另外，LiOH 溶液对有机文物的损害更小，尤其适用于木制品、丝织品等有机文物的脱盐。

碱液清洗法安全稳定，适用于绝大多数文物，但耗费时间较长，尤其对于体积庞大的文物，甚至要耗费几年时间才能完全脱除有害盐。

4.2.3　碱性亚硫酸盐脱氯法

碱性亚硫酸盐的亚硫酸根 SO_3^{2-} 具有还原性，能将腐蚀产物还原成较为致密的 Fe_3O_4，增加了腐蚀产物的孔隙度，从而增加了氯离子的排出，实现脱盐。此法主要利用了 SO_3^{2-} 的还原性，要防止 SO_3^{2-} 被空气中的氧气氧化成 SO_4^{2-} 而失去还原能力，因此用亚硫酸盐脱盐必须在隔绝氧气的密闭容器中进行[7]。

碱性亚硫酸盐还原法操作简单，具体如下：将 0.5mol/L 的 Na_2SO_3 和 0.5mol/L 的 NaOH 溶液混合，将处理过的铁器浸入混合液中，密闭条件下缓慢将溶液加热到 60～90℃，并保持这一温度一段时间，随后将铁器取出，再用

NaOH 溶液处理直至达到标准。

与单独使用 NaOH 溶液相比，此法能取得更好的效果。亚硫酸盐不仅能加快氯离子从腐蚀产物中迁移出的速率，也能使铸铁石墨区坚固化。但对于腐蚀严重的出水文物，当锈蚀产物厚度超过 1.5mm 时，碱性亚硫酸盐的效果就不尽理想。

4.2.4 电解还原脱盐法

与碱性亚硫酸盐还原法原理类似，都是通过将铁的腐蚀产物还原成 Fe_3O_4 来增加氯离子的排出，不同之处在于此法用电化学的方式还原。腐蚀产物被还原后体积变小，孔隙度增大，从而加快氯离子的排出速度。由于这一方法需要通电电解，因此只适用于有金属芯的铁质文物。

具体操作方法如下：将除过锈的铁器作为阴极置于电解槽中间位置，并在周围预留足够的空间，较小的铁器可以直接悬挂在电解槽顶部，大的器件需要用特殊的支撑网支撑；在距离阴极 20～80cm 的位置放置阳极，阳极与电源正极连接，器件与电源阴极连接，注意保持良好接触；随后将 0.5～1mol/L 的 NaOH 溶液加到电解槽中作为电解液，直到没过铁器件；然后，选择合适的电流和电压，开始通电电解。通电可以是连续的或者间接的。考虑到器物的表面积和通过腐蚀产物的电流难以确定，最好采用控制电位的方式来保证器件各处的电流密度均匀。不同器物所需要的电位或电流不尽相同，在应用此方法时应该充分考虑实际情况[7]。根据电解液中氯离子的浓度确定电解时间和是否更换电解液。对于电流或电位，若施加过大，容易发生析氢反应，导致锈层大量脱落进而破坏文物原貌；反之，如果用太小的电流或电位，就无法起到除氯的作用[8]。

4.2.5 亚临界水脱盐法

亚临界水的概念是将压力容器中的水加热至 100℃（标准大气压下水的沸点）到 374℃（水的临界温度）之间，并控制系统压力在 22.1MPa 以下，使水保持为液态。这项技术基于先前对用于废水氧化的亚临界和超临界流体的研究以及对纺织纱线和织物中可提取材料的分析。在实际应用中，基于不改变铁器金相组织的前提，选择合适的温度和 pH 值，达到合适的脱氯效果。通常温度在 130～230℃，溶液 pH＝11.6～13.1[9]。

2003 年以来，美国南卡罗来纳州查尔斯顿沃伦·拉什保护中心（WLCC）

已进行了150项使用亚临界碱性溶液处理不稳定金属文物的实验[10]。对来自海洋和陆地环境的各种各样的样品和考古文物进行了研究处理。与传统技术相比，氯盐的提取效率明显提高，与使用传统方法对一些铸铁试样进行6个月以上的处理相比，使用亚临界处理的时间没有超过3周，并且残余氯化物的浓度可以达到同传统方法一样低的水平。最重要的是，在亚临界处理后，未观察到海洋铸铁样品上石墨化层的损坏或陆生铁上腐蚀层与金属芯之间的分离。

4.3 铜质文物脱盐方法

铜质文物脱盐方法主要有蒸馏水清洗法、碱性连二亚硫酸钠清洗法、倍半碳酸钠浸泡法以及电化学法。

4.3.1 蒸馏水清洗法

与铁质文物一样，铜质文物也可以通过蒸馏水浸洗脱氯。通过加热、冷热交替等手段可以加快氯离子浸出速率，也可以加入缓蚀剂 $NaNO_2$、$Na_2Cr_2O_7$ 预防清洗过程中出现腐蚀。但是，青铜器要达到理想的脱盐效果需要浸洗2～4年，在长达2～4年的浸泡过程中，难以预测青铜器及其腐蚀产物会发生什么变化。

4.3.2 碱性连二亚硫酸钠清洗法

此方法的处理液是40g/L的氢氧化钠和50g/L的连二亚硫酸钠溶液，溶液pH值保持在13以下。连二亚硫酸钠由于在空气中易被氧化且发出强烈的刺激性气味，需在密闭无氧的容器中使用。将青铜器浸泡于上述溶液，短短几分钟内就能观察到非常明显的颜色变化，处理过后需在蒸馏水中浸洗48小时，以除去残留的试剂。使用碱性二亚硫酸钠能短时间内快速除去氯离子，但是需要注意一些脆弱的青铜器可能会被碱性连二亚硫酸钠溶液分解。

4.3.3 倍半碳酸钠浸泡法

倍半碳酸钠是大苏打和小苏打的混合物，按照每升蒸馏水中溶解20g碳酸钠和 20g 碳酸氢钠的比例配制，其水溶液呈弱碱性。使用方法是将青铜器直接浸入 5%的倍半碳酸钠溶液中，其中的 CO_3^{2-} 能将有害的 CuCl 转化为稳定的 $CuCO_3 \cdot Cu(OH)_2$，最终达到稳定的目的。虽然倍半碳酸钠浸泡法是比较有效的脱氯方法，但脱氯时间十分漫长，可能会长达一两年时间。这不仅给文物保护造成不便，也会使青铜器颜色发生改变。

倍半碳酸钠浸泡法同样可以像蒸馏水清洗法一样，通过加热煮沸的方式提高脱氯速率。另外，每隔一段时间（通常为一周）更换新的溶液也是必要的，可以通过测定溶液中氯离子浓度来判断脱氯效果和脱氯程度。

4.3.4 电化学法

一些出水文物由于体积较大，一般方法难以处理，而电化学技术比较适合处理此类文物。

待处理器物与电源负极相连作为阴极，用铂或添加钼的不锈钢连接电源正极作为阳极，形成电解回路，接通电流，除去氯化物。电化学过程如下：

$$CuCl_2 \longrightarrow Cu^{2+} + 2Cl^- \tag{4-1}$$

阳极：
$$2Cl^- - 2e^- \longrightarrow Cl_2 \tag{4-2}$$

阴极：
$$Cu^{2+} + 2e^- \longrightarrow Cu \tag{4-3}$$

依据器物体积大小不同，电化学法处理时间从几小时到几个月不等，并且海洋出水文物中的 SnO_2 腐蚀产物不能被此法除去。

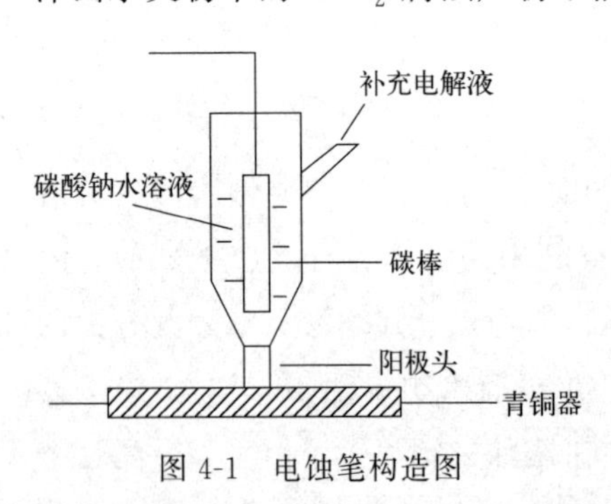

图 4-1 电蚀笔构造图

电蚀笔（图 4-1）是一种处理局部腐蚀的装置，由硬质玻璃制成，相当于电解池，笔头内径有不同规格，适用于面积大小不同的锈斑[11]。电解液是对青铜无害的碳酸钠（Na_2CO_3）溶液，碳棒、钨棒或钼棒作为电极棒。使用此装置时，碳棒外接直流电源的正极，被处理铜器接直流电源负极。被腐蚀的铜在阴极上得电子，被还原为铜单质。同时，氯离子在阳极变成氯气被释放出。有研究表明，此方法的脱氯效率达到 86.2%，基本达到青铜文物的保护要求。局部电蚀方法简单，不破坏青铜器其他部位，但只适用于局部点状锈，电蚀笔触碰不到的位置无法除氯。

4.4 脱盐溶液中氯离子含量检测方法

通过检测清洗液中氯离子的含量可以判断脱盐的程度，定期检测清洗液中氯离子的含量是有必要的。通常借助了其他领域检测水或废水中氯离子含量的分析方法，如离子色谱法、硝酸银及硝酸汞滴定法、电位滴定法、氯离子选择性电极法等。

4.4.1 离子色谱法

离子色谱法（IC）以低交换容量的离子交换树脂作为固定相，对离子性物质进行分离，通过电导检测器连续检测流出物的电导变化，从而对离子含量进行定量分析[12]。马清林等人[13]对铁质文物脱盐处理时，为了实时监测清洗液中氯离子浓度，采用了离子色谱法，当氯离子含量低于 50μg/g 并保持不变时，即可认为脱氯完成。

离子色谱法具有所需样品量少、灵敏度高、检测准确，且可以同时分析多种离子的优点，因此被应用到文物保护领域。但离子色谱法不适用于对强碱 NaOH 溶液和碱性 Na_2SO_3 的检测，需要将溶液稀释后方可应用，此外 Na_2SO_3 会对离子色谱峰造成一定干扰。

4.4.2 硝酸银及硝酸汞滴定法

硝酸银及硝酸汞滴定法是传统的沉淀滴定法，滴定过程中氯离子优先与硝酸银或硝酸汞结合，氯离子被消耗完后，继续滴定，硝酸银或硝酸汞会与指示剂反应，产生砖红色沉淀（硝酸银滴定法）或溶液变紫（硝酸汞滴定法），此时达到滴定终点[14,15]。

此方法操作简单，成本较低，但是滴定过程容易造成银、铬、汞等对环境的污染。此外，脱盐溶液中有时含有较多铁离子，溶液呈现棕黄色，干扰滴定终点的判断，引起较大误差。

4.4.3 电位滴定法

电位滴定法是测定氯离子浓度常用方法之一，较少受到人为因素干扰，可以连续自动滴定，数据可信度高。工作电池由指示电极和参比电极浸入脱盐溶液中组成。在滴定过程中，随着氯离子浓度的不断变化，指示电极电位发生相应的变化，根据能斯特方程：

$$E = E^{\ominus} - \frac{RT}{nF}\ln c \tag{4-4}$$

氯离子浓度在化学计量点附近发生突变，引起指示电极电位的急剧变化，该突变点即为滴定终点。

此方法的缺点也比较明显，会受到 Fe^{3+} 和 SO_3^{2-} 的干扰，滴定过程比较烦琐，在室外现场应用比较麻烦[16]。

4.4.4 氯离子选择性电极法

氯离子选择性电极分析是一种常用的测定水溶液中氯离子浓度的分析方法，在化学工业、食品工业和环境科学等领域应用较多。氯离子选择性电极是由 AgCl 和 Ag_2S 粉末压制成的敏感膜，将其浸入含有 Cl^- 的溶液中时，会发生离子交换反应，从而在电极膜片表面建立具有一定电位梯度的双电层，如此，电极与溶液之间就存在电位差。膜电势大小与 Cl^- 活度的对数值呈线性关系：

$$E = K - \frac{2.303RT}{nF}\lg a\,Cl^- \tag{4-5}$$

在用此方法测算未知溶液中 Cl^- 浓度时，先测量电极在溶液中的电动势，然后加入少部分标准溶液，混合均匀后再测混合液的电动势，根据上述公式即可得到 Cl^- 浓度。

氯离子选择性电极法仪器及配件价格较便宜，携带方便，适合用于现场检测。并且，相比于硝酸银及硝酸汞滴定法，此方法不引入污染离子，相对环保。但也存在一些限制：需要标准溶液对仪器进行校正，且要求待测溶液为中性或弱酸性，而铁质文物脱盐溶液通常呈碱性，因此测试之前样品的前处理比较耗费时间[17]。

4.5 脱盐技术实际应用案例

4.5.1 魏家庄遗址出土铁质文物的脱盐处理[18]

2009年至2010年，济南市魏家庄片区的160余座墓葬出土了近40件铁质文物，其文物中含有大量有害氯离子，为了维护文物安全，脱除有害盐成为保护该批文物的重点。

（1）有害盐分析

根据文献调查，该批铁质文物可溶盐中含有大量 Cl^-、NO_3^-、SO_4^{2-} 等侵蚀性阴离子，以及 Na^+、K^+、Mg^{2+}、Ca^{2+} 等阳离子。特别是在点蚀、瘤状物和析出黄色液滴的腐蚀处检测出高达14%的氯元素，可见侵蚀性离子的含量极高。铁质文物的腐蚀产物除了针铁矿、纤铁矿、磁铁矿之外，还有出水铁器中常见的四方纤铁矿。可以看出，这批出土于魏家庄遗址的铁质文物存在着非常严重的腐蚀现象。

（2）文物脱盐

本批文物脱盐溶液采用0.005mol/L的NaOH溶液，不添加缓蚀剂和表面活性剂。

将除锈后的铁质文物直接放入碱液中浸泡脱盐，为了促进可溶盐溶液析出，在浸泡时采用搅拌、冷热交替法和超声波法。进一步，用加热棒加热溶液至60～70℃后，让溶液自然冷却，每日如此操作1～2次。同时，将浸泡铁质文物的容器放入超声清洗器，每日用29kHz、75kHz、100kHz的频率循环超声1h。几天后，更换碱液，用相同方法继续脱盐，直至用硝酸银溶液检测时不再出现浑浊。

（3）脱盐效果

溶液中的氯离子含量通过硝酸银定性检测、氯离子电极测试、离子色谱法进行检测。文物铁炉经过12次脱盐后，最终浸泡液中氯离子浓度为每升几毫克，低于一些文献里脱盐结束标准，即氯离子浓度低于50mg/L或6～10mg/L，取得非常好的效果。

4.5.2 “华光礁Ⅰ号”南宋沉船出水铁质文物的脱盐处理

国家文物局水下文化遗产保护中心采用一项新技术——亚临界水技术对“华

光礁Ⅰ号”南宋沉船出水铁质文物的锈蚀物和标本进行脱盐处理[9]。

（1）亚临界水脱盐装置的设计

根据“华光礁Ⅰ号”沉船出水粘连铁质文物尺寸，设计了亚临界水脱盐装置。压力容器是容积为2.7L的圆柱筒，直径10.5cm，高度31.5cm。采用电加热方式，设计温度为350℃，设计压力为12.5MPa，并设有压力表口、排气口、测温口和爆破阀口。

（2）粘连铁质文物的亚临界水处理

NaOH溶液是一种常见有效的脱盐试剂。粘连的华光礁铁质文物经过除锈和除污处理后放置在上述亚临界水装置中，加入1.8L、浓度为0.5%的NaOH溶液，升温到150℃，保持两天。两天后取一次浸泡液，检测氯离子含量，再更换浸泡液，以两天为一个周期重复上述过程。

对粘连铁质文物进行7个周期的亚临界水脱盐处理，可使其中的大部分氯离子在短时间内迅速脱除。具体铁质文物的氯离子浓度变化如图4-2所示。可以看到第一个周期（即处理两天）结束时，浸泡液中氯离子含量很高。从第二个周期起，氯离子含量迅速下降，最终为10mg/kg左右。

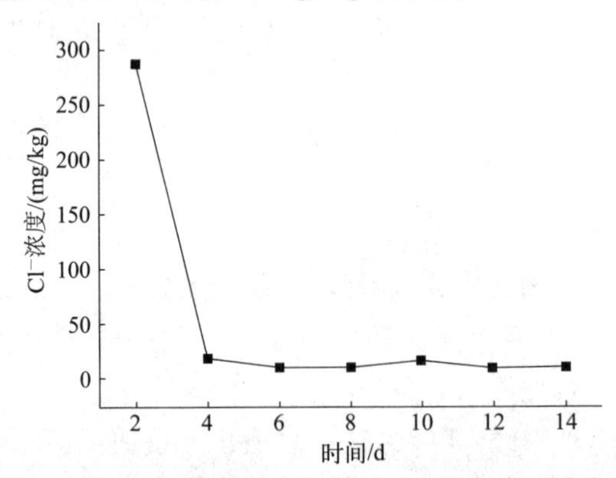

图4-2 亚临界水法处理“华光礁Ⅰ号”铁质文物的氯离子浓度随时间变化图

4.6 “南海Ⅰ号”出水铁质文物的有害盐脱除研究

4.6.1 “南海Ⅰ号”出水铁质文物样品脱盐处理

（1）实验样品

脱盐试样为sysu-cet-T-1、sysu-cet-T-2、sysu-cet-T-3，同表3-1。

（2）出水铁质文物的脱盐处理

对“南海Ⅰ号”出水铁质文物的脱盐处理主要采用两种方法——NaOH 碱液浸泡法和水溶液循环法。

NaOH 碱液浸泡脱盐法：将 sysu-cet-T-1、sysu-cet-T-2、sysu-cet-T-3 试样分别放置于 1L 的 0.5mol/L NaOH 溶液中，每隔一天取上清液后，倒掉全部的碱液，随后重新加入同等体积的 0.5mol/L NaOH 溶液，一直重复到第十四天。上清液中的 Cl^- 浓度采用离子色谱进行检测分析。

水溶液循环脱盐法：将 sysu-cet-T-2 试样放置于循环装置（图 4-3）中，采用泵循环水溶液来进行脱盐处理。

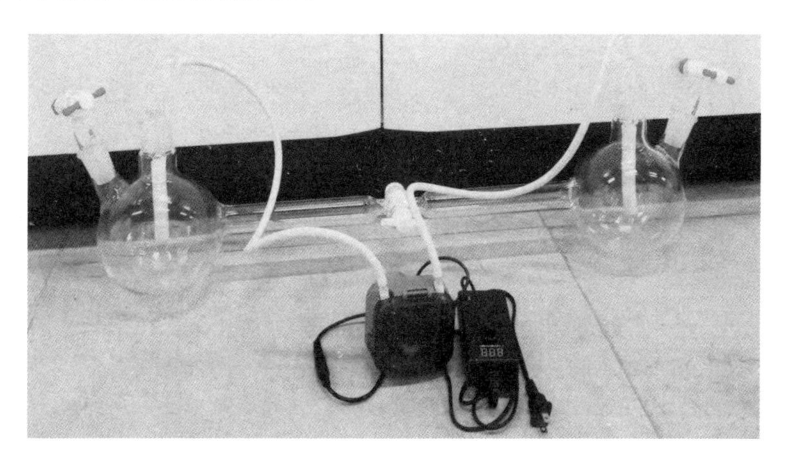

图 4-3　水溶液循环装置

4.6.2 研究结果

从表 4-1 中的 Cl^- 浓度，我们可知，随着浸泡时间的延长，文物中的 Cl^- 释放出的量越多，且不同的试样在不同的浸泡时间间隔中释放出来的浓度具有一定的差异性，例如，试样在第 2 天的浸泡时，sysu-cet-T-1、sysu-cet-T-2 和 sysu-cet-T-3 分别可释放出 176.69mg/L、214.71mg/L、900.13mg/L，这也充分地说明了试样含有的 Cl^- 浓度不相同，因此不同时间间隔释放出的 Cl^- 浓度就有差异。

图 4-4 为 sysu-cet-T-1、sysu-cet-T-2、sysu-cet-T-3 试样浸泡于 0.5mol/L NaOH 溶液 14 天后脱除的 Cl^- 的累计释放量。从图中可知，铁质文物试样浸泡在碱性溶液 1d 后，溶液中的 Cl^- 浓度均很高，达到 446.32mg/L 以上，随着浸泡时间的延长，从文物中释放出来的 Cl^- 浓度逐渐增加，由此说明采用碱性溶液

浸泡铁质文物可高效脱除盐溶液。在这三种铁条文物中，研究发现 sysu-cet-T-1 铁条脱除的 Cl^- 浓度是最高的，同时结合第 4 章喷砂实验的结果，表明 sysu-cet-T-1、sysu-cet-T-3 铁条被腐蚀的程度远远高于 sysu-cet-T-2。

表 4-1 试样中 Cl^- 的释放量

时间/d	sysu-cet-T-1 中 Cl^- 的释放量/(mg/L)	sysu-cet-T-2 中 Cl^- 的释放量/(mg/L)	sysu-cet-T-3 中 Cl^- 的释放量/(mg/L)
1	446.33	605.79	937.01
2	176.69	214.71	900.13
4	592.39	225.65	317.02
6	349.69	121.12	144.85
8	335.65	47.19	48.74
10	313.74	13.10	12.47
12	252.56	6.15	115.94
14	281.93	5.94	23.60

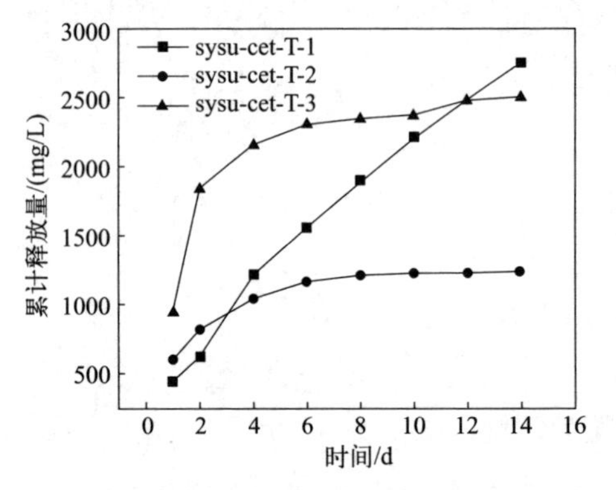

图 4-4 sysu-cet-T-1、sysu-cet-T-2、sysu-cet-T-3 中 Cl^- 的累计释放量

根据表 4-1 及图 4-4 的数据，采用碱液浸泡方式不能完全去除铁质文物中的 Cl^-，而残留在文物中的 Cl^- 又会加速铁质文物的腐蚀速率，因此创造性地提出采用水溶液循环装置对碱液浸泡法不能去除的 Cl^- 进行脱除处理。图 4-5 为采用水溶液循环对 sysu-cet-T-2 铁条文物脱除的 Cl^- 的累计释放率图，从图 4-5 可知，采用水溶液循环第五天的时候，铁质文物中的 Cl^- 浓度下降到 1mg/L，即低于 2mg/kg，据文献调研，文物中的 Cl^- 降低到 4mg/L 时，可认为已经完全脱除了文物中的 Cl^-。从上述的分析可知，采用水溶液循环装置可高效脱除文物内部中的 Cl^-。

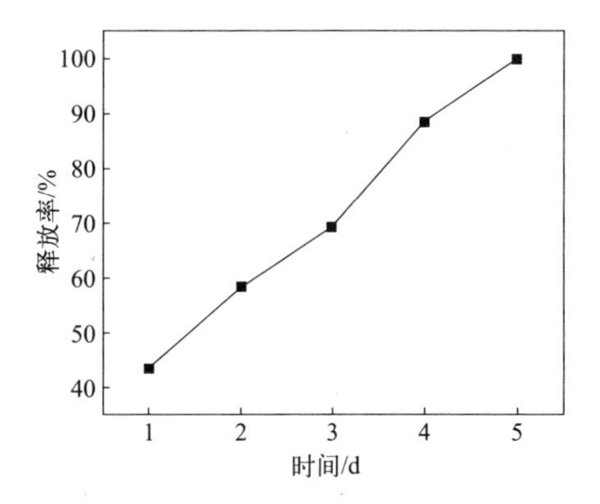

图 4-5　sysu-cet-T-2 的累计释放率

实验结果表明，采用的碱性溶液浸泡法可高效脱除铁质文物中的盐溶液，浸泡时间越长，碱性溶液中更多的 OH^- 就能进入到文物内部中，促使 Cl^- 的释放。浸泡到 14d 时，铁条中的 Cl^- 最大可释放浓度超过 2550mg/L，最低也可释放出 1250mg/L。对于采用碱液浸泡不能完全去除的铁质文物中的 Cl^-，本实验创造性地采用水溶液循环装置来脱除，且从实验数据可知，采用水溶液循环能有效脱除紧密吸附在文物表面的 Cl^-，减少 Cl^- 对铁质文物的腐蚀作用。

参考文献

[1] 吴天才. 出土铁器文物的脱盐[J]. 考古与文物，2003(04)：94-96.

[2] Gilberg M R，Seeley N J. The identity of compounds containing chloride ions in marine iron corrosion products：a critical review[J]. Studies in Conservation，1981，26(2)：50-56.

[3] North N A. Corrosion products on marine iron[J]. Studies in Conservation，1982，27(2)：75-83.

[4] Scott A D，Seeley N J. The washing of fragile iron artifacts[J]. Studies in Conservation，1987，32(2)：73-76.

[5] North N A，Pearson C. Washing methods for chloride removal from marine iron artifacts [J]. Studies in Conservation，1978，23(4)：174-186.

[6] Koezuka T. Desalting of iron objects found in inland area by LiOH method[M]//Tokyo National Research Institute of Cultural Properties. Current problems in the conservation of metal antiquities. Tokyo：Bunka-cho Tokyo Kokuritsu Bunkazai Kenkyujo Hozon Kagakubu，1993：101-105.

[7] 许淳淳,岳丽杰,欧阳维真.海底打捞铁质文物的腐蚀机理及其脱氯方法[J].文物保护与考古科学,2005(03):55-59.

[8] North N A, Pearson C. Investigations into methods for conserving iron relics recovered from the sea[J]. Studies in Conservation, 1975, 20(Sup1): 173-181.

[9] 张治国,李乃胜,沈大娲.亚临界水脱盐技术在海洋出水铁质文物保护中的应用[J].中国文化遗产,2019(05):31-34.

[10] González N G, Mardikian P, Nsnen L, et al. The use of subcritical fluids for the stabilisation of archaeological iron: an overview[J]. Corrosion and Conservation of Cultural Heritage Metallic Artefacts, 2013, 14(4):434-465.

[11] 张悦.基于反相微乳液的陶质与青铜文物脱氯技术研究[D].西安:陕西师范大学,2017.

[12] 唐静,赵晟伟,闫海涛,等.离子色谱法在文物保护中的应用[J].化学分析计量,2017,26(04):118-122.

[13] 马清林,沈大娲,永昕群.铁质文物保护技术[M].北京:科学出版社,2011.

[14] 陈玲慧.硝酸银滴定法测定湖泊水体中氯离子[J].广东化工,2021,48(15):214-216.

[15] 代阿芳,杨俊,孙月婷.硝酸汞滴定法测定复混肥料中氯离子的含量[J].中国土壤与肥料,2018(06):202-206.

[16] 蒋云菊,尚雁,高严庄.浅谈电位滴定法测定水体中氯离子含量[J].浙江化工,2021,52(03):48-50.

[17] 成小林,陈淑英,韩英,等.氯离子选择性电极测定铁器碱性脱盐溶液中氯离子的含量[J].文物保护与考古科学,2010,22(03):10-14.

[18] 张红燕,王浩天.魏家庄遗址出土铁质文物的脱盐处理研究[J].文物保护与考古科学,2017,29(01):78-85.

第5章 海洋出水金属文物缓蚀技术

在众多控制金属文物腐蚀的方法中，使用缓蚀剂是一种高效、经济的防腐方法。本章首先论述了金属文物缓蚀材料的研究与应用现状，介绍了缓蚀剂的筛选与评价方法，对典型的缓蚀剂进行了详细介绍，并以“南海Ⅰ号”为例详细阐述了缓蚀工艺的实施，最后，对金属文物缓蚀材料的研究与应用进行了总结。

5.1 金属文物缓蚀材料的研究与应用现状

文物是一个民族文化历史的传承与见证者，我国作为一个文明古国，保存下来的金属文物种类繁多、数量丰富。中国进入金属时代有四千多年的历史，据考古发现，在商代我国就出现了金器，铜、铅、锡三种元素冶炼熔成的青铜器更是在商代发展出一个高峰，另外铁、银、锌、汞等金属也被证明是商周时期被广泛冶炼并使用的。“金属”一词即由东汉许慎《说文解字》中“凡金之属皆从金”而来。

人类从蒙昧转向文明的开始，很大程度上是由冶炼金属和制作使用金属工具来决定的。我国由夏至清四千年的文明历程，青铜、黑铁在各自的领域发挥着关键的历史作用。古青铜器以其精湛的冶炼技术、令人目眩的工艺以及弥足珍贵的铭文和粗犷古朴的造型，在历史研究与艺术赏析中有着十分重要的意义。在人类历史中，铁无疑是最具有革命性作用的材料，冶铁技术是一项划时代的重大发明。中国至迟在春秋晚期就已有了生铁冶铸技术，尔后两千多年的金属制品也主要以生铁冶铸为基础。金、银器的使用最早起源于首饰制作，这两种贵金属的使用贯穿了整个古代文明，尤其是银的广泛使用，涵盖了历代货币、餐饮器皿、各类文玩及装饰品，极大促进了我国古代商业的繁荣和经济的发展。在人类社会发展史中，金属质文物作为古代文明的有力佐证，既是历史文化遗产的重要组成部分，也是当代研究人类历史、文化，探究古代艺术和金属冶炼技术发展的珍贵实物资料。

我国作为一个海洋大国，拥有 300 万平方公里的辽阔海疆和 1.8 万公里的海岸线，水下文化遗产丰富，追溯我国航海历史也源远流长，水下文化遗产保护是我国文化遗产保护工作的重要内容。随着可持续化发展战略的实施，海洋资源与空间变得尤为重要，世界各国都在紧锣密鼓地加紧开发和利用，水下文化遗产的保护也逐渐受到了各国政府的持续关注。2001 年，联合国教科文组织通过了第一个关于保护水下文化遗产的国际性公约：《保护水下文化遗产公约》，这一公约有着重要的现实意义，它的签署意味着对水下文化遗产的保护被提上议事日程[1]。

我国的水下考古事业也已有近三十年的发展，关于海洋出水文物的保护问题逐渐成为相关研究人员的关注热点。这些年来，文物科技保护工作者们取得了一定的成绩，但由于人才储备等原因也显现出了一定的不足，例如对于不断被发掘打捞出水的大量文物来说，目前的人力资源已不能满足工作的需要了。此外，出水文物的科学性保护不断面临新的挑战，特别是海洋出水的金属文物，其极易被腐蚀，因此迫切需要提出更具针对性的实际问题解决方案。

在水下考古的过程中，由于文物出水后所处环境的变化、大气污染加剧、保存文物的场馆环境因素的变化等，导致出水的金属质文物出现严重的劣化变质现象，甚至面临损坏的风险。因此，在金属文物的保管过程中需要对其进行充分有效的防腐保护。在众多控制腐蚀的方法中，使用缓蚀剂是一种高效、经济的防腐手段。近年来，寻找有效防止或减缓金属文物腐蚀的高效缓蚀剂成为了研究热点。对于出水金属文物，常采取的修复流程是凝结物分离、除锈、脱盐、缓蚀、封护，以及必要情况下还需进行加固处理等，其中最重要的是对器物进行表面封护和缓蚀处理以达到使其状态稳定、延缓腐蚀的目的。

5.1.1 缓蚀剂的分类

缓蚀剂又称腐蚀抑制剂，它是一种化学物质或几种化学物质的混合物，能够起到抑制或减缓腐蚀作用，并以适宜的形式存在于外部环境或某些介质中。缓蚀剂能够在不影响金属材料物理力学性能的情况下起到金属防护的作用，因此其已被广泛用于金属表面，且其在使用过程中，可以直接加入腐蚀系统中，表现出操作简单、见效快以及可进行整体系统性保护等特点[2]。

按照物质的化学组成来分，传统的缓蚀剂分为无机类和有机类两种。目前应用较为广泛的有机类缓蚀剂主要是含有如N、O、P、S等元素的未配对电子的有机化合物以及氨基、醛基、羧基、羟基、巯基等含有极性基团的化学物质，因为一般含有不饱和结构、π键以及C、N、O、S等杂原子的化合物易与金属发生相互作用，从而在金属表面形成吸附膜以阻隔外在环境对金属基体所带来的腐蚀。此外，吸附膜型缓蚀剂和混合抑制沉淀膜型缓蚀剂也是两种较多使用的有机缓蚀剂。

有机缓蚀剂的吸附方式一般分为物理、化学吸附两种。金属表面电荷因静电引力或范德瓦耳斯力与离子产生相互作用即物理吸附，其中静电引力为主，这种吸附方式具有迅速且可逆的特点，而能通过提供电子对和质子两种方式来完成的吸附即化学吸附。

根据作用机理，缓蚀剂又可分为以下三种[3]：

① 阳极型缓蚀剂，即阳极抑制型缓蚀剂，通过控制阴离子移向阳极，其可使金属表面发生钝化；

② 阴极型缓蚀剂，即阴极抑制型缓蚀剂，通过使阳离子移向阴极在金属表面生成化学或电化学沉淀保护膜；

③ 混合型缓蚀剂，即混合抑制型缓蚀剂，其作用方式包括对以上两个腐蚀过程同时进行抑制。

按照缓蚀剂形成的保护膜特点还能分为以下三种：

① 氧化膜型缓蚀剂主要通过氧化作用在金属表面形成一层附着力强的致密氧化膜；

② 沉淀膜型缓蚀剂主要通过与介质中的离子发生反应从而在金属表面形成一层防腐蚀沉淀膜，但其附着强度和致密性较之钝化膜更为弱些；

③ 吸附膜型缓蚀剂主要通过直接吸附在金属基体表面的方式来改变其表面特性，从而达到防腐效果。

此外，根据溶解性可将缓蚀剂分为水溶性缓蚀剂和油溶性缓蚀剂两种；按照腐蚀介质的酸碱性可以将缓蚀剂分为酸性型缓蚀剂、碱性型缓蚀剂以及中性型缓蚀剂等[4]。

5.1.2 缓蚀剂的作用机理

缓蚀剂的作用机理主要包括成膜理论、吸附理论以及电极过程抑制理论三种。

① 成膜理论。在金属基体表面通过非水溶性缓蚀剂的作用形成一层保护膜，利用保护膜不溶于水或难溶于水的特质阻隔腐蚀介质与金属基体表面的直接接触，从而达到抑制腐蚀的效果。

② 吸附理论。金属表面氧化物通过与缓蚀剂中的极性基团之间产生的范德瓦耳斯力或共价键作用，促使在基体表面的高活性位点处的缓蚀剂分子发生吸附，进而对腐蚀过程产生抑制作用[4]。

③ 电极过程抑制理论。金属在腐蚀介质中会发生电化学腐蚀，通过抑制这种电化学腐蚀可以减缓被腐蚀的速率，从而达到防腐目的。

但通常情况下，金属的缓蚀是由各种机理一起参与相互作用造成的，如在钨酸盐缓蚀剂中，一方面，钨酸盐的存在能够促使阳极反应过程发生钝化使电化学腐蚀速率得以减缓；另一方面，钨酸盐缓蚀剂能够通过在碳钢表面的吸附，以覆盖腐蚀活性位点而达到缓蚀的效果。这一缓蚀过程就体现了吸附和阳极过程抑制两理论之间的相互协同作用。

实际上，金属文物在不同的环境中需采用不同的缓蚀剂，因腐蚀产物对文物的价值有衰减的作用，人们对金属文物在不同介质中的缓蚀进行了大量的研究。绝大多数金属文物都是处于中性环境，其中也可能含有一些侵蚀性离子，如氯离子。

对于金属文物在海洋中的缓蚀研究，有学者评价了5-硝基吲唑在NaCl溶液中对金属的缓蚀效果[5]，他们报告道该种化合物起到了阴极缓蚀剂的作用，其效率随着浓度的增加而增加。此外，当缓蚀剂浓度为0.4mmol/L时，缓蚀率最高可达99%。此外，考察了VTA、STA和ATA三种缓蚀剂经8次循环后的缓蚀率分别为98.2%、97.08%和96.18%，表现出良好的缓蚀效果。与其他化合物形成的保护层相比，VTA在金属表面形成的保护层更致密、更均匀。结果表明该缓蚀剂在金属表面的吸附是化学吸附和物理吸附共同作用的结果，化学吸附在缓蚀作用中起主导作用[6]。

有学者研究了在流动条件下苯并三氮唑对金属的缓蚀行为，介质为3.5% NaCl。在停滞状态下，金属表面会形成一层连续的保护性氧化层，尽管流速的增加可能会导致保护层的破坏，从而导致局部腐蚀。但结果表明，在流动状态下的腐蚀速率比停滞状态提高了5倍以上，同时发现流速越大，金属的腐蚀磨损越严重。也有报道称，溶液中缓蚀剂的存在会在静止状态下使疏水表面转变为亲水表面，这也符合 Langmuir 吸附等温式。

Rajkumar 和 Sethuraman[7] 报道了金属在含有 3-巯基-1*H*-1，2，4-三唑（MTA）的 3.5% NaCl 溶液中浸泡不同时间后表面能够形成自组装单分子膜（SAM），通过极化和电化学阻抗法评估了 SAM 对金属的缓蚀作用。结果显示，金属样品和含有 SAM 的金属样品在 3.5% NaCl 溶液中浸泡不同时间（1h、2h、6h 和 12h）后，由于与 MTA 作用时间的增加和金属表面 SAM 单分子膜的形成，导致电流密度降低，腐蚀电位向更高的值移动。随着浸泡时间的进一步增加，有利于 SAM 单分子膜在金属样品表面的吸附，进而形成更均匀、更致密的保护层。

Finšgar[8] 用 X 射线光电子能谱分析了 3.5% NaCl 溶液中 4-甲基-2-苯基咪唑在金属表面的吸附，同时用极化测试和三维表面轮廓仪分析了 4-甲基-2-苯基咪唑对金属铜的缓蚀效果。在溶液中加入缓蚀剂后，电位向更高的值移动，腐蚀电流密度降低。缓蚀剂的存在降低了阳极反应速率，表现出缓蚀剂的阳极特性。结果显示，在 3% NaCl 溶液中，1mmol/L 的 4-甲基-2-苯基咪唑缓蚀率为 98.9%。在缓蚀剂存在的情况下，基体表面形成了一层薄的保护层，缓蚀效率在浸泡 180 天后达到最大值。

5.1.3　缓蚀技术的特点

与其他类型的防腐蚀技术相比，缓蚀技术具有以下优势[9]：①在达到良好的防护效果的情况下，对腐蚀环境基本没有改变；②以相对较少的投入即可实现保护对象的防腐；③被保护对象形状的改变，不会影响缓蚀剂的成效；④保持防腐蚀效果相对简单，若腐蚀环境发生变化，可以相对应地改变缓蚀剂的种类或浓度；⑤面对多种金属在不同环境中的腐蚀防护需求，缓蚀技术具有同一配方即可解决的优势。

基于上述优点，目前已有许多缓蚀剂应用于金属文物的防护，常用的有磷酸盐类缓蚀剂，如磷酸二氢盐、六偏磷酸钠等；胺类缓蚀剂，如己酸环己胺盐、辛酸环己胺盐等；钼酸盐类缓蚀剂，如钼酸钠、钼酸钾等。单一成分的缓蚀剂往往效率不高，近年来人们通过对两种或多种缓蚀剂进行复配使用，不仅能够提高缓蚀效率，还能降低缓蚀剂的使用量，如马清林提出把单宁酸、硅酸钠、磷酸二氢锌和乙醇胺按一定配比进行复配，对铁质文物具有优异的缓蚀性能。

5.1.4 铁质文物的缓蚀研究与应用现状

铁是一种良好的还原剂，化学性质比较活泼，因此，铁质文物极易受到环境的影响，比如埋藏环境中的酸碱盐、氧气、水等易反应因素的作用，保存的过程中恶劣的环境因素，都会引发文物的铁质部分产生化学或电化学腐蚀，这种腐蚀会极大地影响铁质文物的观赏性，破坏其研究价值，严重的甚至会导致文物碎裂、损毁成尘[10]。

在面对种类繁多、浩如烟海的文物的保护过程中，铁质文物的防护是一项技术性难题。由于铁的化学性质活泼，稳定性比其他金属差，被腐蚀更加容易，现在出土的金属质地的文物大多为青铜器，铁器相对罕见，可见要保存完好的铁器远比青铜器更加困难。从出土的西周晚期铁器至 20 世纪之前，我国的铁器主要是日常用具和生产工具，其中绝大多数都是铸铁或者生铁，这些铁质文物质文物对我们了解、研究 20 世纪之前的我国历史有重要意义。但由于古代冶炼技术的粗糙不成熟，制作这些铁器的铁质原材提炼过程中含杂质较多，铁质结构较散乱、化学性质极不稳定，很容易被恶劣环境腐蚀。因此，针对这些文物进行缓蚀保护具有十分重要的现实意义。

铁质文物要想保持长期的稳定，采用缓蚀处理手段是非常有必要的。为使其状态能够保持稳定，最好是将铁质文物表面与恶劣环境物理隔绝，形如覆上一层致密的保护膜，由此，铁质文物的缓蚀材料就逐渐受到了研究工作者的重视。

同时，同样具有保护效果的还有防锈蜡封护铁质文物工艺，处理后的铁质文物外表表现出油腻和易吸附灰尘的缺点，因而需要做协同保护。单宁酸去锈钝化是陕西省博物馆研究采用的方法，也有处理后的铁质文物表面颜色发生变化的缺点，影响了文物外观的观赏性。

亦有很多相关文献在铁质文物保护中应用气相缓蚀剂的报道，如复旦大学的研究中采用苯并三氮唑对铁质文物进行缓蚀处理，虽然对文物的外观没有影响，但防腐效果尚不足以满足环境变化的要求。

我国在铁质文物的防护研究上有许多应用实例，如安徽省文物考古所研究了在充氮密封环境中对铁质文物进行封护处理，表现出较好的保护效果，但对于较大文物的长期保存来说，密封容器的日常维护和监测技术具有一定的不便性。

值得一提的是，华东理工大学和上海博物馆合作开发了一种新的系统化铁质文物缓蚀保护方法，对铁质文物采用由脱盐清洗-锈层稳定转化-钝化封闭-表面疏水化防锈封护等一系列工艺组成的系统处理，对铁质文物的大气腐蚀能够起到明显抑制作用。此外，“十一五”国家科技支撑计划中，由中国文化遗产研究院承担的“铁质文物综合保护技术研究”课题，也研发出了铁质文物除锈、脱盐、缓蚀和封护的新材料与新工艺，针对室外大型铁质文物，提出了较为翔实的保护方案。

5.1.5 铜质文物的缓蚀研究与应用现状

青铜器以其精美的铭文图案和独特的造型闻名于世，是我国重要的历史文化遗产。二里头文化遗址发现的夏朝铜爵，薄壁简纹、造型优美，证明早在四千多年前，我国的古代先民们就已经熟练掌握了青铜器的铸造加工工艺。青铜器文明经过商至战国的进一步发展，达到了一个新的顶峰，司母戊方鼎、四羊方尊、三星堆遗址，无数精湛灿烂的青铜器流传于世。在世界青铜器中，我国青铜器文物占有崇高的历史地位，并以其独特的艺术价值屹立于世界艺术史。但是，不管是目前馆藏的大量青铜器传世品，还是新发掘出来的青铜器文物，都有不同程度的腐蚀侵害，研究表明，青铜器在长期的埋藏过程中，覆盖在其表面的大量腐蚀产物“铜锈”成为其自身免受腐蚀的保护层，在青铜器文物被发掘后，这层起保护作用的“铜锈”也随即暴露在空气中，这就使得其遭到破坏，从而加速文物自身的腐蚀[11]。

考古发掘出的青铜文物是历史信息的重要载体，具有极高的研究价值，其历史价值、艺术价值和科学价值不可估量。因此，文物保护工作者有对发掘出的青铜器文物进行科学保护与修复的责任，让其能够长久地维持原有形貌，以便后来者们能够了解历史之谜、欣赏文物之美、研究和解读其价值，这也是对青铜文物进行保护的现实意义。

文物保护的特点并非简单的技术手段和仪器工具使用的问题，更重要的是它的高度艺术认同性。金属质文物的保护是一门高度综合的科学，在保护方法的选择上，必须严格遵守“不改变文物原状的原则”。发掘出的银器、青铜器和铁器等金属质文物表面的斑痕和锈迹是其经历悠久岁月的见证，是文物原有的丰富内涵的组成部分，在处理文物的过程中，一定要尊重器物被发掘时的原貌，将其考古学方面的线索保存完整，并且将可逆性和处理深度的问题考虑进去。在防腐中发挥保护功能的化学物质一定不能损害文物本身，文物都是不可再生的，要将对文物的各种处理方式都控制在合适恰当的范围内，都要留有余地，具有可逆性甚至可以完全取消，以待后人做出更好的选择。除此之外，对金属质文物做保护处理的工艺操作起来应当简便易行[12]。

古代青铜器冶炼的主要成分除铜和锡金属以外，还有少量的铅，因铅合金的强度、硬度，特别是疲劳强度和蠕变强度较低，在铸造过程中往往会产生小的孔径和裂纹缝隙等缺陷，这些小孔和裂隙在文物所处的腐蚀环境的长期作用下，会形成种类繁多的腐蚀产物。比较典型的腐蚀产物有两种：一种是比较稳定的、古色古香的膜覆盖于青铜器表面，既是具有保护作用的“无害锈”，还增加了青铜文物的艺术价值；另一种“有害锈”是能够加速青铜腐蚀的膨胀性锈蚀，其严重影响青铜文物的寿命，该锈蚀通常又被叫作“粉状锈”。随着考古工作的开展，青铜文物被发掘之后，存放环境与之前发生巨大变化，附着于其表面的腐蚀介质发生相应的改变，锈蚀的转化也将朝着不同的方向进行。

实际上，铜及其合金的稳定化学性能使其具有良好的抗大气腐蚀性能，上文提到的“无害锈”就是其生成了一层具有保护性的壳膜，其中最具保护性的是一种被称为“黑漆古”的形态。但由于表层中可能含氯化物 $CuCl_2 \cdot 3Cu(OH)_2$，青铜器表面就会进一步产生粉状锈，俗称“青铜病”，由于空气腐蚀的存在，经过漫长的时间，在铜器的表面会生成典型的蓝绿色锈层，即“铜绿”。根据科学的综合分析，发现铜绿的组成相当复杂，并随地区而产生差异，铜的一价氧化物和一种或多种碱式铜盐是其主要成分。总而言之，由于长期不与大气接触以及被发掘后存贮条件的限制等原因，古代青铜器的腐蚀防护问题已迫在眉睫。

目前，青铜器的防护策略主要为化学清除转化、缓蚀剂保护、物理清除转化和封护涂层保护等。现阶段普遍采用的方法有三种。第一种是对青铜器表面的锈蚀利用物理或化学的方法进行清除，这种方法的缺陷是会导致青铜文物表面的形态样貌发生变化，不但严重影响文物本身的价值，同时还给考古工作带来不便，所以，该方法只被选择性地使用于部分青铜文物保护的领域。第二种是抑制有害锈的进一步扩散，将对青铜器有害的粉状锈中的氯离子利用其他离子或物质进行置换。其途径一是将铜的氯化物转化为不含氯离子的物质，增强其稳定性；二是利用化学和物理的方法，将铜的氯化物封闭起来，使青铜器表面与空气中的氧气和水分隔绝，处于稳定状态，亦可防止病害扩散。实践中该方法对严重粉状锈斑块非常有效，但也有缺陷，经过处理后的青铜器感官质感会变差。第三种是利用缓蚀剂的化学性能对青铜器的表面进行保护，同时，缓蚀剂会与文物腐蚀物中的铜离子发生反应，生成配位型聚合物膜，进一步从腐蚀介质中将氯离子置换出来，不但达到抑制青铜器腐蚀的目的，而且经缓蚀剂处理后的青铜器仍能保持原有形貌。综上所述，为了尽量保持文物的外观原貌，防止环境侵蚀，缓蚀剂保护技术已逐渐成为青铜器文物保护最主要的方法。

在不同环境中，控制铜的溶解和腐蚀速率的是铜表面的阳极和阴极反应速率，缓蚀剂的使用是降低铜腐蚀速率的有效方法。铜和其缓蚀剂在高度侵蚀性的环境或在氯化物和硫酸盐等腐蚀性离子存在的情况下，形成表面钝化膜的可能性很低。因此，在这种侵蚀性的环境中多使用缓蚀剂控制腐蚀速率。通常，缓蚀剂减少阳极或阴极反应的行为决定了缓蚀剂的类型，如果在腐蚀环境中加入缓蚀剂会减少铜的阳极溶解，缓蚀剂会提供阳极抑制，同理阴极缓蚀剂则会减缓铜表面阴极反应的速度，混合型缓蚀剂则同时控制阴阳两极反应的速度。

缓蚀剂的缓蚀效率是评价缓蚀剂在特定环境中性能的主要因素之一，其取决于缓蚀剂的化学成分、结构和电子（静电）性能、金属的性质和不同环境的性质。为了开发缓蚀剂和提高缓蚀剂的缓蚀效率，研究者们做了大量的工作。

在铜质文物保护中，苯并三氮唑（BTA）是一种行之有效的缓蚀剂，对铜具有良好的络合作用，能够用于防止金属变色和腐蚀。该缓蚀剂能使青铜文物基体表面形成一层保护膜，保护膜致密而稳定的化学特性，可以隔绝基体与外界环境间的直接接触，从而延缓青铜器的腐蚀。其原理为 BTA 通过在基体表面形成不溶性的 Cu-BTA，将青铜基体与腐蚀介质分隔开，使青铜基体与氧气及大气中水分之间的相互作用被阻断。研究发现，Cu-BTA 络合物的形成与铜表面状态有关，一般认为通过化学吸附，BTA 才能与 Cu(Ⅰ) 在基体的表面形成不溶性的保护膜而起到缓蚀的作用。相关研究表明，由于与合金中的 Pb 和 Sn 反应性较低，BTA 对青铜的缓蚀效率要比在铜上的效率低很多，因此，为了提高 BTA 对青铜的缓蚀效率，有必要开发复合型缓蚀剂。

周浩等人[13] 提出了利用苯并三氮唑和甲酸钠复合缓蚀剂对青铜文物进行防护，并考察了该复合型缓蚀剂的腐蚀保护效果，结果表明随着甲酸钠的加入缓蚀剂对青铜的腐蚀抑制作用得到增强，在甲酸钠的存在下，青铜表面成分以 Cu_2O 为主，更有利于 BTA 的吸附，生成 Cu(Ⅰ)-BTA 聚合物保护膜，从而提高青铜的抗腐蚀能力[14]。故宫博物院陆寿麟等人在 Madson 的 BTA 保护法的基础上进一步提出了氧化银、苯并三氮唑和表面封护的综合处理法。上海博物馆祝鸿范等人研究了 H_2O_2 与 BTA 复配处理粉状锈的方法。国外推荐采用 1-氨基-1-氰乙烯基-2,2-双硫醇钠以溶解硫化物层，再用 BTA 处理以保证长期保护性能[15]。上海博物馆和华东理工大学研究了 1-苯基-5-巯基四氮唑与 BTA 的复配缓蚀剂，发现经该复配缓蚀剂处理后的青铜器文物表面几乎观察不到任何色泽或形貌的变化，体现了良好的防护效果[16]。然而，当 BTA 达到一定浓度时其缓蚀效果增强并不明显。

2-氨基-5-巯基-1,3,4-噻二唑（AMT）也可作为铜器及其他金属缓蚀剂，AMT 是噻唑类杂环有机化合物，为白色或淡黄色至奶油色粉末，含有 N 和 S 原子可作为金属螯合中心，能够在金属表面形成不溶性的聚合物膜层，阻止器物进一步腐蚀。印度学者 Ganorkar 等人提出 AMT 去除粉状锈的缓蚀剂新方法。南京博物院和南京化工大学对 AMT 的合成及其作用机理进行了深入研究，并利用研究成果对战国时期青铜文物进行了较为有效的缓蚀处理。

直链饱和脂肪酸及其盐对金属也有缓蚀作用，直链饱和脂肪酸化学式为 $CH_3(CH_2)n\text{-}2COOH$，其中用作缓蚀剂的是 $7 \leqslant n \leqslant 18$ 的组分。这些脂肪酸具有无毒的优点，且成本低廉，可从植物油中提取，广泛用于食品添加剂、化妆品等。脂肪酸是一种表面活性剂，其分子由亲水的头部（羧基）和疏水的尾部（碳链）两部分组成。它们利用分子的表面活性，能够在金属或金属氧化物表面发生化学吸附和酸碱反应，头部羧基阴离子与金属阳离子在表面生成盐，羧基中的一个或两个氧与金属成键，而尾部的碳链因相互之间范德瓦耳斯力的作用而紧密排列，形成的膜具有高度稳定性、组织性。当碳链长度达到 6 以上时，所形成的膜使金属基体具有抗腐蚀的作用，对腐蚀的抵抗能力随碳链的延长变得越强。有研究认为，尾部长碳链的疏水性是这种膜能够抵抗腐蚀的原因，它可以有效降低金属表面的吸湿性，阻止具有腐蚀性的空气和水等物质到达金属表面[17]。此外，还有一种更为先进的金属缓蚀剂 Paraloid B-72，它是丙烯酸酯类化合物，具有本身透明性极好的特性，在缓蚀过程中对文物不会造成损害。

目前为止，在青铜器文物保护的实际应用中，具有代表性的工作是英国卡森青铜像和中国科学院南京紫金山天文台简仪、浑仪修复与防护。英国卡森青铜像采用 BTA 和一种丙烯酸清漆进行防护处理，中国的简仪、浑仪采用气相缓蚀剂双唑胺和封护树脂进行处理，以达到保护室外青铜器文物免遭大气污染物腐蚀破坏的目的。

在选择缓蚀材料时，需要注意的是，材料一定要与文物保存环境相适应，为了有效、安全地保护文物，必须具有可逆性之外，还应该具有透明性、化学稳定性、惰性、抗大气污染及抗微生物生长能力等特性。如何利用现代新型材料来作为青铜文物防护的缓蚀材料，已日渐成为文物保护和修复技术中的重要研究课题。

5.1.6 其他金属文物的缓蚀研究与应用现状

金器和银器在我国古代金属史中占据着相当重要的位置，金银器件通常被认为是权贵的代表、身份的象征，大部分被王公贵族所使用，同时也是我国货币度量的一种器具。

金器在文物中可分为纯金器和鎏金器，纯金的化学性质很不活泼，在空气中十分稳定，不易被腐蚀，只有与卤素和王水反应才会被溶解。因此，对于纯金制品的文物来说，一般不需要特别的腐蚀防护处理，只需要控制好其所处环境的氯离子浓度即可。

金器的腐蚀主要来自金和其他金属的合金。如果在纯金中掺入铜和铁，则会伴随许多腐蚀问题出现，如掺入铜时会出现绿色的薄锈，掺入铁时会出现红锈。另外，合金首饰中的金会因汗渍而造成质地晦暗并失去光泽，这是由于汗渍中的硫和硫化氢成分能与之发生反应。因此，在合金文物的保护中，还需要控制好环境中的硫元素。

对于鎏金文物来说，其腐蚀主要是来自作为胎基的金属。比如，对于青铜器作胎基的鎏金文物，由于铜锈的产生会使鎏金层被顶浮在表面，稍有不慎则会使鎏金层脱落从而给鎏金文物的保护带来巨大损失。

银是一种在地壳中的含量较少、可锻、可塑的贵金属，因其具有亮洁纯白的外表，被广泛地应用于工艺品制造中。人类用银制造装饰品和工艺品已经有几千年历史，流传至今的银器文物浩如烟海，如埃及、印度和中国都有数不胜数的用银制作的高贵装饰工艺品和大量货币。众多珍贵的银器文物，其精湛的制造工艺和技术手段成为人类社会文明发展史中的重要实物例证，同时具有极高的艺术价值和考古价值。古代的货币、装饰品和各式各样的器皿很多都是用银所制，但这类文物在保存过程中不可避免地会接触到各类大气污染物，这使得银的腐蚀过程加剧，大量的银器文物表面变色发黑，不但影响铭文、图饰的清晰度，也损害了文物外观的观赏性，这也是银器文物保护工作者们着重关注的问题[18]。

有研究对国内几个博物馆银器文物陈列展厅的空气环境质量进行监测与污染物分析，结果表明，陈列展厅内空气环境中甲醛、甲酸、乙酸等有机挥发性污染物以及含硫化合物浓度明显偏高，这应该是馆藏银器文物腐蚀发黑变色的主要原因[19]。

银光亮的白色外观是表面均匀晶格状态的物理反映，当其表面受侵蚀形成化合物时，这种均匀晶格状态被破坏，就会发生变色现象，其变色程度由它本身的化学特性及外部环境介质侵蚀程度的影响共同决定[19]。银虽然不会与大气中的空气和水反应，但在潮湿的大气环境中容易与硫及硫化物反应生成硫化银，即被含硫的化合物腐蚀，从而产生黄色、棕色或黑色的薄膜附着于银器表面。光亮洁白的银制艺术品常与汗液接触也会导致表面变色。此外，在紫外或荧光照射条件下，银器表面的有机含硫化合物也可缓慢地使之变色。

导致银器腐蚀的原因主要有以下四点：①银本身的性质，如由于加工冶炼过程的技术原因，使银器中掺杂有 Cu、Hg、Cl、Si 等元素，其会与银之间形成微电池造成电化学腐蚀；②环境温度的变化，温度升高、湿度变大均会加速银器的腐蚀；③光的作用，银会吸收光当中的紫外线，生成银离子，同时紫外线会分解氧分子，形成活化态的氧，如果此时环境中有硫，则会加剧银器的腐蚀；④空气中的微生物和污染物的共同作用也会造成银器的腐蚀。

一项美国专利最早提出银器缓蚀剂，其内容提到了双十六烷基二硫醚、有四价锡的硫化物、壬基聚乙氧基硫醚等，另外，很多文献报道了在含硫化氢的大气环境中，气相缓蚀剂对于银质器材具有防变色作用。国内方景礼等人认为PMTA（1-苯基-5-巯基四氮唑）能更加有效地提升银层抗紫外线照射能力，PMTA相比BTA同银结合形成二配位体膜具有更好的络合效果，它和银在其表面上结合生成一层具有全配位体结构的致密膜，对银表面的腐蚀有更加有效的阻止效果。还有文献报道了其他含氮杂环类银缓蚀剂，如二巯基琥珀酸钠、磺胺噻唑基乙酸加少量聚合物、硫脲以及咪唑类和吡啶类等[12]。

上海博物馆和华东理工大学通过大量实验研究工作，基本探明了银器文物在大气环境中的变色原因，并将几种唑系复配缓蚀剂［MBO(2-巯基苯并恶唑)、MBI（巯基苯并咪唑)、PMTA］应用于银器文物的保护处理，复配缓蚀剂展示了良好的协同效应，与银表面形成的保护膜薄而致密，能够有效地防止银器文物的变色，基本解决了银器文物在馆藏库房条件下的保存问题。该团队利用所开发的缓蚀剂方法保护处理了重要银器文物一千六百余件（枚)，其中包括2001年我国十大考古新发现之一的杭州雷峰塔地宫出土的“佛螺髻发”的纯银阿育王塔和鎏金银盒等珍贵文物。

5.2 缓蚀剂的筛选与评价

5.2.1 缓蚀剂筛选方法

在对金属文物进行缓蚀处理时，除了考虑其防腐蚀性能以外，还必须充分考虑以下因素：视觉效果；与已有腐蚀产物的相互作用；尽量可逆，易于去除和再处理；抗腐蚀效果的长期性；无毒，环境友好；价格低廉，易于获取；等。因此，在筛选和研发铁质文物缓蚀剂时，一般应遵循以下原则[20]。

（1）文物保护原则

在铁质文物缓蚀剂的筛选、复配、改性研究过程中，不仅要考虑它的缓蚀效果，还应该考虑到其对文物本身的保护作用，所选缓蚀剂必须严格遵守“最小干预”、“可再处理”和“不改变文物原状”的文物保护原则。

（2）环境友好原则

随着民众环保意识日益增强，国家近年来对污水的排放标准进行了多次修订。部分缓蚀剂可能存在毒性，会对环境造成一定的污染和危害，如铬酸盐、重铬酸盐、亚硝酸盐等缓蚀剂虽然高效，但对生态并不友好。根据《污水综合排放标准》（GB 8978—1996），总铬最高允许排放浓度为1.5mg/mL。由此可见，一些效果良好的传统缓蚀剂已经无法达到国家的防腐和环保双重标准。因此，开发环境友好、性能优良的新型缓蚀剂已经成为了目前研究的热点和主要方向。

（3）优良缓蚀效果

由于文物本身具有一定的特殊性，因此无法对其进行太高频率的维护。所以在缓蚀剂的筛选和研发过程中，要充分考虑缓蚀作用的长效性问题。

5.2.2 缓蚀剂评价方法

常用的缓蚀剂评价方法主要包括化学分析法、电化学法、放射性示踪法以及表面分析法等。

在实际应用过程中，需要对缓蚀剂的作用效果做原位评价，由于大多现场条件复杂、环境多变，使得一些原位评价方法难以实施或者实施后存在较大误差，因此，需要建立完善适当的缓蚀剂加注和防护效果评价制度。缓蚀剂现场评价方法可以根据其具体的使用场合来选择，除了挂片法、示踪法等常用的方法外，现场使用较多的还有电化学探针、电阻探针等技术。

但往往单一的评价方法具有一定的局限性，比如可靠性不高。因此，有必要将多种方法联合形成一个智能化、整体化的评价体系，并使各种监测技术之间获得的信息能够及时地进行互相补充和互相印证，从而进一步保证对缓蚀剂效果评价的科学性与可靠性，这也将是未来缓蚀剂评价方法发展的趋势之一。

5.3 有机缓蚀剂

与无机化合物相比，有机缓蚀剂及其衍生物具有较高的缓蚀效率，更常见于金属的腐蚀防护。缓蚀剂的分子结构在缓蚀剂与金属表面的相互作用中起主导作用，如氮、氧、磷和硫等原子的存在能够作为吸附中心促进缓蚀剂与基体之间的电子交换。在腐蚀性环境中，当存在有机缓蚀剂时，其会吸附在金属表面形成一层黏附性保护层以防止腐蚀。

缓蚀剂对金属的保护效果和能力取决于缓蚀剂聚合成膜、p-p和范德瓦耳斯键的相互作用、与金属表面的结合强度以及缓蚀剂分子结构中氧、氮、硫原子的存在等因素。此外，原子和键基的数量和类型、温度、pH和侵蚀性环境的稳定性也是影响缓蚀剂缓蚀效率的其他因素。缓蚀剂的吸附过程涉及两种类型的相互作用：①物理吸附，吸附过程是通过带相反电的金属表面与缓蚀剂组分之间的静电作用进行；②化学吸附，通过缓蚀剂结构中的孤对电子（P、N、S和O）或孤环与金属表面配位实现。

有机缓蚀剂主要有胺类、硫脲及其衍生物、唑类、席夫碱、无毒化合物、绿色缓蚀剂等[21]。

① 胺类缓蚀剂是一类较常用的有机缓蚀剂，依据烃基链的长短可分为水溶性缓蚀剂和油溶性缓蚀剂两种。烃基链较短的为水溶性，烃基链较长的为油溶性。胺类缓蚀剂具有非常好的酸中和能力及对盐的置换能力，其对大多黑色金属缓蚀效果更为显著。此外，乌洛托品（六亚甲基四胺）也是一种传统的胺类缓蚀剂，并有着广泛的应用。邵明鲁等人以乌洛托品和溴己烷为原料合成了一种乌洛托品季铵盐缓蚀剂，实验结果表明该缓蚀剂分子能够在金属基体表面形成一层防腐蚀性能优良的吸附膜[21]。

② 硫脲及其衍生物是一种使用较为普遍的金属缓蚀剂，在金属酸洗的应用中有着较长的历史。目前，盐水介质中钢铁缓蚀剂的主要成分即硫脲及其衍生物。常用的硫脲类缓蚀剂有甲基硫脲、二甲基硫脲、四甲基硫脲、乙基硫脲、正丙基硫脲、烯丙基硫脲、苯基硫脲、甲苯基硫脲、氯苯基硫脲以及硫代乙酰胺等[2]。王永垒等人借助静态腐蚀失重法研究了硫脲/硫氰酸钾缓蚀剂的最佳配方，考察了其对碳钢的缓蚀性能，结果表明其对碳钢的缓蚀率可达到99%[9]。

③ 咪唑啉类有机物以其具有的良好缓蚀性及较低的毒性，使其作为缓蚀剂的研究得到了相当广泛的关注。咪唑是一种由三个碳原子和两个氮原子组成的杂环芳香化合物，由于它们的高极性，在水中具有很高的溶解度。咪唑化合物是杂环上有两个氮原子的有机化合物，这类氮唑在其结构上既有酸性中心又有碱性中心，从而提供了一种两性性质。其中，吡啶的氮是碱性中心，而吡咯的氢是酸性中心，并且咪唑分子显示出两个适合表面键合的锚定位点——具有孤立 sp^2 电子对的氮原子和芳香环。咪唑的缓蚀机理与其他唑类化合物相似，主要包括缓蚀剂

分子在金属基体表面的吸附，进而与基体形成保护性络合物。在咪唑的结构中加入苯基、苯环或硫可以提高其缓蚀效率，并使其适用于特定环境的应用，且缓蚀机理不会发生任何变化。

Lee[22] 研究了咪唑在 1mol 的 HNO_3 溶液中对铜的缓蚀作用，提出了咪唑在 1mol HNO_3 溶液中的缓蚀机理，咪唑分子首先在铜表面的阴极位置上进行物理吸附，然后咪唑分子通过 N 原子与羟基和 Cu_2O（铜表面的氧化层）之间键合，形成保护性的 Cu(N-/OH)复合膜。该膜由 N 和 O 浓度不同的两层膜组成，富 N 的外层和富 O 的内层不断生长，形成稳定的 Cu(N-/OH)络合物/Cu_2O 双层膜作为离子扩散的阻挡层。黄孟等人以月桂酸和二乙烯三胺为原料合成了咪唑啉，并用硫脲对其改性得到了水溶性的咪唑啉缓蚀剂。将该缓蚀剂应用于南海东部海上油田设施，结果表明现场腐蚀速率可控制在 0.076mm/a 以下。此外，通过室内评价得到该缓蚀剂的缓蚀率可达 90%以上[23]。

④ 苯并三唑是最重要的唑类衍生物之一，其化学结构为 $C_6H_5N_3$，已被认为是铜及其合金，特别是在含氯环境中的一种非常有效的缓蚀剂。苯并三唑是含有三个氮原子的五元芳香族杂环缓蚀剂，它的毒性低于其他有机化合物，具有经济实惠的优点。因此，苯并三唑及其衍生物的缓蚀行为得到了广泛的研究。

在中性和碱性环境中，苯并三唑及其衍生物是铜的高效、稳定的缓蚀剂，它们的缓蚀效果能够保持很长一段时间。苯并三唑缓蚀剂具有良好的防护性能，可在静止和流动条件下使用。除此之外，关于苯并三唑在流体力学条件下在含氯溶液中的缓蚀作用也已有一些研究。

一般认为，苯并三唑在中性和碱性溶液中的缓蚀机理包括苯并三唑分子在铜表面的吸附，以及氧化剂的存在下或通过阳极极化形成保护性单层或多层膜，该膜已被光谱技术鉴定为铜与苯并三唑的配合物。尽管苯并三唑在碱性和近中性溶液中表现出有效的缓蚀作用，但在酸性溶液中，由于在低 pH 值下铜表面形成的保护层会溶解，所以苯并三唑的缓蚀效率较弱。另一方面，苯并三唑分子将以质子化分子的形式存在，由于带正电的质子化苯并三唑分子与铜表面的排斥作用，导致苯并三唑缓蚀剂在铜表面的化学吸附减少。

苯系物的不可生物降解性是其缺陷之一，这将导致含有大量危险物质的废水进入普通水道。因此，在酸性介质中采用苯并三唑替代其他缓蚀剂已有广泛报道，但也存在一定不足，如苯并三唑很难达到高降解效率。

此外，1985 年 Subramanyan 等人做了关于苯并三氮唑在低碳钢表面上缓蚀作用的研究，这一研究开启了苯并三氮唑作为铁缓蚀剂方面的探索和应用。邓杨等人以苯并三氮唑为原料合成了四种苯并三氮唑衍生物类缓蚀剂，采用失重法考察了四种缓蚀剂对不锈钢与碳钢的缓蚀性能，结果表明所制备的缓蚀剂具有高效的缓蚀性能，以及能自行成膜和高黏附力的特点[23]。

⑤ 其他唑类化合物，噻唑、噻二唑、三唑和四唑是有效抑制铜腐蚀的其他唑类衍生物，这是由于他们的主要唑族缓蚀剂分子结构平坦性和自由电子对的存在，促进这些原子在金属表面吸附杂原子。因此，这些杂原子的分子结构是对其缓蚀行为起主导作用的主要影响因素。同时噻唑和噻二唑是无毒化合物，这一环保特性使它们成为替代其他缓蚀剂的潜在候选者，它们的缓蚀作用除上述因素外，还取决于溶液的 pH 值，因为它将决定腐蚀机理、铜表面的状态以及缓蚀剂分子（质子化或去质子化）的状态，所以这也是许多有效的中性缓蚀剂在酸性介质中缓蚀效果不够好的原因之一。

与唑类缓蚀剂的缓蚀机理相似，这些化合物含有氮原子，通过孤对电子与 Cu、Cu^{+} 或 Cu^{2+} 配位，使其分子吸附在铜表面形成保护性配合物。这些具有聚合物性质的络合物在铜表面形成一层附着的保护膜，起到阻挡氯离子等侵蚀性离子的作用。

由于硫原子对铜有很强的倾向性，含有巯基的杂环化合物已被用于作为铜的缓蚀剂。因此，除了咪唑，Izquierdo 等人[24] 还研究了巯基咪唑类化合物（如 2-巯基苯并咪唑）对金属铜腐蚀的缓蚀行为。尽管苯并三唑对铜在酸性介质（如盐酸）中的缓蚀效果很弱，但 2-巯基苯并咪唑在这种环境中却表现出有效的缓蚀作用。

⑥ 席夫碱化合物也能作为缓蚀剂，以防止金属腐蚀[25]。席夫碱的缓蚀能力是由于杂原子和电子的存在，它们通常含有电负性的氮和氧原子，芳环上有一个电子云，在酸性水介质中也含有一个长络合链。由于化学结构的差异，席夫碱的官能团与金属表面的某些特殊位点相互作用是席夫碱起缓蚀作用的主导原因，表现出比胺和醛更高效的缓蚀性能。由于席夫碱分子结构中存在—C ═N—基团，席夫碱中未配对的电子和苯环原子使它们具有一个以上的化学吸附作用中心。因此，席夫碱可以与铜形成稳定的螯合物[26]，通过这种分子吸附在铜表面形成具有隔断作用的屏障来实现对金属的缓蚀，且其合成材料廉价，这些使希夫碱成为广受欢迎的缓蚀剂。

⑦ 在用作缓蚀剂和工业缓蚀剂的有机化合物中，无毒化合物是近年来特别重要的战略物资。这类化合物包括氨基酸、半胱氨酸及其衍生物、蛋氨酸、甘氨酸[27] 以及单宁或靛红（1*H*-吲哚-2,3-二酮），它们被用作各种金属的缓蚀剂。近年来，有关氨基酸对铜的缓蚀作用的研究正在逐步增加，氨基酸作为缓蚀剂表现出成本低、易生产、纯度高的优点，而且它们可以溶于水介质。此外，由于无

毒、无害，因此可被归类为环境友好型缓蚀剂。大多数天然氨基酸都是α-氨基酸，由羧基和氨基官能团组成，这些基团键合在同一个碳原子，氨基酸中R—基团的性质起着重要作用，R—基团的变化可以改变氨基酸的性质。通常R—基团包含芳香环、酸、碱、极性基团、氨基官能团以及硫原子。

半胱氨酸和蛋氨酸衍生物是含硫氨基酸缓蚀剂的组成部分，在腐蚀介质中具有较好的缓蚀效果。缓蚀剂的自由电子和金属的空d轨道之间形成的给体-受体复合物是起缓蚀作用的原因，缓蚀剂分子结构中具有高电子给体亲和性的官能团的存在，如半胱氨酸中的—SH基团和蛋氨酸中的—S—CH_3，提高了缓蚀剂的缓蚀效率，这些基团能够作为氮原子旁的另一个吸附中心。半胱氨酸的缓蚀作用取决于相应的铜离子衍生物（Cu^{2+}或Cu^{+}）的形成电位，在硫酸盐介质的弱阳极极化条件下，铜表面的主要物质是Cu^{+}络合物，半胱氨酸分子能够在基体表面形成保护层提供缓蚀作用，但同时也伴随有Cu^{2+}络合物的生成，Cu^{2+}络合物的存在会影响Cu^{+}络合物的氧化。

⑧ 现阶段有多种安全环保的缓蚀剂被称为绿色缓蚀剂，但绿色缓蚀剂这一术语仅适用于药物缓蚀剂，以及以天然材料和植物作为原料的缓蚀剂。现有的大多数缓蚀剂都是有毒化合物，有必要通过环境友好型化合物来取代[28]。近年来，随着研究重点转向生产和使用生态友好型药物化合物作为降低环境污染风险的高效缓蚀剂，大多数药物和有机化合物因其抗污和抗菌特性发挥了重要作用[29,30]。

例如，肉桂醛是一种低毒性的高效缓蚀剂，其对金属基体的缓蚀主要是通过吸附和聚合成膜的方式。马玉聪等人合成了一种肉桂醛超分子缓蚀剂并研究了其对冷凝水中铁含量的净化机理，研究结果表明该缓蚀剂可对碳钢在冷凝水中的腐蚀进行有效抑制，室温下其对碳钢在水体中的缓蚀率可达94.1%[31]。除此之外，植物各部位提取物都具有氨基酸的基本结构，且易于获得、生物降解性好，这为缓蚀剂赋予了可再生特性。因此，探索具有缓蚀性的天然植物具有很大的实用和科学价值。

5.4 单宁酸缓蚀剂

与有机缓蚀剂相比，无机缓蚀剂的缓蚀效率随时间和温度的变化很小，同时这些化合物可以被用于降低腐蚀率，尽管它的使用伴随着相关的难题。例如，铬酸盐是一种有毒化合物，其增加阴极反应速度的同时也会增加腐蚀速度。此外，四硼酸盐在含有侵蚀性阴离子的溶液中不能提供缓蚀保护，因为金属表面形成的保护层不稳定。

单宁酸是一种黄色或淡棕色的无晶性粉末，有时也呈光泽鳞片状或海绵状，无臭、味涩、有轻微特殊气味，易溶于水和乙醇，升高温度能使其溶解度变大，不溶于苯、乙醚、氯仿、石油醚及二硫化碳。单宁酸具有较低的毒性，其水溶液呈弱酸性，易被氧化，碱性环境能使其氧化过程加速，当温度升高到 210℃左右时会被分解为焦性没食子酸和二氧化碳。单宁酸作为一类结构复杂的多元酚类化合物，其来源十分丰富，存在于许多植物体中，在医疗、药物等领域有着广泛的应用。通过超声辅助法、溶剂浸提法、酶转化法以及超临界二氧化碳萃取法等可以从植物中提取出单宁酸，表现出绿色环保的优点[32]。

单宁酸的邻位酚羟基能够与 Fe^{3+} 发生络合反应生成单宁酸铁螯合物，并在金属基体表面形成一层致密稳定的保护膜，以阻止腐蚀反应的进一步发生[4]。因此，其常被选为带锈铁质文物的缓蚀材料，具有操作便捷的优点。但也存在一定的不足，当其单独使用于金属基体表面时会生成一层紫黑色的保护膜，影响文物可观赏性，且该膜具有不稳定性、黏附不牢固，影响缓蚀效果。此外，由于单宁酸呈酸性，故而会对金属基体表现出一定腐蚀性。

单宁酸缓蚀剂与盐类复配可以改善其缓蚀效果，如方涛等人将单宁酸缓蚀剂与钼酸钠、氯化铁进行复配，以研究其对碳钢 Q235 的缓蚀效果。结果表明，在单宁酸中添加盐类化合物后改善了单宁酸的缓蚀效果，其中单宁酸与钼酸钠复配的缓蚀效果更好[33]。

张治国等人也采用了复配方法改善单宁酸单一缓蚀剂的缺点，通过添加硅酸钠、磷酸二氢锌和乙醇胺等改进单宁酸配方，消除了单宁酸的酸性对铁质文物造成的潜在影响，改善了单宁酸成膜不完整、不牢固以及改变文物外观颜色等缺点，同时大幅度提升了缓蚀效率[34]。

此外，胡钢等人使用磷酸和单宁酸复配出了一种复合缓蚀剂用于对出土铁质文物的缓蚀保护。研究表明，磷酸除了富集在缓蚀膜中之外，还表现出向铁质文物内部扩散的趋势。该复配型缓蚀剂的存在能够使得文物表面不稳定的锈蚀转化成稳定锈蚀，从而提高铁质文物的耐蚀性能。同时，该复配缓蚀剂基本维持了锈层颜色的原貌，符合文物的保护原则[35]。

5.5 硅酸盐类缓蚀剂

由于铁质文物表面的腐蚀产物组成十分复杂，当文物出水以后长时间暴露在自然环境下未及时进行处理时，其表面的污染物会与外在环境发生相互作用，从而对文物本身造成更大的影响。因此，铁质文物通常在出水以后会立即进行脱盐清洗，去除其出水前表面附着的有害污染物[36]。

20 世纪 60 年代开始，硅酸盐已应用于抑制钢铁腐蚀，硅酸盐作为一种环境友好型缓蚀剂，具有丰富的资源、低廉的成本、无毒且不引起细菌繁殖等优点。自 70 年代高效有机阻垢剂的出现，使得硅酸盐的应用领域快速扩大。硅酸盐不仅能够对文物表面起到清洗的作用，还能够改进文物表面锈层的稳定性，特别是近几年来，国内外研究出了以硅酸盐为主要组成物质的复合缓蚀阻垢剂配方，将硅酸盐的应用范围进一步扩大，因而其被广泛地选作缓蚀材料[37]。但硅酸盐缓蚀剂也存在一定的局限性，如缓蚀效果不够理想、建立保护作用周期较长等。

工业中使用的硅酸盐主要为硅酸钠，硅酸钠分别有正硅酸钠、偏硅酸钠和硅酸钠玻璃三种结构。但单硅酸盐不具有缓蚀作用，只有玻璃态无定形的聚硅酸盐才能起到缓蚀作用，所以硅酸盐缓蚀剂主要成分为硅酸钠玻璃，又名水玻璃，它是一种无色、青绿色或棕色的固体或黏稠液体。

当水玻璃的模数为 2.5 至 3.0 时，其缓蚀效果最好；当介质中的离子强度较高时，则可能无法起到缓蚀作用；当介质中固溶物浓度较低时，则具有缓蚀效果；当介质的 pH 值在 7.0 至 8.5 范围内时，硅酸盐缓蚀剂的抑制腐蚀效果最佳；倘若 pH 值过高或过低，可能会引起缓蚀剂失效。此外，对硅酸盐的缓蚀效果产生影响的还有温度，低浓度硅酸盐缓蚀剂的缓蚀效果会随着温度的升高而变差。因此，在使用硅酸盐作为缓蚀剂时应充分考虑外界环境的影响。

相关研究表明无机硅酸钠作为缓蚀剂时的缺点是容易形成硅垢。因此，冯兰珍等人提出可将无机硅酸盐有机化，既能保持无机硅的缓蚀能力，又能够克服无机硅易结硅垢的缺点。该课题组以甲基三乙氧基硅烷和乙烯基三乙氧基硅烷等为主要原料合成了聚醚有机二硅酸钠。结果表明，有机硅酸盐具有一定的缓蚀性能，改性后硅酸钠的缓蚀效果明显更优[38]。

此外，张金龙等人以乙烯基三乙氧基硅烷和聚丙烯酰胺合成了一种酸化用硅酸盐缓蚀剂，性能测试结果表明在温度为 60℃时硅酸盐缓蚀剂的缓蚀效率可达 96.41%[39]。

5.6 含磷类缓蚀剂

50年代初期，含磷缓蚀剂开始受到了研究者们的青睐，由于人们逐渐开始重视重金属污染问题，于是开始大量降低缓蚀剂中铬酸盐的使用量。为了能够降低缓蚀剂中的毒性，美国研究者们尝试着将无机磷酸盐和锌盐加入到铬酸盐配方中，想通过协同效应制得缓蚀性能更佳的复配缓蚀剂，该方法能够有效节约成本，同时还能将缓蚀剂的毒性降低。随后，德国研究者们进一步开发出了一种有机膦复配缓蚀剂，这种基于全有机结构的缓蚀剂推动了含磷类缓蚀剂的发展与应用[4]。

常见的含磷缓蚀剂主要分为两大类：无机磷酸盐缓蚀剂和有机膦缓蚀剂。其中，无机磷酸盐缓蚀剂又可以进一步划分为正磷酸盐缓蚀剂和聚磷酸盐缓蚀剂[4]。

（1）正磷酸盐缓蚀剂

正磷酸盐缓蚀剂是典型的阳极沉淀膜型缓蚀剂，当金属基体和该缓蚀剂相互接触时，金属基体中的铁离子与缓蚀剂中的磷酸或磷酸盐发生反应，生成磷酸铁或磷酸盐铁，形成一层以两种反应产物为主要成分的致密金属保护膜，起到钝化金属的作用，从而加大阳极极化作用，促使腐蚀电位正移。正磷酸盐缓蚀剂的优点主要是原料丰富、缓蚀效率高、成本低廉，常被用于复配其他缓蚀剂[4]。

郭良生等人研究发现，将钼酸钠与磷酸盐按照1∶1复配使用，两者间的协同作用可以被高效利用。一方面，磷酸盐原料的丰富、价格的低廉降低了缓蚀剂的成本，提升了缓蚀效率；另一方面，缓蚀剂使用中生成的磷酸盐沉淀以及繁殖的微生物能够被钼酸钠有效抑制，增强了缓蚀剂的长效性[40]。

（2）聚磷酸盐缓蚀剂

聚磷酸盐缓蚀剂是一种阴极沉淀膜型缓蚀剂，主要有六偏磷酸钠和三聚磷酸钠两种比较常见。该缓蚀剂的作用原理为水中溶解的钙离子与聚磷酸盐的负离子相互作用形成一种络合物，这种络合物是胶状带正电荷的，其可以与金属表面腐蚀下来的Fe^{2+}络合反应，生成聚磷酸钙铁沉淀膜，起到阻隔作用，可以有效抑制阴极反应过程，从而减缓腐蚀的速率。

赵丽娜等人研究了六偏磷酸钠复合缓蚀剂对碳钢的缓蚀作用，主要是通过失重分析、动电位扫描极化和电化学阻抗等方法。实验表明，六偏磷酸钠在单独使用中的缓蚀率较低，仅为74.3%，当六偏磷酸钠分别复配苯甲酸钠、钨酸钠、磷酸钠和硅酸钠使用时，则可明显提升缓蚀效果。缓蚀效果最好的是六偏磷酸钠与硅酸钠复配，该复合缓蚀剂的缓蚀率可高达97.2%[41]。因此，可以看出无机磷酸盐缓蚀剂能够通过复配的方式提升缓蚀率并改善性能。

(3) 有机膦缓蚀剂

随着含磷缓蚀剂的不断发展，也有越来越多的研究者们开始关注有机膦缓蚀剂。相比无机磷酸盐缓蚀剂，有机膦缓蚀剂虽然发展较晚，但其更具备可修饰性，且其毒性更低。因此，有机膦缓蚀剂表现出广阔的应用空间。有机膦缓蚀剂中比较常见的为有机膦酸盐类、有机膦羧酸类以及含磷聚合物类。

由亲水性的磷酸基团和疏水性的烃基基团组成的有机磷酸酯分子，通过其磷酸基团在金属基体表面的吸附，可以形成一层磷酸酯膜，进而保护金属基体阻隔腐蚀。针对几种分子结构相似的有机磷酸单酯，高翔研究了它们对铁的缓蚀效果和缓蚀机理，对植酸作为钢铁材料缓蚀剂在不同腐蚀介质中的缓蚀效率和成膜机理做了重点考察，并对其进行进一步改性，使其成为硅烷涂层改性剂及铁表面化学转化膜的成膜材料。实验证明，缓蚀剂的分子结构、亲疏水性、缓蚀剂分子在溶液中的聚集状态都可以影响缓蚀剂的缓蚀效率[42]。

此外，朱健等人研制了一种新型有机膦缓蚀剂，通过重量法、电化学方法及扫描电镜等对所制备的有机膦缓蚀剂的缓蚀性能及缓蚀机理进行研究。结果表明，该缓蚀剂能够在碳钢基体表面螯合形成一层致密的覆盖膜，表现出明显的阴极型缓蚀剂特征。当缓蚀剂浓度大于12mg/L时，可使碳钢在氯离子浓度大于30000mg/L的苦咸水中的腐蚀速率维持在0.03mm/a以下[43]。

5.7 过渡金属离子缓蚀剂

5.7.1 过渡金属离子

位于元素周期表中ⅢB族到Ⅷ族的化学元素就是传统的过渡元素，价电子依次填充在次外层的d轨道上是过渡元素原子结构的共同特点。钪、钇和镧系元素等17种性质类似的元素被称为稀土元素，因镧系元素新增电子全部填入了由外侧指向内侧方向的第三个电子层（即4f电子层）中，为了与元素周期表中的d区过渡元素有所区别，所以镧系元素（及锕系元素）又称为内过渡元素。由此镧系元素和锕系元素也包括在过渡元素中。另外，在形成+2和+3价化合物时，ⅠB族元素（Cu、Ag、Au）也使用了d电子，在形成稳定配位化合物的能力上，ⅡB族元素（Zn、Cd、Hg）与传统的过渡元素相近似。所以，过渡元素之中也将包含ⅠB和ⅡB族元素。过渡元素的主要特征性质有：

① 在发生化学反应时，过渡元素的d电子参与化学键的形成，能够表现出从钪、钇、镧的+3价一直到钌、锇的+8价多种氧化态；

② 在化合物或溶液中，过渡元素的水合离子因具有不饱和或不规则的电子层结构，大多会显现出一定的颜色；

③ 过渡元素极易与各种配位体形成稳定的配位化合物，是因其具有能用于成键的空d轨道以及较高的电荷/半径比的特性[44]。

5.7.2 过渡金属离子缓蚀剂作用机理

有关过渡金属离子参与对金属基体进行保护的缓蚀机理有如下解释。

① 待保护金属基体可与过渡金属离子发生置换反应，产生一层保护膜覆盖于金属基体表面，在一定程度上，这层膜隔离了介质的腐蚀，可以起到缓蚀作用。但另一方面，因为这层膜又会和金属基体组成微电池，所以，反应中金属离子的浓度不能过高，通常需经实验筛选出其临界浓度[44]。

② 溶液介质中的阴离子和过渡金属离子发生阴离子配合物反应，产生的阴离子配合物在待保护金属表面吸附，像盐酸溶液中的Cl^-与Cu^{2+}形成$CuCl^-$配离子，此种配离子吸附在金属表面，能够对金属基体起到缓蚀保护作用[44]。

③ 在中性溶液中，金属腐蚀的阴极与过渡金属离子发生反应，产生的氢氧根离子可以形成难溶的氧化物或难溶的氢氧化合物，这些难溶物覆盖在阴极区，可以阻止阴极反应，进而达到缓蚀的目的。稀土金属离子在中性溶液中对金属起到的缓蚀作用就是这种机理最典型的案例[44]。

④ 溶液中的H_2O能够和金属离子产生配合物，吸附在金属/溶液界面上，起到金属缓蚀的效果。

5.7.3 有机物盐与过渡金属离子的协同缓蚀

在金属腐蚀和防腐蚀研究中，有机物的缓蚀作用机理是非常重要的问题，因缓蚀剂的多样性和金属腐蚀与缓蚀过程的复杂性，对各种各样缓蚀剂的作用机理的解释很难用同一种理论。通常，属于吸附膜型的有机缓蚀剂，其缓蚀剂分子由非极性基团和极性基团组成，亲水性极性基团因含电负性高的 O、N、S、P 等原子吸附于金属表面的活性点或整个金属表面，通过金属表面的电荷状态和界面性质的改变，可以逐渐稳定金属表面的能量状态，腐蚀反应的活化能增加，腐蚀速率因而降低。同时，有机物分子的非极性基团形成一层疏水性保护层覆在金属表面，与腐蚀反应相关的电荷或物质的转移被阻碍，同时降低腐蚀速度[44]。

通常，缓蚀作用机理被概括成两种：一种是电化学机理，它对缓蚀剂作用的解释是以金属表面发生的电化学过程为基础；另一种是物理化学机理，它对缓蚀剂作用机理的说明是以金属表面发生的物理化学变化为依据。缓蚀剂分子与金属表面电荷的静电引力或范德瓦耳斯力是物理化学机理，具有可逆和速度快的特点。物理化学机理只对金属表面的电荷状态有所改变，金属和缓蚀剂没有特定的化学组合。而发生电化学反应时，具有孤对电子的极性基团分子中含有的 N、O、S、P 等，可通过与过渡金属原子的空 d 轨道形成配位键，并由界面转化、聚合（缩聚）、螯合等作用在金属表面形成保护膜，达到抑制金属腐蚀的目的。有机物具有大量的存在孤对电子的极性原子（O、N、S、P），而过渡金属离子有很多空轨道（d 和 f），因此，有机物和过渡金属离子在介质中可形成新的络合物，其能够吸附在金属电极表面形成保护膜，金属的耐蚀性进而得到极大提升。

对过渡元素离子化合物与有机物之间的缓蚀协同效应的研究起步稍晚。在国外，1995 年 Singh 等人探究了金属离子 Cu^{2+}、As^{3+}、Sb^{3+}、Sn^{2+} 和乌洛托品在 3.0mol/L HCl 中对钢的缓蚀协同作用，研究发现，乌洛托品与 Cu^{2+} 的协同程度更为显著。国内木冠南教授等人研究了 1.0mol/L HCl 中十二烷基磺酸钠和金属离子 Cu^{2+}、Ni^{2+}、Cd^{2+} 之间对软钢的缓蚀协同作用。此外，Rajendran 等人研究了十二烷基磺酸钠和 Zn^{2+} 在中性介质中对碳钢的缓蚀协同作用，结果发现效果较明显。上述缓蚀剂的效果也比较符合文物保护原则，如有机物的环保性、pH 值等，在今后的研究中可以重点开展。

作为一项对环境友好的金属防护手段，稀土金属离子具有无毒、价格低廉、生产操作安全等优点，工艺废液直接排放也不会污染环境，所以将稀土盐作为缓蚀剂的研究前景广阔。目前，已在铝及铝合金、钢铁、锌及镀锌方面、铜、镁合金等金属材料上开展了稀土盐的应用研究。不过对有机物和稀土离子的缓蚀协同作用的研究依然不够。2002 年，日本腐蚀专家 Aramaki 研究了无机配体 $Na_2Si_2O_5$、有机配体辛基硫代丙酸钠（NaOTP）和稀土 Ce^{3+} 在 0.5mol/L NaCl 溶液中对锌的缓蚀协同效应。澳大利亚的 Forsyth 研究了水杨酸钠和中性 NaCl 介质中稀土 $CeCl_3$ 对软钢的协同缓蚀作用，通过上述两项工作，基本阐明了在中性介质中现代钢铁的缓释效应，在筛选铁质文物缓释剂的过程中，未来也是需要重视的研究方向。此外，Hinton 等人根据失重法研究了在静态自来水中 $CeCl_3 \cdot 7H_2O$ 对 AS1020 低碳钢腐蚀速度的影响，研究结果证明，在 pH 值为 5.5 的情况下，$CeCl_3 \cdot 7H_2O$ 浓度为 50mg/L 时可以将碳钢的腐蚀速度大幅度降低，但若浓度超过了 50mg/L 则效果不佳，探究其中原因，则是恰好在该浓度下，缓蚀剂能够在钢铁表面形成一层致密的分子层。当继续增加浓度时，缓释率则随着浓度增加而有所下降，这是因为在钢铁表面，沉淀膜不断增厚，沉淀膜厚度的不均匀而产生应力，沉淀膜反而遭到破坏，钢铁重新暴露在腐蚀环境中发生腐蚀，缓释率因此下降。对铁质文物缓释率的研究而言，这项工作有非常好的借鉴意义，能够应用于铁质文物在酸雨环境下的高效缓释[44]。

1996 年，国内木冠南教授课题组提出“架桥”理论（bridge theory），他们用失重法研究了阴离子表面活性剂十二烷基磺酸钠和稀土镧（Ⅲ）离子在 HCl 中对软钢的协同缓蚀作用。同时，还研究了在酸性介质中稀土铈（Ⅳ）离子、镧（Ⅲ）离子和阴离子表面活性剂、非离子表面活性剂、8-羟基喹啉对金属钢、铝、锌的缓蚀协同效应。另外，他们还系统地研究了在强酸介质中铈离子和无机配体钼酸钠、有机配体香兰素对冷轧钢的缓蚀协同效应[45]。上述在中性与酸性条件下过渡金属离子与相应的有机物的协同缓蚀均取得了比较显著的效果，铁质文物的高效缓蚀体系可以通过筛选这类阳离子与有机物来构建，这是目前研究文物缓蚀防护的一个重要方向。

5.8 钼酸盐缓蚀剂

钼酸盐缓蚀剂是一类低毒无害、高效稳定的缓蚀剂，常用于钢铁的防腐保护工作。钼酸钠对铁器表现出良好的缓蚀效果，它的存在能够促进铁器表面的活泼锈向稳定锈转化，同时伴随着稳定的氧化物 MoO_3 以及难溶的钼酸盐生成，这使得文物表面的锈层能够形成一层稳定致密的保护膜，从而阻止外界有害物质对铁质文物表面的侵蚀，进一步起到抑制基体腐蚀的作用。因此，钼酸盐系缓蚀剂在铁质文物保护领域中表现出较大的应用潜力[46]。

相关学者研究了钼酸盐对复杂腐蚀过程的影响，如 Jakab 等人研究了钼酸盐在 NaCl 溶液中对铜阳极行为和氧还原反应的影响，发现钼酸盐通过减缓氧还原动力学过程和提高点蚀电位来抑制铜的局部腐蚀。然而，完全实现抑制作用需要较大的临界浓度，钼酸盐腐蚀抑制作用的机制还有待进一步的研究[47]。

Sandu 等人的研究表明钼酸盐在金属基体表面形成吸附层依赖于其浓度的大小，当钼酸盐浓度低于 100mg/L 时，形成一层以 MoO_2 为主要物质的厚膜；在较高浓度下，Mo^{4+}/Mo^{6+} 浓度比降低，MoO_4^{2-} 优先吸附在基体表面，能够有效阻碍 Cl^- 的侵蚀。此外，由于阳极过程涉及氧化还原过程，阳极被氧化，钼酸根被还原，同时在钝化膜的缺陷区域，MoO_4^{2-} 和 Cl^- 之间存在竞争吸附，在足够高的钼酸盐浓度下，有利于 Mo^{6+} 还原为 Mo^{4+}，形成保护性的 MoO_2 膜[48]。

5.9 “南海Ⅰ号”缓蚀工艺

5.9.1 钼酸盐无机缓蚀剂实施工艺研究

传统铬酸盐（CrO_4^{2-}）缓蚀剂常被用于金属腐蚀防护，能够有效地降低阴极上的氧还原速率，减缓阳极溶解动力学过程。然而，因为可溶性六价铬酸盐的致癌作用限制了其应用，所以钼酸盐及其化合物被用于代替铬酸盐，并在各种环境中显示出了良好的缓蚀剂性能。已有研究表明，钼酸盐无机缓蚀剂能够对黑色金属和有色金属合金进行有效保护，因而在文物表面保护应用中具有可观的发展前景。

本研究选用的试样为模拟铁质文物材质的 Q235 碳钢，化学成分如表 5-1 所示，加工成尺寸为 10mm×10mm×3mm 的工作电极用于筛选无机缓蚀剂的最佳用量，电化学测试前，依次用不同规格（400＃、800＃、1000＃、1500＃、2000＃、2500＃、3000＃）砂纸进行机械打磨，并用无水乙醇冲洗后干燥。

表 5-1 Q235 碳钢成分（质量分数） 单位：%

C	Mn	Si	S	P	Fe
0.20	1.4	0.35	0.045	0.045	97.96

电化学实验在 gamry 电化学工作站上进行，分别以 Q235 碳钢电极为工作电极、铂片电极为对电极、饱和甘汞电极为参比电极组成三电极系统。电化学测试前，在电解质溶液中加入不同浓度缓蚀剂（300mg/L、500mg/L、800mg/L Na_2MoO_4），进行 1h 开路电位测试（OCP）。待开路电位稳定后，施加扫描速率为 0.5mV/s 的动电位，从开路电位向阳极方向扫描，电位扫描区间为 −0.3V (vs. OCP) 至 1.3V (vs. OCP)。通过 Tafel 极化曲线测试求解腐蚀电流密度，动电位极化实验的缓蚀率计算公式如下所示：

$$\eta=\frac{j_{corr}^{0}-j_{corr}}{j_{corr}^{0}}\times 100\% \tag{5-1}$$

式中，j_{corr}^{0} 为 Q235 碳钢无缓蚀剂时的腐蚀电流密度；j_{corr} 为有缓蚀剂存在时 Q235 碳钢的腐蚀电流密度。

电化学阻抗谱（EIS）测量在 OCP 测试结束后进行，施加振幅为 10mV，频率范围为 0.1Hz 至 100kHz。采用超景深显微镜分别考察了有无缓蚀剂存在时充分浸泡的 Q235 碳钢腐蚀形貌。

5.9.2 钼酸盐无机缓蚀剂实施工艺结果

Q235 碳钢在含不同浓度（0mg/L、300mg/L、500mg/L、800mg/L）Na_2MoO_4 缓蚀剂的去离子水溶液中的开路电位和极化曲线如图 5-1 所示。表 5-2 为通过拟合得到的相关电化学参数。从图 5-1 (a) 可知，电极浸泡在不含缓蚀剂的测试液中，其电位一直下降，当有缓蚀剂存在时，Q235 碳钢的开路电位基本保持不变，这表明钼酸钠缓蚀剂能够减缓金属表面的腐蚀。从表 5-2 可知，添加不同浓度的钼酸钠对 Q235 碳钢的缓蚀效果不同，腐蚀电位随着缓蚀剂的加入小幅度正移，其幅值约在 27mV 以内，当缓蚀剂浓度不断增大，腐蚀电流密度呈现的趋势为先减小后增大，表明缓蚀剂的用量会显著地影响缓蚀效率。当缓蚀剂浓度为 300mg/L 时，缓蚀率仅为 70.42%，对金属具有一定的保护作用，当缓蚀剂浓度增大到 800mg/L 时，反而会加速 Q235 碳钢的腐蚀速率。因此，本实验得出缓蚀剂添加较适宜量为 500mg/L，此时缓蚀效果最佳。

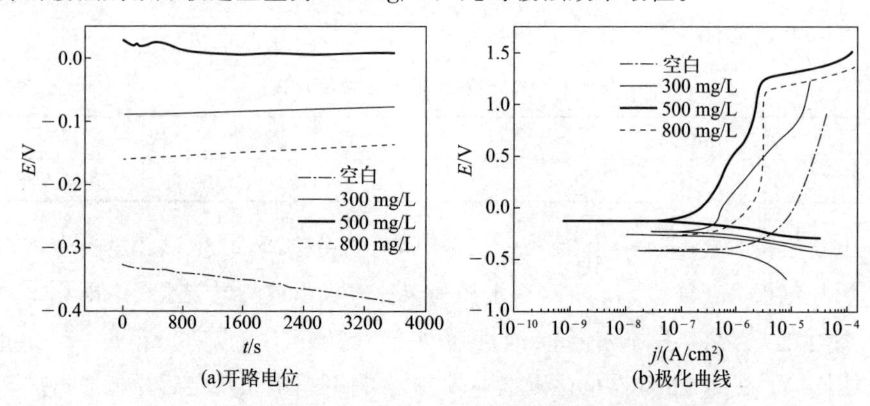

图 5-1 Q235 碳钢在含不同浓度缓蚀剂溶液中的电化学曲线

表 5-2 Q235 碳钢在含不同浓度缓蚀剂溶液中极化曲线的电化学参数

缓蚀剂	E_{corr}/V	j_{corr}/(A/cm^2)	腐蚀速率/(mm/a)	η/%
空白	−0.40	8.08×10^{-7}	0.37	—
300mg/L	−0.22	2.40×10^{-7}	0.11	70.42
500mg/L	−0.11	8.49×10^{-8}	0.04	89.49
800mg/L	−0.24	9.74×10^{-8}	0.05	87.95

Q235 碳钢在含不同浓度缓蚀剂的去离子水溶液中的电化学阻抗谱如图 5-2 所示，各浓度阻抗谱均为成线性关系的圆弧，容抗弧的形状在添加缓蚀剂后没有改变，只是其大小改变了，这说明缓蚀剂的加入没有将反应机理改变，延缓腐蚀只是由抑制腐蚀反应过程中的电荷转移实现的[49]。

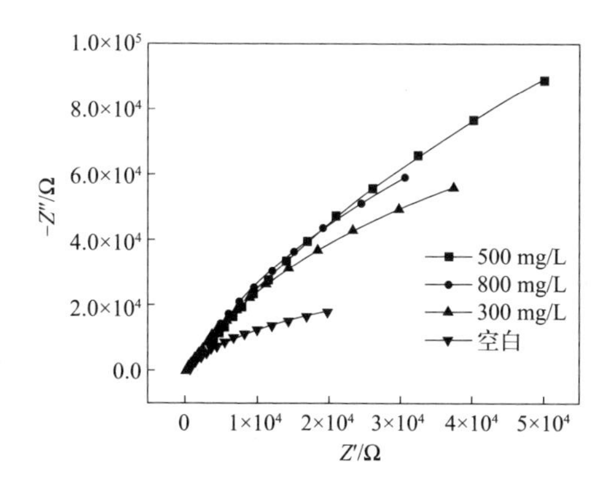

图 5-2 Q235 碳钢在含不同浓度缓蚀剂溶液中的电化学阻抗谱

此外，随着缓蚀剂浓度的增大，容抗弧的直径先增大后减小，表明电极表面的电荷转移电阻先增大后减小。在添加钼酸钠浓度为 500mg/L 时，碳钢的容抗弧直径最大，说明了该浓度的缓蚀剂较为适宜，能够有效地吸附在碳钢表面并抑制腐蚀发生。

Q235 碳钢试样浸泡在含不同浓度缓蚀剂去离子水后的二维表面腐蚀形貌如图 5-3 所示，添加钼酸钠缓蚀剂后碳钢表面腐蚀情况减轻，当不存在钼酸钠缓蚀剂时，Q235 碳钢表面坑蚀现象较为严重，说明添加缓蚀剂能有效延缓碳钢的腐蚀，只表现出轻微点蚀现象。此外，添加缓蚀剂浓度过低或过高时，缓蚀剂分子均不能很好地吸附在碳钢表面。当添加浓度为 500mg/L 时，缓蚀剂分子吸附能力最佳，此时，单独提高其浓度已不能进一步提升缓蚀效率，说明已达到饱和临界值，故选择此浓度为最佳添加浓度。

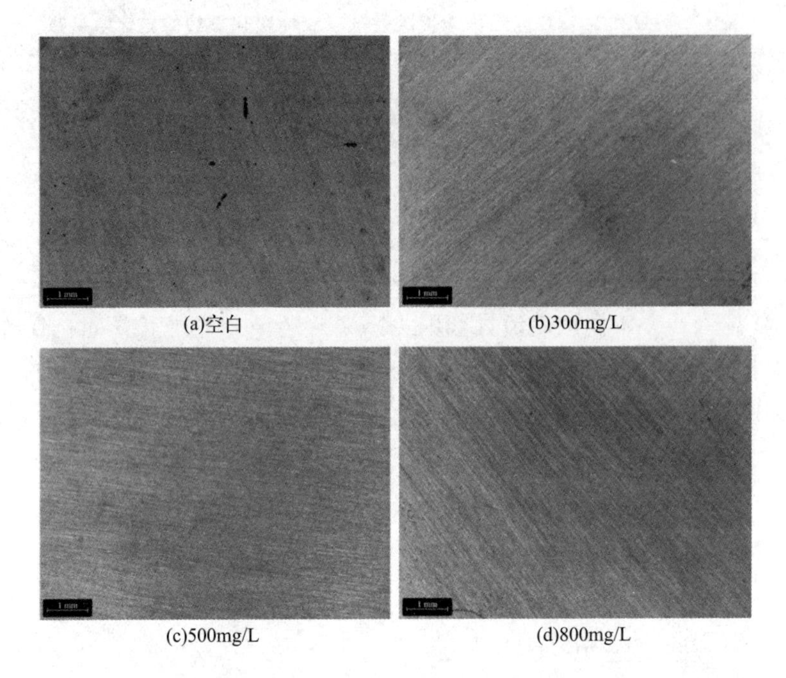

(a)空白 (b)300mg/L

(c)500mg/L (d)800mg/L

图 5-3 Q235 碳钢在含不同浓度缓蚀剂溶液中的二维腐蚀形貌

图 5-4 为 Q235 碳钢在含不同浓度缓蚀剂溶液中的三维腐蚀形貌图，可以得出在较低浓度的缓蚀剂溶液中，Q235 碳钢的点蚀坑较深，缓蚀剂添加浓度为 500mg/L 时，点蚀坑的深度从 0.70mm 下降到 0.29mm。然而，当浓度继续增大至 800mg/L 时，点蚀坑的深度反而从 0.29mm 上升至 0.36mm，这说明适当增大缓蚀剂的浓度有利于缓蚀剂分子在碳钢表面的吸附，然而缓蚀剂浓度过高则会导致已经吸附在碳钢表面的缓蚀剂分子发生脱附现象，从而影响缓蚀效率。

5.9.3 植酸钠绿色缓蚀剂实施工艺研究

植酸钠（sodium phytate，SP）是植酸的金属化合物，是一种天然的抗氧化剂、护色剂和环保型食品添加剂，植酸钠热解将产生不可燃气体，能够稀释 O_2 和可燃气体的浓度，因此可以用作阻燃剂。此外，由于磷的存在，它可能会促进保护层的形成，所以也可用作缓蚀剂。

本研究使用药品有 NaCl（AR 级，天津百世化工），EtOH（乙醇，AR 级，天津百世化工），植酸钠直接购买使用，实验用水为去离子水。

研究选用模拟铁质文物材质的 Q235 碳钢为试样，开展相关腐蚀和表面形貌测试工作。在每次测试之前，Q235 碳钢依次用不同规格砂纸（400＃、800＃、

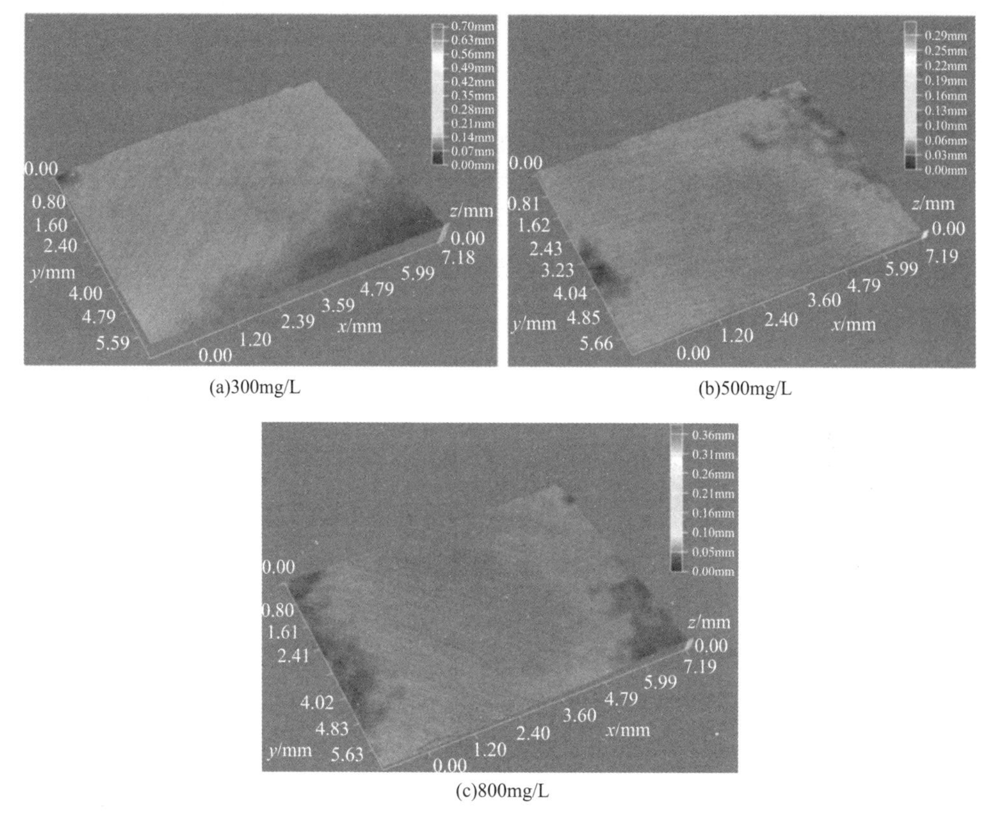

(a)300mg/L　(b)500mg/L

(c)800mg/L

图 5-4　Q235 碳钢在含不同浓度缓蚀剂溶液中的超景深三维形貌

1000＃、1500＃、2000＃、2500＃、3000＃）进行机械打磨抛光，并用无水乙醇冲洗，干燥后插入腐蚀电池槽中。电化学测试前，在含 3.5%（质量分数）NaCl 1000mL 腐蚀电池中充分搅拌 1h。

5.9.4　植酸钠绿色缓蚀剂实施工艺结果

电化学阻抗测试是指通过给电化学体系施加小幅度变化的交流电压激励信号，并观察该电化学体系受到扰动后的情况，由后台分析软件得出系统的阻抗（电压和电流的比值）与频率的关系图，以及相位角与频率的关系图，最后计算电荷转移电阻等电化学参数，以此来评价缓蚀剂的缓蚀效率。

本研究中以 3.5% NaCl 溶液为介质，研究不同缓蚀剂对碳钢 Q235 的缓蚀效果，进而再将优选的缓蚀剂应用于出水铁质文物的保护中。首先，如图 5-5 所示（仅显示有代表性的缓蚀剂），筛选了近百种缓蚀剂，但在 3.5% NaCl 溶液测试中均没有表现出缓蚀性能。

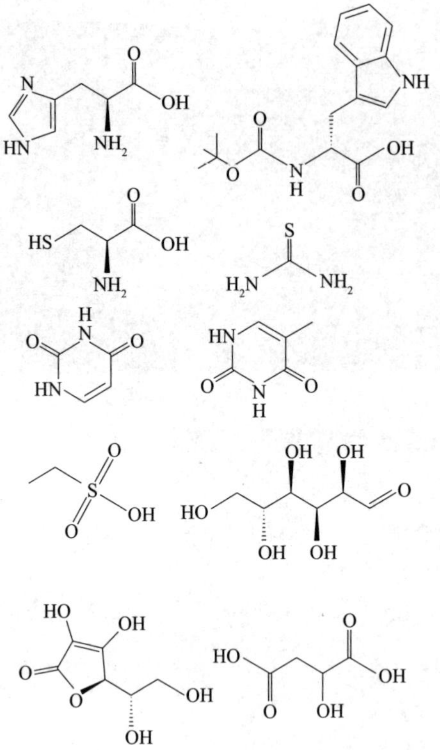

前驱体	性能变化
组氨酸，色氨酸	/
半胱氨酸	/
硫脲	/
单宁酸	/
聚苯乙烯磺酸钠，聚乙烯吡咯烷酮	/
鸟嘌呤	/
胞嘧啶	/
胸腺嘧啶	/
尿嘧啶	/
乙烷磺酸	/
L-天冬氨酸	/
D-(+)-葡萄糖	/
抗坏血酸	/
DL-苹果酸	/

图 5-5 实验选用典型缓蚀剂

通过文献调研并结合模拟计算，本章设计并选取了一种天然提取物——植酸钠作为缓蚀剂并进行实验研究。植酸是一种天然无毒的多功能添加剂，存在于大多数谷物籽粒、豆类、坚果、油料种子、块茎、花粉、细菌与真菌孢子以及有机质土壤中。其本身含有 12 个可以解离的质子，结构式如图 5-6 所示。

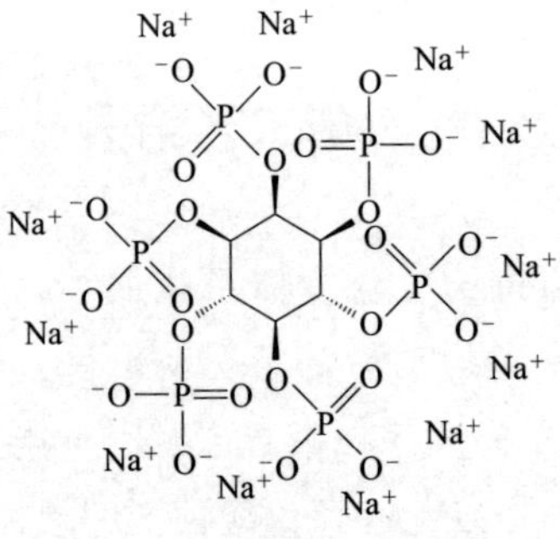

图 5-6 植酸钠化学结构式

本实验以此为基础，将植酸转化为其钠盐后用于碳钢 Q235 的缓蚀防护，并进行电化学阻抗谱的测试，同时与未加入植酸钠的体系进行对比，结果如图 5-7 所示。

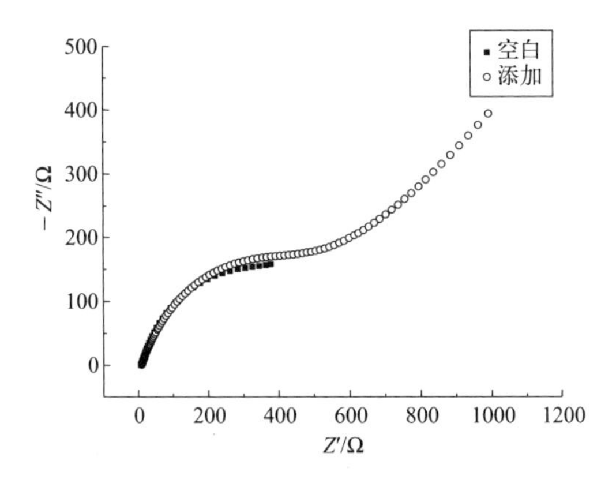

图5-7 Q235在有无植酸钠的3.5% NaCl溶液中浸泡4h后的电化学阻抗谱

Q235在含植酸钠的3.5% NaCl溶液中浸泡4h，实物浸泡后如图5-8所示，与无植酸钠存在时的浸泡结果（图5-9）对比表明，植酸钠对Q235具有明显缓蚀效果。

图5-8 Q235在含植酸钠的3.5% NaCl溶液中浸泡4h后的表观形貌

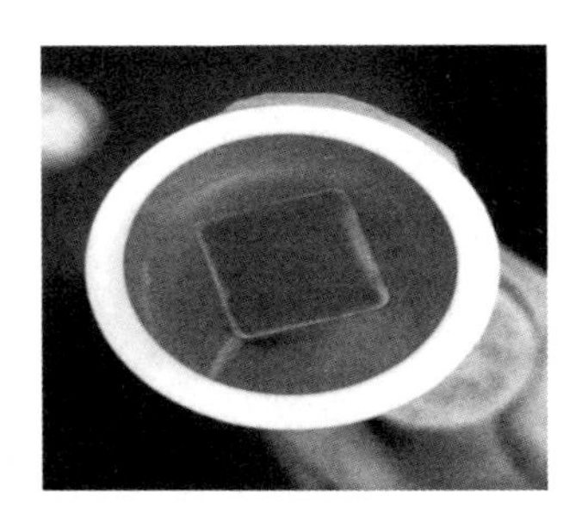

图5-9 Q235在无植酸钠的纯水溶液中浸泡后的表观形貌

Q235在含0.5%植酸钠的溶液中浸泡不同时间后的电化学阻抗谱（EIS）如图5-10所示，结果表明只需加入0.5%的植酸钠即可达到较好的缓蚀效果，且随着浸泡时间增长，其缓蚀效果不断提升。

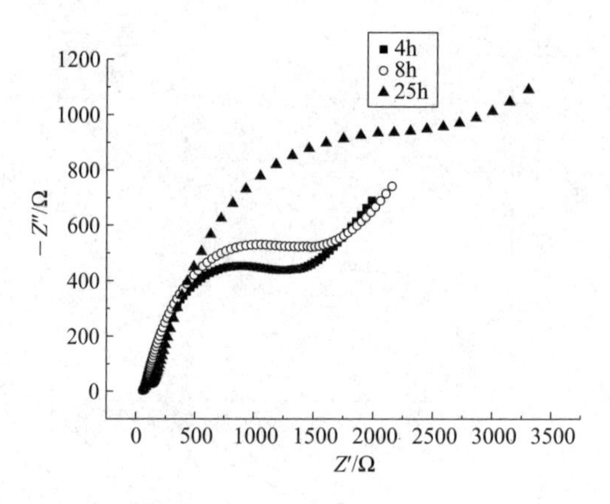

图 5-10 Q235 在含 0.5%的植酸钠溶液中浸泡 4h、8h、25h 后的 EIS 对比

综上所述，从电化学阻抗谱的数据来看，单加入植酸钠时缓蚀效率为大于 60%，展现了良好的缓释性能。因此，可以说明植酸类绿色环保型缓蚀材料在铁质文物保护领域中有着广阔的应用前景。

5.9.5 新型肟醚基三氮唑缓蚀剂实施工艺研究

三氮唑类化合物被广泛地应用于农药产品研发，其杀菌、杀虫、除草和植物生长调节活性效果非常好，迄今实现商业化的已有 40 多个品种。其中，在农药研究开发中经常选用的有效基团是肟醚（酯），其是具有很强生物活性的一种结构单元，因而受到了广泛关注。作为杂环化合物的一种，含肟醚基三氮唑化合物含有多个活性吸附中心，如 O、N 等电负性原子及共轭体系，表现出作为缓蚀剂在结构上的优势。含肟醚基三氮唑化合物生物活性强、低毒、可作缓蚀剂，基于这些特点，本研究合成了一系列的环境友好型含肟醚基三氮唑缓蚀剂，并深入研究了其缓蚀机理[50,51]。

本研究所涉及的含肟醚基三氮唑化合物共五种，分别为 4-氯苯乙酮-*O*-1′-(1′,3′,4′-三氮唑）亚甲基肟（简称 CATM）、4-甲氧基苯乙酮-*O*-1′-(1′,3′,4′-三氮唑)亚甲基肟（简称 MATM)、4-氟基苯乙酮-*O*-1′-(1′,3′,4′-三氮唑)亚甲基肟（简称 FATM)、3,4-二氯苯乙酮-*O*-1′-(1′,3′,4′-三氮唑)亚甲基肟（简称 3,4 DATM)、2,5-二氯苯乙酮-*O*-1′-(1′,3′,4′-三氮唑）亚甲基肟（简称 2,5 DATM)，对应如表 5-3[50,51]。综合文献报道的方法，合成路线如图 5-11 所示。

R^1 的结构式见图 5-12。

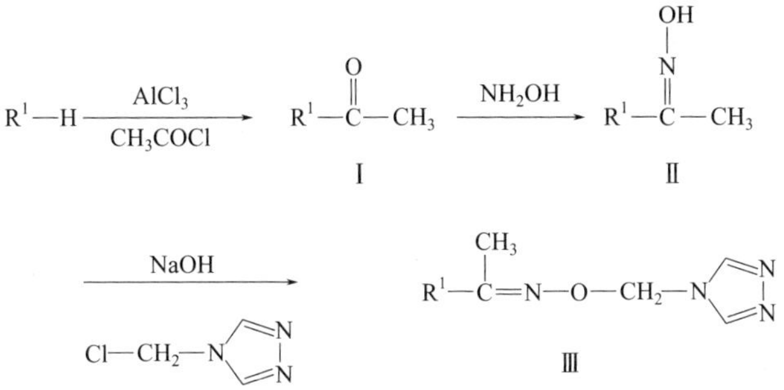

$$R^1—H \xrightarrow[CH_3COCl]{AlCl_3} R^1—\overset{O}{\overset{\|}{C}}—CH_3 \ (\text{I}) \xrightarrow{NH_2OH} R^1—\overset{OH}{\overset{|}{\overset{N}{\overset{\|}{C}}}}—CH_3 \ (\text{II})$$

$$\xrightarrow[Cl—CH_2—N\langle N=N \rangle]{NaOH} R^1—\overset{CH_3}{\overset{|}{C}}=N—O—CH_2—N\langle N=N \rangle \ (\text{III})$$

图 5-11　含肟醚基三氮唑化合物的合成路线

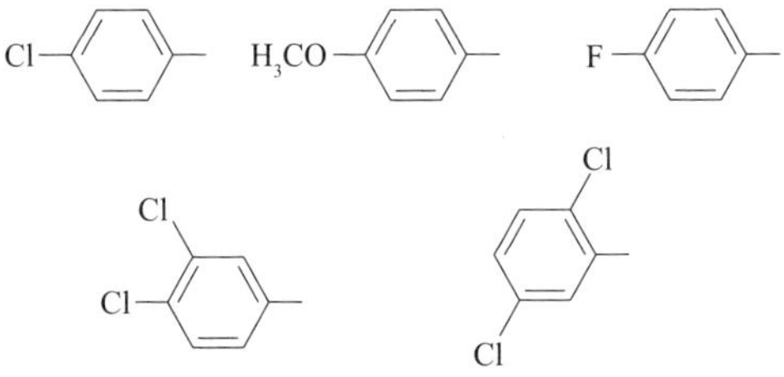

$Cl—C_6H_4—$　$H_3CO—C_6H_4—$　$F—C_6H_4—$　$3,4\text{-}Cl_2C_6H_3—$　$2,5\text{-}Cl_2C_6H_3—$

图 5-12　R^1 的结构式

表 5-3　含肟醚基三氮唑化合物的分子结构及对应的名称

分子结构	名称	缩写
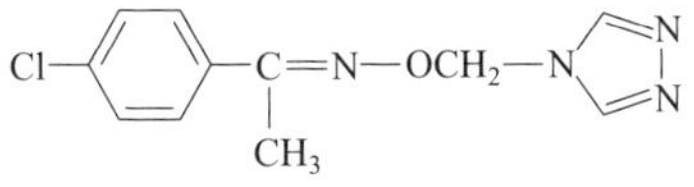 $Cl—C_6H_4—C(CH_3)=N—OCH_2—N\langle N=N \rangle$	4-氯苯乙酮-*O*-1′-(1′,3′,4′-三氮唑)亚甲基肟	CATM
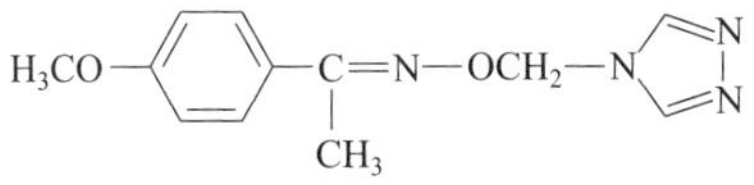 $H_3CO—C_6H_4—C(CH_3)=N—OCH_2—N\langle N=N \rangle$	4-甲氧基苯乙酮-*O*-1′-(1′,3′,4′-三氮唑)亚甲基肟	MATM
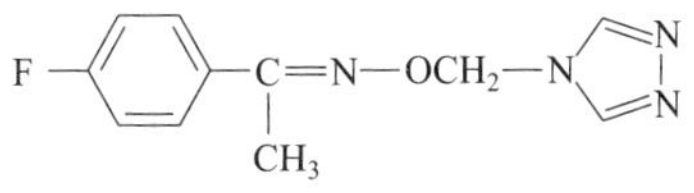 $F—C_6H_4—C(CH_3)=N—OCH_2—N\langle N=N \rangle$	4-氟基苯乙酮-*O*-1′-(1′,3′,4′-三氮唑)亚甲基肟	FATM
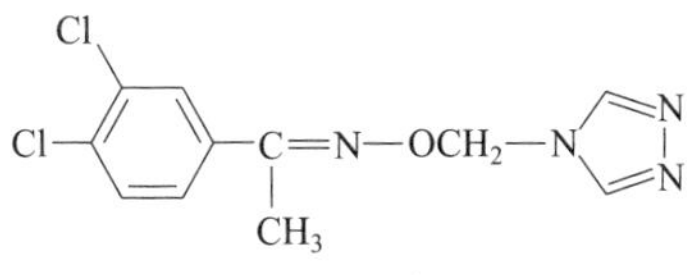 $3,4\text{-}Cl_2C_6H_3—C(CH_3)=N—OCH_2—N\langle N=N \rangle$	3,4-二氯苯乙酮-*O*-1′-(1′,3′,4′-三氮唑)亚甲基肟	3,4 DATM
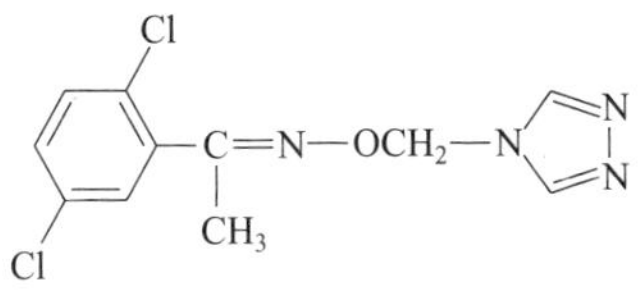 $2,5\text{-}Cl_2C_6H_3—C(CH_3)=N—OCH_2—N\langle N=N \rangle$	2,5-二氯苯乙酮-*O*-1′-(1′,3′,4′-三氮唑)亚甲基肟	2,5 DATM

上述五种含肟醚基三氮唑化合物均由实验室合成并提纯，此外，实验所用 HCl 等试剂都属于分析纯级别产品，直接购买使用。实验所用金属材料为 Q235 碳钢，其碳钢成分如表 5-4 所示。

表 5-4 Q235 碳钢成分（质量分数） 单位:%

C	Mn	Si	Cu	S	P	Fe
0.17	0.46	0.26	0.019	0.017	0.0047	余量

失重实验参照 JB/T 7901—1999 标准执行，将 Q235 钢加工成 30mm×15mm×15mm 试样，依次经 80#、100#、240#、400#磨砂纸逐级打磨抛光后，用无水乙醇洗涤干净，置于干燥器内进一步干燥 24h 后，使用分析天平进行精确称重。碳钢试样经处理后，将其分别置于含有不同浓度缓蚀剂的 1mol/L HCl 溶液中，并用没有添加缓蚀剂的 1mol/L HCl 溶液来作空白对照。充分浸泡 3h 后，将碳钢试样取出并冲洗拭干，置于干燥器中进一步干燥 24h 至恒重，然后，使用分析天平再次精确称重。实验分别制备了三组平行碳钢试样，计算过程取平均值。失重实验采用以下公式计算其腐蚀速率：

$$v=\frac{m_0-m_1}{St} \tag{5-2}$$

式中，v 为腐蚀速率，g/(m^2·h)；m_0 为失重前质量，g；m_1 为失重质量，g；S 为试样表面积，m^2；t 为试样腐蚀时间，h。

缓蚀效率 IE 采用以下公式计算：

$$\mathrm{IE}=\frac{v_0-v_1}{v_0}\times 100\% \tag{5-3}$$

式中，v_0 为未添加缓蚀剂试样的腐蚀速率；v_1 为添加缓蚀剂后试样的腐蚀速率。

电化学测试的试样材质同失重实验，暴露工作面尺寸为 10mm×10mm，将工作面分别以 400#、600#、800#、1200#磨砂纸逐级打磨抛光后，浸入无水乙醇中超声清洗脱脂后作为工作电极。

电化学测试使用 PARSTAT2273 电化学工作站（美国）为测试仪器，实验中采用三电极体系，如图 5-13 所示。碳钢电极为工作电极，铂电极（20mm×20mm）为对电极，参比电极为饱和甘汞电极，所测得的电位均相对于甘汞电极。按照图 5-20 安装好装置之后，将待测溶液加入电解池中。在含不同浓度缓蚀剂的盐酸中将工作电极浸泡 30min 后，测定开路电位，观察随时间变化开路电位的变化，直到开路电位稳定，即 5min 内 OCP 的变化小于 2mV。

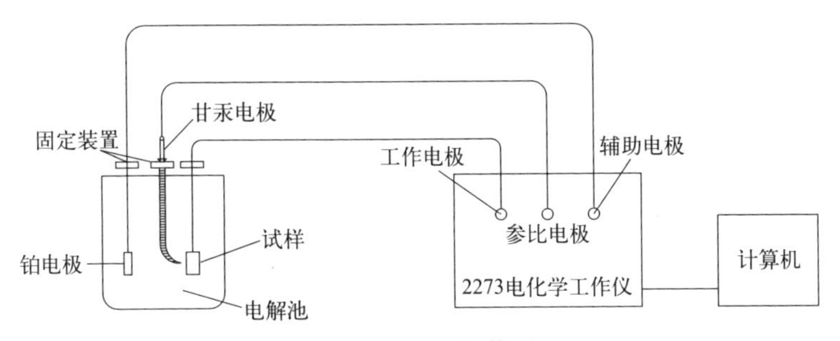

图 5-13 三电极体系

动电位极化曲线测试的扫描速率为 0.5mV/s，扫描范围为 −250mV 至 250mV（vs. OCP），通过 Powersuite 软件进行实验数据的采集与分析。电化学交流阻抗测量采用正弦波为激励信号，振幅为 10mV，扫描频率的范围为 100kHz 至 10MHz，通过 ZSimpWin 软件对实验数据进行拟合与分析。表面腐蚀形貌表征是用金相砂纸将尺寸为 30mm×15mm×15mm 的 Q235 碳钢逐级打磨抛光，用丙酮和二次蒸馏水清洗干燥后，将其浸入含有 1.0×10^{-3}mol/L 缓蚀剂的 1mol/L HCl 介质中，在室温下浸泡 3h 后，取出试片，再次使用二次蒸馏水清洗干燥后，对腐蚀后的试样使用 KYKY2800 型扫描电子显微镜进行表面形貌分析，加速电压为 25kV。量子化学研究通过 Hyperchem7.5 程序中的从头算（ab initio）方法，利用 3-21G* 基组水平对研究的含肟醚基三氮唑化合物进行几何全优化，获取相关参数，即最高占据分子轨道 HOMO 和最低未占据分子轨道 LUMO 的电子密度、轨道密度分布、能量及两者之间的能量差、分子偶极距等，进而建立定量构效关系（QSAR）方程[50]。

5.9.6 新型肟醚基三氮唑缓蚀剂实施工艺结果[50]

在 298K 条件下，对五种含肟醚基三氮唑化合物进行失重法测试，缓蚀剂浓度分别为 1.0×10^{-5}mol/L、3.2×10^{-5}mol/L、1.0×10^{-4}mol/L、3.2×10^{-4}mol/L、1.0×10^{-3}mol/L，未添加任何缓蚀剂的 1mol/L HCl 溶液作为空白对照，结果见表 5-5。

表 5-5 含肟醚基三氮唑化合物失重测试数据

化合物	浓度/(mol/L)				
	1.0×10^{-5}	3.2×10^{-5}	1.0×10^{-4}	3.2×10^{-4}	1.0×10^{-3}
CATM	17.9	28.9	43.3	80.1	90.6
MATM	11.8	20.7	42.6	64.5	87.4

续表

化合物	浓度/(mol/L)				
	1.0×10^{-5}	3.2×10^{-5}	1.0×10^{-4}	3.2×10^{-4}	1.0×10^{-3}
FATM	42.8	51.0	55.3	60.2	84.5
3,4 DATM	5.3	34.6	64.2	91.9	92.8
2,5 DATM	8.7	39.8	78.7	91.2	94.0

从表5-5可以看出，在1mol/L HCl溶液中各含肟醚基三氮唑化合物对碳钢均有一定的缓蚀作用，且缓蚀效率随着浓度的增加不断升高。在缓蚀剂浓度达到1.0×10^{-3}mol/L时，各缓蚀剂的缓蚀效率均达到最高，且均超过80%，可以认定为优良的缓蚀剂。

同时从表5-5还可以看出在缓蚀剂浓度为1.0×10^{-3}mol/L时，5种化合物的缓蚀效率为2,5 DATM＞3,4 DATM＞CATM＞MATM＞FATM。3,4 DATM和2,5 DATM缓蚀性能相比较其他3个化合物更加优良，究其原因，可能是3,4 DATM和2,5 DATM苯环含有两个取代基，引入了多个活性吸附点，不仅增大了吸附分子的覆盖面积，还使吸附膜的致密性得到了增加，因此相比只有一个取代基的CATM、MATM和FATM，其缓蚀效率更优。

图5-14为碳钢电极在含不同浓度的含肟醚基三氮唑化合物的1mol/L HCl溶液中的动电位极化曲线，可以看出阳极和阴极Tafel曲线并没有随着5种缓蚀剂的加入引起的明显变化，空白对照组的Tafel曲线基本与各浓度下的极化曲线相平行，尤其是阴极极化曲线。表明缓蚀剂的加入并未改变金属阳极溶解和阴极析氢反应，其缓蚀机理只是通过在碳钢表面形成一层保护膜，将反应的活性点抑制住，达到缓蚀目的。对于同种缓蚀剂，阴、阳极极化曲线随着浓度的增加，均向低电流方向移动，腐蚀电流逐渐降低，表明含肟醚基三氮唑化合物在HCl溶液中对金属电极的阴极析氢反应和阳极金属溶解反应均有抑制作用，并且缓蚀剂的作用随着浓度增大而增强。另外，碳钢电极在空白对照组中的腐蚀电位与其在含有缓蚀剂的盐酸溶液中的腐蚀电位比较接近，因为通常认为只有当自腐蚀电位的变化在85mV以上时才可以判断该缓蚀剂为阴极型或者阳极型，所以可以认为该缓蚀剂为混合型缓蚀剂[50]。

在缓蚀剂浓度为1.0×10^{-3}mol/L时，CATM与MATM的阳极极化曲线发展趋势较其他3个化合物有所不同，表现在电位高于－300mV时，随电位增加阳极腐蚀电流也迅速增大，出现了一相对较平坦的“腐蚀平台区”，表明了电极表面缓蚀剂产生了阳极脱附。缓蚀剂的这种阳极脱附行为，除与在电极表面吸附的缓蚀剂分子的热运动有关外，当阳极极化足够大时，覆盖金属表面的被吸附离

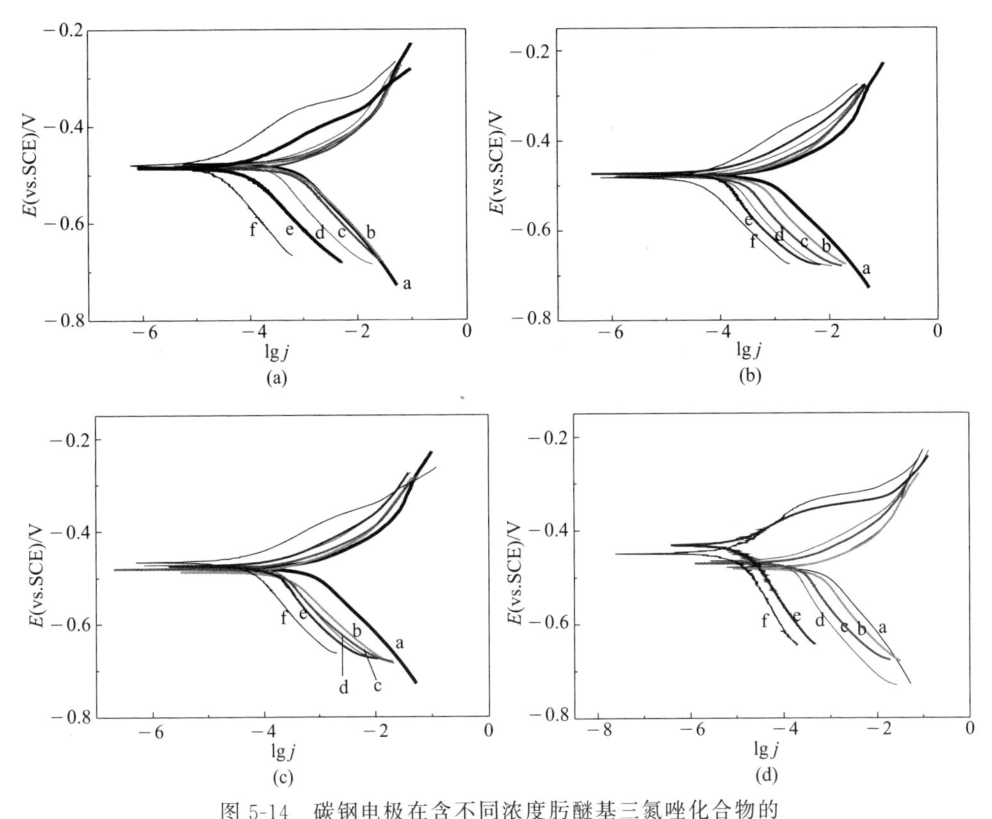

图 5-14 碳钢电极在含不同浓度肟醚基三氮唑化合物的 1mol/L HCl 溶液中的动电位极化曲线

（a 代表无缓蚀剂；b～f 缓蚀剂浓度分别为 1.0×10^{-5}mol/L、3.2×10^{-5}mol/L、1.0×10^{-4}mol/L、3.2×10^{-4}mol/L、1.0×10^{-3}mol/L）

子部分开始溶解，对吸附的缓蚀剂分子从电极表面的离开也起到不小的牵动作用，且随着阳极溶解电流密度的增大，这种作用也越强，最终使大量吸附态的缓蚀剂分子离开表面进入本体溶液[52]，此腐蚀平台区所对应的电位即脱附电位。由此证明缓蚀剂的性能受电极电位的影响也很大[50]。

碳钢电极在含有缓蚀剂的 1mol/L HCl 溶液中的电化学参数通过 Powersuite 软件拟合得到，缓蚀效率的计算采用如下公式：

$$\mathrm{IE}_{(i)}=\frac{j_{\mathrm{corr}}^{0}-j_{\mathrm{corr}}}{j_{\mathrm{corr}}^{0}}\times100\% \tag{5-4}$$

腐蚀电流密度是通过外推法求得，其中 j_{corr}^{0} 和 j_{corr} 分别为未加入和加入缓蚀剂时的腐蚀电流密度，相应的电化学参数见表 5-6。

根据表 5-6 可知，腐蚀电流密度 j_{corr} 随着 5 种化合物浓度的增加逐渐变小，缓蚀效率也相应逐渐升高。当缓蚀剂浓度达到 1.0×10^{-3}mol/L 时，缓蚀效率均达到90%以上，显示出非常良好的缓蚀性能。对同一缓蚀剂，其阳极塔菲尔常数β_a及阴极塔菲尔常数β_c相较空白对照组相差很小，但腐蚀电流密度明显降低，表明金属阳极溶解和阴极析氢反应未随缓蚀剂的加入而有所改变，只是通过覆盖在金属表面起到缓蚀作用，其作用机理属于几何覆盖效应[50]。比较5种缓蚀剂的缓蚀效率，依次为2,5 DATM≈3,4 DATM>CATM>MATM≈FATM，其规律与失重法测得的结果具有较好的一致性。

表5-6 碳钢在1mol/L HCl溶液中的电化学参数

缓蚀剂	c/(mol/L)	E_{corr}/mV	j_{corr}/(μA/cm²)	β_c/(mV/dec)	β_a/(mV/dec)	IE/%
空白		−479.1	868	134.6	69.0	—
CATM	1.0×10^{-5}	−480.5	835	129.7	69.9	3.8
	3.2×10^{-5}	−487.5	798	146.9	64.9	8.1
	1.0×10^{-4}	−481.1	351	147.0	66.7	59.6
	3.2×10^{-4}	−485.0	92	123.4	62.0	89.4
	1.0×10^{-3}	−479.0	22	133.4	71.8	97.5
MATM	1.0×10^{-5}	−480.5	569	158.1	75.6	34.4
	3.2×10^{-5}	−485.2	335	150.1	72.2	61.4
	1.0×10^{-4}	−482.4	186	155.8	63.3	78.5
	3.2×10^{-4}	−483.3	155	100.4	52.3	82.1
	1.0×10^{-3}	−482.9	52	141.8	71.0	94.0
FATM	1.0×10^{-5}	−487.3	433	149.4	87.4	50.1
	3.2×10^{-5}	−481.0	227	145.4	52.1	73.5
	1.0×10^{-4}	−472.3	193	150.9	53.7	77.8
	3.2×10^{-4}	−475.7	153	148.1	57.2	82.4
	1.0×10^{-3}	−466.1	51	140.7	62.6	94.0
3,4 DATM	1.0×10^{-5}	−481.0	629	140.1	64.9	27.5
	3.2×10^{-5}	−470.1	234	144.1	51.4	73.0
	1.0×10^{-4}	−465.2	123	140.0	49.1	85.8
	3.2×10^{-4}	−430.8	14	149.6	58.5	98.4
	1.0×10^{-3}	−448.7	11	158.5	80.4	98.7
2,5 DATM	1.0×10^{-5}	−492.1	664	135.8	71.4	23.5
	3.2×10^{-5}	−488.5	418	133.7	64.5	51.8
	1.0×10^{-4}	−486.0	127	123.9	55.8	85.3
	3.2×10^{-4}	−489.8	42	134.4	60.8	95.1
	1.0×10^{-3}	−466.7	14	137.3	68.2	98.4

碳钢电极在含不同浓度的肟醚基三氮唑化合物的1mol/L HCl溶液中的Nyquist谱如图5-15所示。由图可知，5种含肟醚基三氮唑化合物的阻抗谱在所测浓度范围内均由单一的高频端容抗弧组成，表现出仅有一个时间常数的特征。且容抗弧的直径随着缓蚀剂浓度的增加逐渐增大，高浓度时更加明显。单一的容抗弧变化表明电荷转移步骤能够控制碳钢电极表面的腐蚀过程[50]。

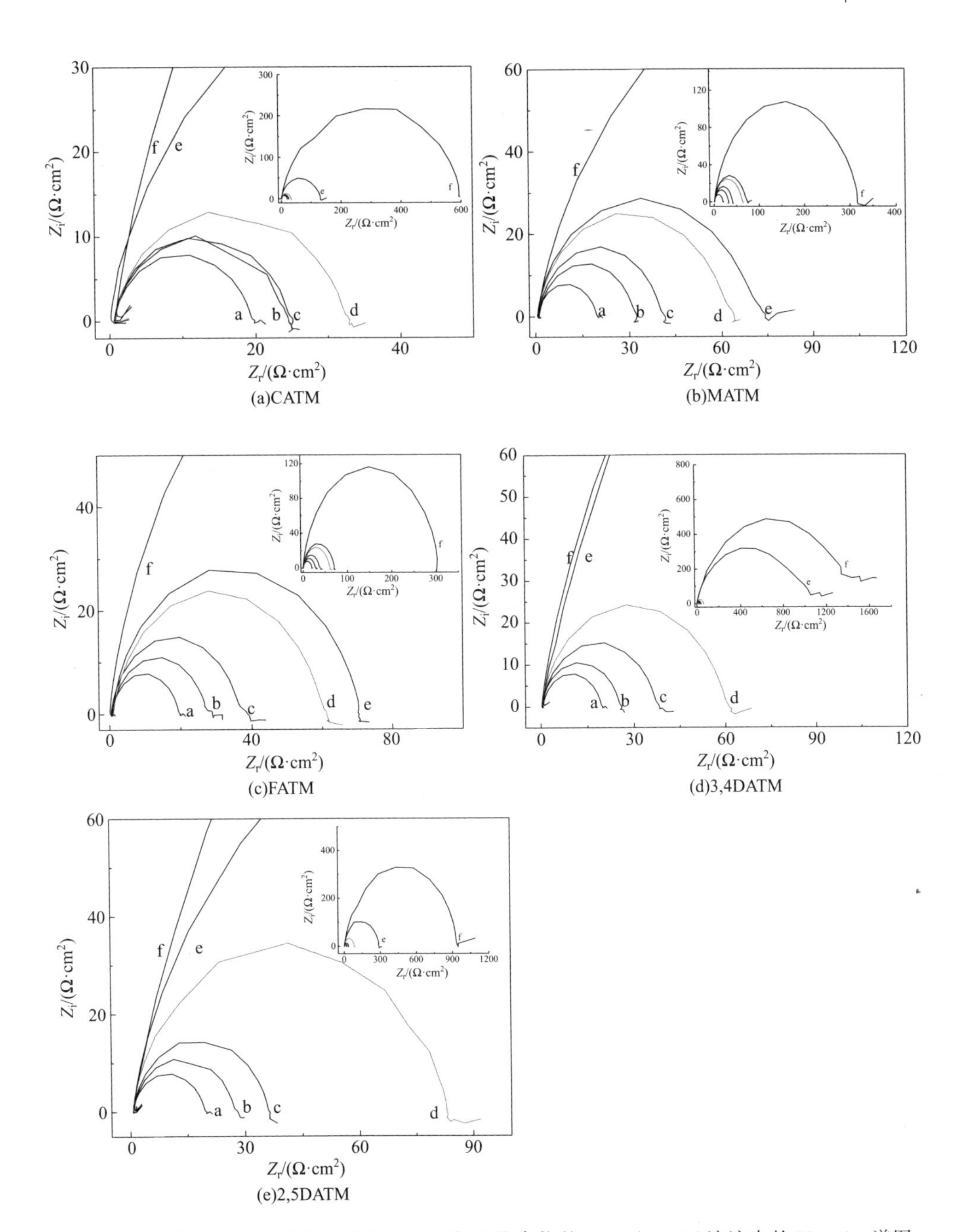

图 5-15 碳钢电极在含不同浓度肟醚基三氮唑化合物的 1mol/L HCl 溶液中的 Nyquist 谱图

a—空白；b—1.0×10^{-5} mol/L；c—3.2×10^{-5} mol/L；d—1.0×10^{-4} mol/L；e—3.2×10^{-4} mol/L；f—1.0×10^{-3} mol/L

双电层，即电极与溶液之间的界面层，通常用一个等效电容来表示，但通过实验发现，容抗弧是一个“压抑”的半圆，说明等效电容的阻抗行为与碳钢电极双电层的阻抗行为并不完全一致，具有一定的偏离，一般称为“弥散效应”。这种现象被认为是由电极表面的粗糙程度不一、碳钢表面活性点分布不均，以及缓蚀剂在碳钢表面的吸附引起的。所以，本研究采用R(QR) 等效电路对实验数据进行拟合（图5-16），拟合参数列于表5-7，并根据所得的电荷转移电阻计算其缓蚀效率。缓蚀效率的计算公式如下：

$$IE_{(R)}=\frac{R_{ct}-R_{ct}^{0}}{R_{ct}}\times 100\% \tag{5-5}$$

式中，R_{ct} 和 R_{ct}^{0} 分别为添加与未添加缓蚀剂的电荷转移电阻。

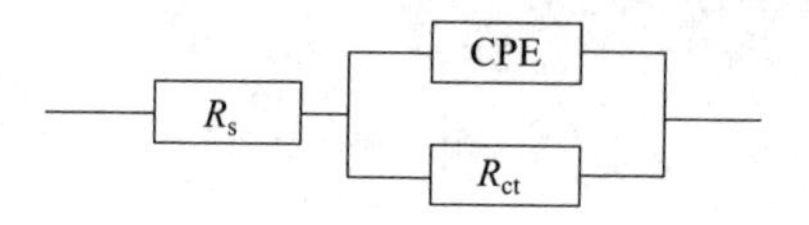

图5-16 电极系统的电化学等效电路

从表5-7可以看出，电荷迁移电阻 R_{ct} 随着缓蚀剂浓度的增加变大，表明增大缓蚀剂浓度有利于其在碳钢电极表面形成吸附膜，屏蔽效率增大，缓蚀效率逐渐提高。同时，双电层电容随着缓蚀剂的加入减小，原因是在金属表面缓蚀剂发生吸附，导致界面层中介电常数较大的水分子被介电常数较小而体积较大的有机缓蚀剂分子取代。所以，双电层电容逐渐降低。5种缓蚀剂的缓蚀效率为3,4 DATM>2,5 DATM>CATM>MATM≈FATM，其规律与失重法和极化曲线测得的结果具有较好的一致性[50]。

表5-7 碳钢在缓蚀剂存在下的1mol/L HCl中的阻抗拟合参数

缓蚀剂	c/(mol/L)	R_s/(Ω·cm^2)	R_{ct}/(Ω·cm^2)	C_{dl}/(μF/cm^2)	n	IE/%
空白		0.7	19.0	173	0.913	—
CATM	1.0×10^{-5}	1.8	22.3	121	0.969	14.9
	3.2×10^{-5}	1.4	23.0	120	0.977	17.4
	1.0×10^{-4}	1.5	30.9	109	0.954	38.5
	3.2×10^{-4}	1.3	129.7	50	0.907	85.3
	1.0×10^{-3}	2.0	600.8	35	0.858	96.8
MATM	1.0×10^{-5}	1.2	30.5	169	0.918	37.7
	3.2×10^{-5}	1.1	39.6	136	0.930	52.0
	1.0×10^{-4}	0.9	61.3	113	0.927	68.9
	3.2×10^{-4}	0.8	71.8	79	0.932	73.5
	1.0×10^{-3}	1.1	309.3	55	0.868	93.8

续表

缓蚀剂	c/(mol/L)	R_s/(Ω·cm²)	R_{ct}/(Ω·cm²)	C_{dl}/(μF/cm²)	n	IE/%
FATM	1.0×10^{-5}	0.8	27.7	145	0.899	31.5
	3.2×10^{-5}	0.6	37.2	133	0.934	49.0
	1.0×10^{-4}	1.2	59.2	125	0.901	67.9
	3.2×10^{-4}	1.0	68.7	108	0.918	72.3
	1.0×10^{-3}	0.6	293.3	43	0.926	93.5
3,4 DATM	1.0×10^{-5}	0.4	24.8	152	0.969	23.3
	3.2×10^{-5}	0.5	37.5	112	0.969	49.5
	1.0×10^{-4}	0.5	61	102	0.929	68.8
	3.2×10^{-4}	0.5	1014	38	0.866	98.1
	1.0×10^{-3}	1.7	1474	50	0.807	98.7
2,5 DATM	1.0×10^{-5}	1.8	25.6	125	0.967	25.8
	3.2×10^{-5}	1.8	33.9	106	0.968	43.9
	1.0×10^{-4}	1.2	82.3	71	0.925	76.9
	3.2×10^{-4}	1.4	285.9	47	0.869	93.3
	1.0×10^{-3}	1.8	948.7	42	0.829	98.0

进一步研究了缓蚀剂在碳钢表面的吸附行为，利用失重法所得数据求解表面覆盖度 θ，计算公式如下：

$$\theta=\frac{v_0-v_1}{v_0} \tag{5-6}$$

分别将 θ 代入 Temkin、Frumkin、Freundlich 和 Langmuir 吸附等温式拟合，结果表明 Langmuir 等温式与实验结果符合较好，根据 Langmuir 等温式：

$$\theta/(1-\theta)=k_{ads}\times c \tag{5-7}$$

式中，c 是缓蚀剂的浓度，mol/L；θ 是表面覆盖度；k_{ads} 是吸附平衡常数。通过 c/θ-c 关系曲线图，得到直线在 c/θ 轴的截距，即为 k_{ads} 值。进一步根据计算公式求解出吸附的吉布斯自由能，相关数据分别列于表 5-8。

$$k_{ads}=(1/55.5)\exp[-\Delta G^0_{ads}/(RT)] \tag{5-8}$$

式中，55.5 为水分子的浓度，mol/L。

表 5-8 酸溶液中缓蚀剂在碳钢表面的吸附参数和热力学参数

缓蚀剂	斜率	线性回归度	$k(\times10^4)$	ΔG^0_{ads}/(kJ/mol)
CATM	1.01951	0.99701	1.22	−33.27
MATM	1.04036	0.997	0.84	−32.35
FATM	1.15898	0.99189	1.75	−34.17

续表

缓蚀剂	斜率	线性回归度	$k(\times 10^4)$	$\Delta G^0_{ads}/(kJ/mol)$
3,4 DATM	0.97208	0.99044	1.12	−33.07
2,5 DATM	0.99792	0.9971	1.79	−34.23

从图 5-17 和表 5-8 可知，在含 5 种肟醚基三氮唑化合物的 1mol/L HCl 中，c/θ-c 表现出较好的线性相关度，其线性相关系数及斜率接近于 1，表明在 298K 时碳钢表面缓蚀剂分子的吸附符合 Langmuir 吸附等温式。根据 Langmuir 吸附模型的基本假设，可以认为缓蚀剂分子在电极表面的吸附很有可能是单分子层吸附，并且吸附分子之间无相互作用力[50]。

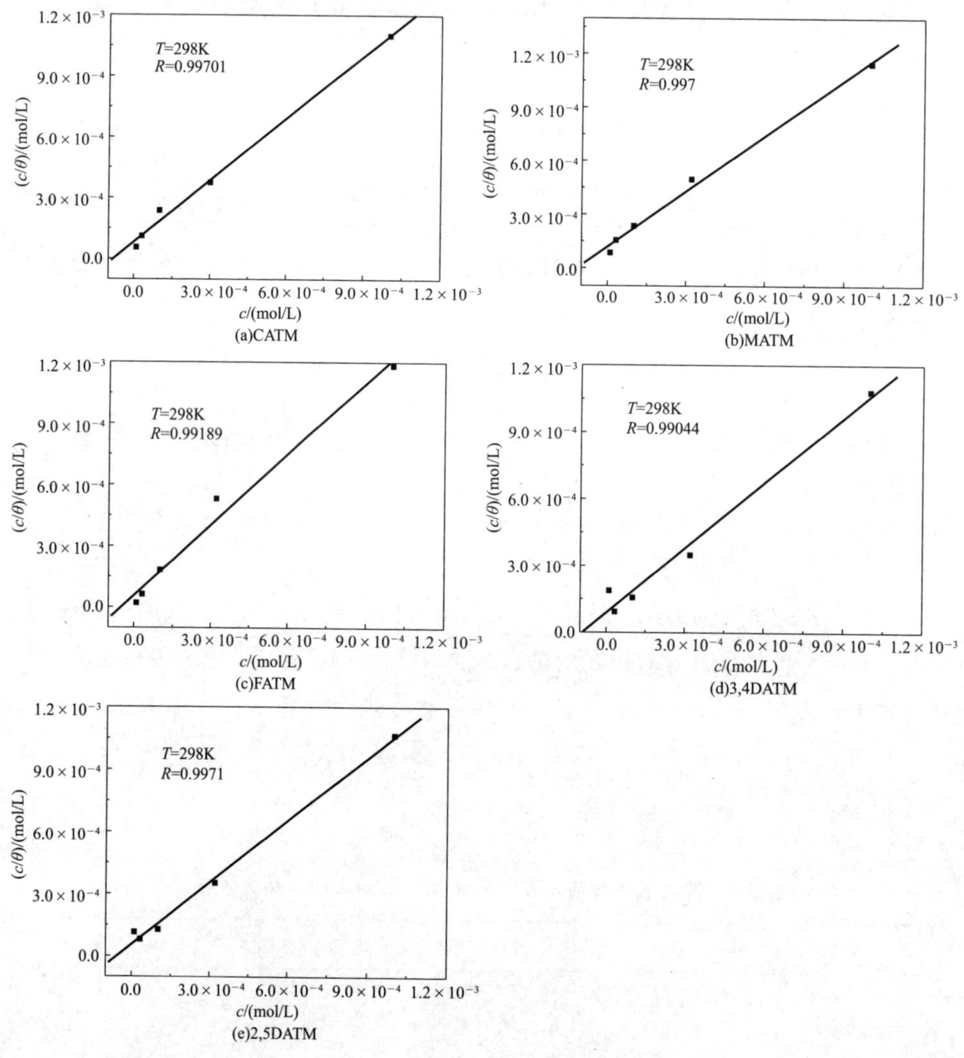

图 5-17 含肟醚基三氮唑化合物在碳钢表面吸附的 Langmuir 等温式拟合

此外，从表5-8热力学参数可以看出，ΔG_{ads}^{0}均为负值，这说明缓蚀剂在碳钢表面的吸附应属自发过程。通常认为，当ΔG_{ads}^{0}绝对值小于20kJ/mol时，缓蚀剂分子在碳钢上吸附主要是静电相互作用，属于物理吸附，而当ΔG_{ads}^{0}绝对值大于40kJ/mol时，则判断是碳钢与缓蚀剂分子通过电荷共享或转移形成共价键的化学吸附。

本研究计算得到的ΔG_{ads}^{0}范围均在$-35\sim-32$kJ/mol之间，表明含肟醚基三氮唑分子在碳钢上的吸附既不是单一的物理吸附也不是单一的化学吸附，而是两种吸附共同作用的结果。

图5-18为298K时，试样分别浸泡在1mol/L HCl和含有1.0×10^{-3}mol/L缓蚀剂的1mol/L HCl溶液中3h后的SEM图。可见，在不加缓蚀剂的空白溶液中，试样表面上有孔蚀与点蚀现象，表明碳钢表面受到酸性介质的严重侵蚀。而

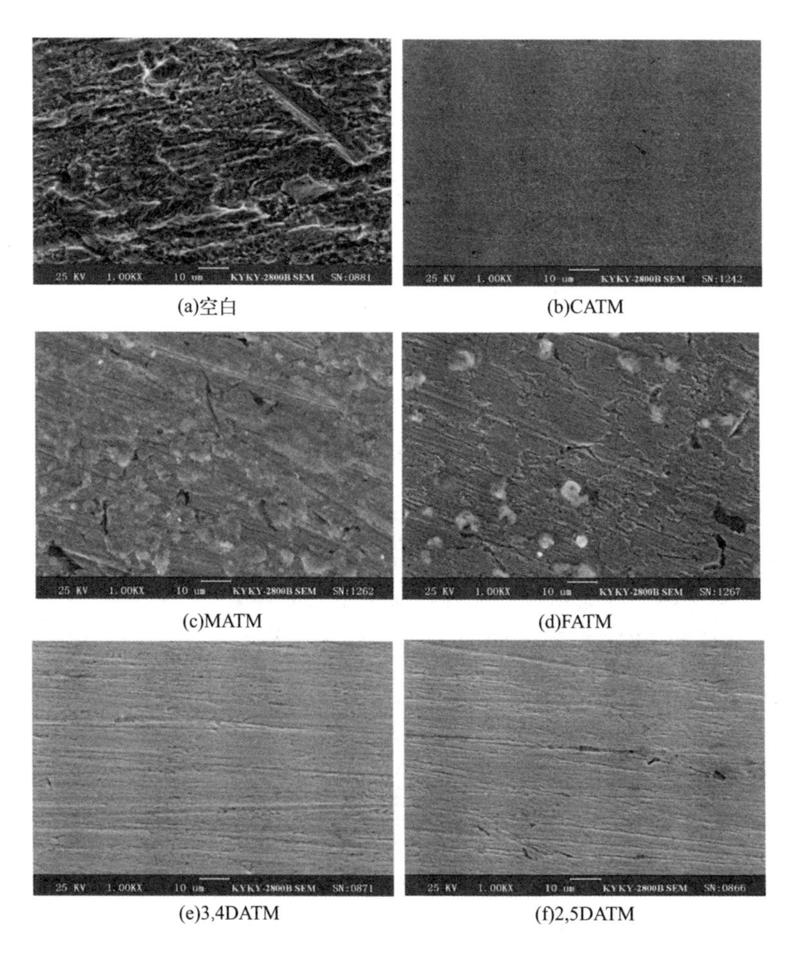

(a)空白 (b)CATM

(c)MATM (d)FATM

(e)3,4DATM (f)2,5DATM

图5-18 浸泡在不同腐蚀体系中碳钢表面的腐蚀形貌

添加缓蚀剂的试样表面较平整、均匀，腐蚀程度较未加缓蚀剂的有很大减缓，表明含肟醚基三氮唑分子吸附在碳钢表面并形成了一层致密的保护膜，从而使碳钢在酸性介质中的腐蚀得到抑制。

本研究对 5 种含肟醚基三氮唑化合物采用量子化学计算方法进行分子几何全优化，优化结构及其前线分子轨道电荷密度分布见图 5-19，相关量子化学参数如最高占据分子轨道能量 E_{HOMO}、最低未占据分子轨道能量 E_{LUMO}、ΔE、μ 等数据如表 5-9 所示。

表 5-9 含肟醚基三氮唑化合物的量子化学参数

缓蚀剂	E_{HOMO}/eV	E_{LUMO}/eV	ΔE/eV	μ/deb
CATM	−9.30206	2.11633	11.41839	5.1042
MATM	−9.7398	2.73485	11.33053	8.4037
FATM	−9.340808	2.366233	11.70704	5.2582
3,4 DATM	−9.49443	1.84188	11.33632	4.4712
2,5 DATM	−9.7398	2.30426	12.04406	6.8387

注：1 deb=3.33564×10^{-30} C·m。

量子化学的前线轨道理论认为：E_{HOMO} 是分子给电子能力的量度，E_{HOMO} 越小，该轨道中的电子越稳定，分子给电子能力越小；E_{LUMO} 与分子的电子亲和能直接相关，其值越小，电子进入该轨道后体系能量降低得越多，该分子接受电子的能力越强；HOMO 与 LUMO 的轨道能之差 ΔE 也是重要的稳定性指标，其差越大稳定性越好，在化学反应中的活性越差[50]。

图 5-19 为各化合物前线分子轨道的电荷密度分布图，可以看出，5 种三氮唑分子的 HOMO 的电荷密度分布相似，其苯环、—C═N 双键及其各个取代基上电荷密度最为密集，而 Fe 原子的电子轨道分布为［Ar］$3d^6 4s^2$，3d 轨道是未充满的，由此上述各官能团较容易提供 π 电子与金属 Fe 的空 d 轨道形成配位键。同时其 LUMO 的电荷密度主要集中在分子结构中的苯环上，这说明苯环体系容易以电子受体的方式接受 Fe 4s 轨道的电子形成反馈键。从前线分子轨道的电荷密度分布可以看出，5 种三氮唑分子的化学吸附活性中心集中在苯环、—C═N 双键及其各个取代基上[50]。

从表 5-10 发现三氮唑类分子的缓蚀效率与 E_{HOMO} 和 E_{LUMO} 及 μ 的关系并不存在规律性变化，可以判定含肟醚基三氮唑分子在碳钢上的作用不是单一的化学吸附或者物理吸附，很可能是两种吸附作用共存[50]。这一结论与前面对热力学参数 ΔG^0_{ads} 的讨论结果一致。

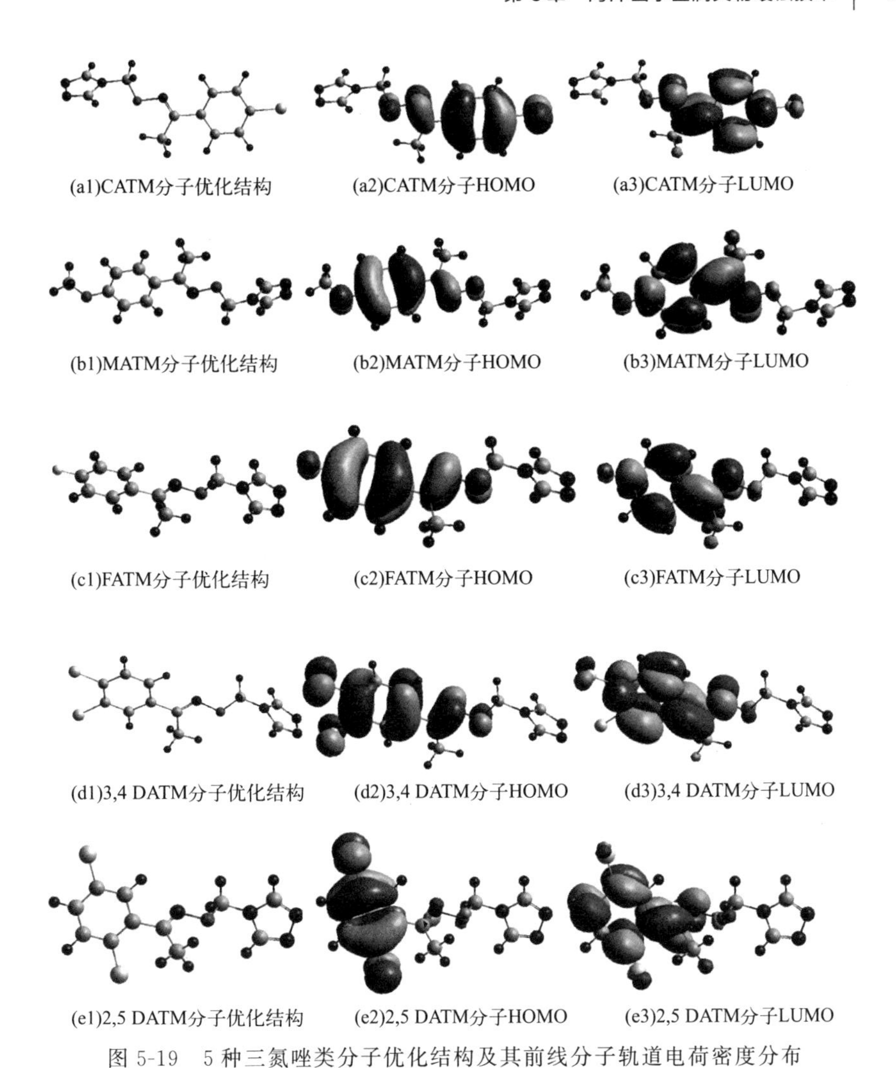

图 5-19 5种三氮唑类分子优化结构及其前线分子轨道电荷密度分布

表 5-10 不同实验方法所得缓蚀效率和平均缓蚀效率

缓蚀剂	c/(mol/L)	IE_w/%	IE_i/%	IE_z/%	IE_m/%
CATM	1.0×10^{-5}	17.9	3.8	14.9	12.2
	3.2×10^{-5}	28.9	8.1	17.4	18.1
	1.0×10^{-4}	43.3	59.6	38.5	47.1
	3.2×10^{-4}	80.1	89.4	85.3	84.9
	1.0×10^{-3}	90.6	97.5	96.8	94.9
MATM	1.0×10^{-5}	11.8	34.4	37.7	27.9
	3.2×10^{-5}	20.7	61.4	52.0	44.7
	1.0×10^{-4}	42.6	78.5	68.9	63.3
	3.2×10^{-4}	64.5	82.1	73.5	73.4
	1.0×10^{-3}	87.4	94.0	93.8	91.7

续表

缓蚀剂	c/(mol/L)	IE_w/%	IE_i/%	IE_z/%	IE_m/%
FATM	1.0×10^{-5}	42.8	50.1	31.5	41.5
	3.2×10^{-5}	51.0	73.5	49.0	57.8
	1.0×10^{-4}	55.3	77.8	67.9	67.0
	3.2×10^{-4}	60.2	82.4	72.3	71.6
	1.0×10^{-3}	84.5	94.0	93.5	90.7
3,4 DATM	1.0×10^{-5}	5.34	27.5	23.3	18.7
	3.2×10^{-5}	34.6	73.0	49.5	52.3
	1.0×10^{-4}	64.2	85.8	68.8	72.9
	3.2×10^{-4}	91.9	98.4	98.1	96.1
	1.0×10^{-3}	92.8	98.7	98.7	96.7
2,5 DATM	1.0×10^{-5}	8.7	23.5	25.8	19.3
	3.2×10^{-5}	39.8	51.8	43.9	45.2
	1.0×10^{-4}	78.7	85.3	76.9	80.3
	3.2×10^{-4}	91.2	95.1	93.3	93.2
	1.0×10^{-3}	94.0	98.4	98.0	96.8

本研究采用 Lukovits 等人提出的非线性模型，建立 5 种含肟醚基三氮唑类缓蚀剂的定量构效关系（QSAR）方程，研究其缓蚀剂分子结构与缓蚀效率的关系，其中非线性方程涉及的自变量为缓蚀剂浓度 c_{inh} 及量子化学参数 E_{HOMO}、E_{LUMO}、μ，因变量为平均缓蚀效率 IE_m（表 5-10），QSAR 方程如下：

$$n=(A_{xi}+B)c_i/[1+(A_{xj}+B)\times c_i]\times100\% \tag{5-9}$$

式中，A_{xj} 为第 j 种缓蚀剂的量子化学参数 E_{HOMO}、E_{LUMO}、μ；c_i 为第 i 种浓度；A、B 为回归系数。

拟合后的 QSAR 方程如下：

$$IE=\frac{(AE_{HOMO}+BE_{LUMO}+C\mu-D)c_{inh}}{1+[(AE_{HOMO}+BE_{LUMO}+C\mu-D)c_{inh}]}\times100\% \tag{5-10}$$

式中，$A=-121119$，$B=88292$，$C=-29486$，$D=1152226$。

根据 QSAR 方程计算得到缓蚀剂缓蚀效率理论值与实验值关系如图 5-20 所示，其关联系数 R 为 0.96442，一般认为 $R>0.9$ 意味着有显著影响，$R>0.8$ 影响比较显著，$R>0.7$ 有一定影响，$R<0.6$ 影响可以忽略，实验表明上述 QSAR 方程不仅可以确定含肟醚基三氮唑类缓蚀剂分子结构参数对缓蚀剂性能的影响程度，还可以预测相关化合物的缓蚀效率[50]。

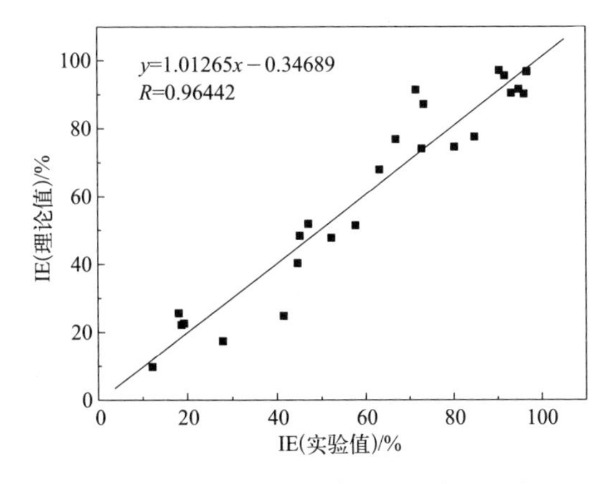

图 5-20 缓蚀效率实验值与理论值的相关性

5.9.7 新型均三唑环三氮唑缓蚀剂实施工艺研究[50]

在众多三唑类化合物中，均三唑环三氮唑类化合物是较为重要的一类，其具有很多药理活性，如止痛、消炎、杀（抗）菌、除草、杀虫、抗病毒、降血压及植物生长调节活性等。由于其结构上的特点，可以发生很多新颖的反应，在含氮杂环有机物的合成中占有很重要的地位，被广泛作为合成各类杂环和稠环化合物的关键中间体。同时均三唑环三氮唑类化合物含有多个活性吸附中心，如 O、N 等电负性原子及共轭体系，作为缓蚀剂具有结构上的优势。基于均三唑环三氮唑类化合物生物活性强、低毒、可作缓蚀剂的特点，本研究合成了一个系列的环境友好型均三唑环三氮唑类缓蚀剂，对其缓蚀机理进行深入探究[50]。

本实验一共涉及了三种均三唑环三氮唑类化合物，分别为 1-苯次甲基亚氨基-2-巯基-5-[1-(1′,2′,4′-三氮唑)]亚甲基 1,3,4-三氮唑（简称 PMTT）、1-[3″-硝苯基）次甲基亚氨基-2-巯基-5-[1′-(1′,2′,4′-三氮唑)]亚甲基 1,3,4-三氮唑（简称 NMTT）、1-[4″-(*N*″,*N*″-二甲氨)苯基]次甲基亚氨基-2-巯基-5-[1′-(1′,2′,4′-三氮唑)]亚甲基 1,3,4-三氮唑（简称 DMTT）[50]，对应如表 5-11。综合文献报道的方法，合成路线如图 5-21。

在安装有回流冷凝管、搅拌器的 250mL 四口反应瓶中加入 0.1mol 三氮唑、丙酮 150mL、K_2CO_3 0.1mol 和氯乙酸乙酯 0.1mol，加热回流，反应 12 小时后，抽滤，滤液减蒸得中间体Ⅰ[50]。

在安装有回流冷凝管、搅拌器的 250mL 四口反应瓶中加入 0.1mol 水合肼、中间体Ⅰ和 80mL 乙醇，搅拌回流 12 小时后，将反应液进行蒸馏，蒸出约

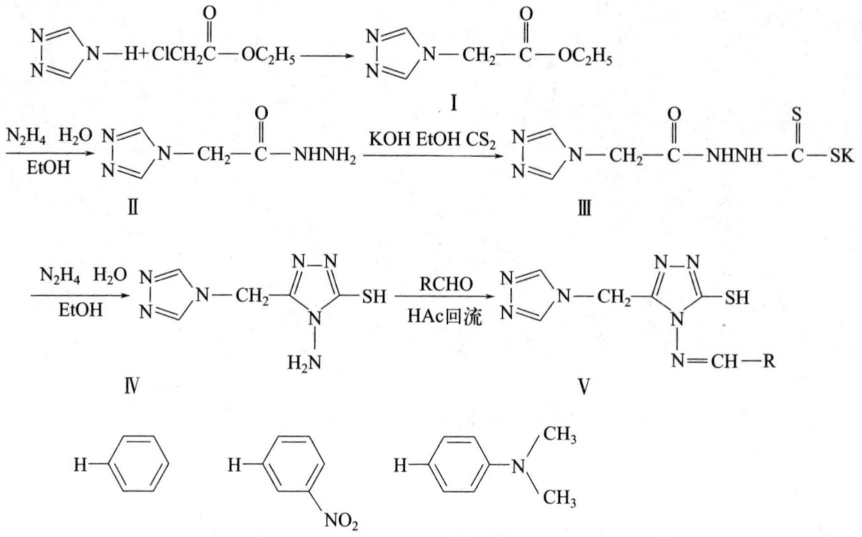

图 5-21 均三唑环三氮唑类化合物合成路线

50mL 液体，残留液自然冷却到室温即有固体Ⅱ析出，抽滤，洗涤，烘干[50]。

在安装有回流冷凝管、搅拌器、温度计及 50mL 恒压滴液漏斗的干燥 250mL 四口反应瓶中分别加入 0.1mol 三唑乙酰肼Ⅱ、100mL 乙醇、0.15mol KOH，搅拌溶解后，滴加 0.15mol CS_2，控制滴加速度，大约 3 小时滴完，室温反应 12 小时，反应结束，经抽滤，得白色固体——钾盐Ⅲ。称取 0.1mol 钾盐、0.2mol 水合肼、150mL 乙醇，加入至 250mL 三口烧瓶中。加热回流，反应 20 小时，冷却，倒入冰水中，过滤，滤液加酸调至 pH＝3～4，有白色固体生成，经抽滤，得中间体Ⅳ[50]。

表 5-11 均三唑环三氮唑类化合物的分子结构及对应的名称

分子结构	名称	缩写
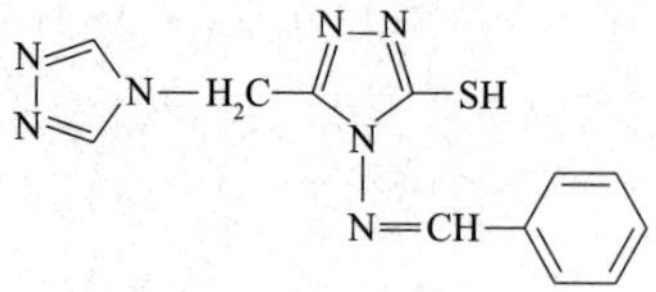	1-苯次甲基亚氨基-2-巯基-5-[1′-(1′,2′,4′-三氮唑)]亚甲基 1,3,4-三氮唑	PMTT
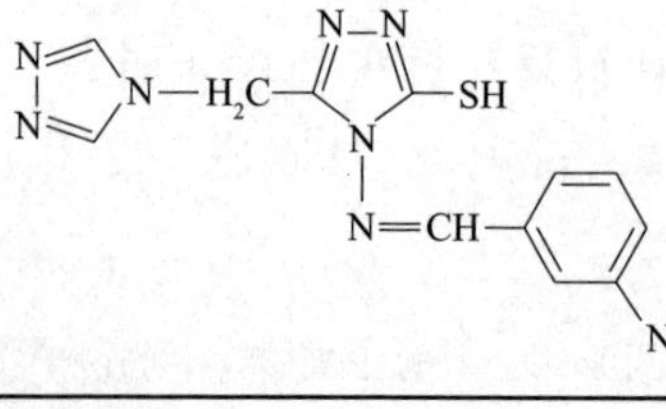	1-(3″-硝苯基)次甲基亚氨基-2-巯基-5-[1′-(1′,2′,4′-三氮唑)]亚甲基 1,3,4-三氮唑	NMTT

续表

分子结构	名称	缩写
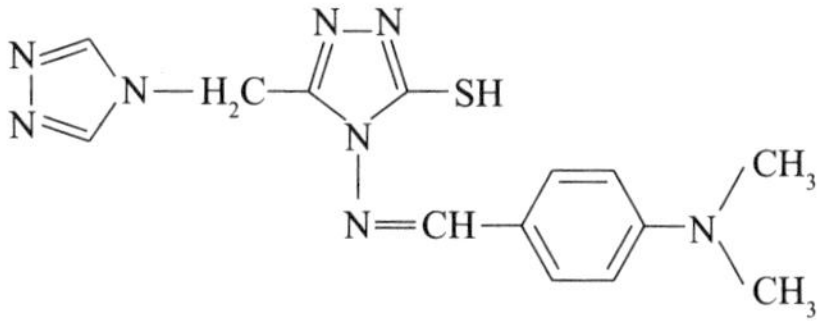	1-[4″-(N″,N″-二甲氨)苯基]次甲基亚氨基-2-巯基-5-[1′-(1′,2′,4′-三氮唑)]亚甲基1,3,4-三氮唑	DMTT

在安装有回流冷凝管、搅拌器的150mL三口反应瓶中分别加入中间体Ⅳ 5mmol，取代的苯甲醛5mmol，乙酸20mL，加热回流20分钟，冷却，析出固体，过滤，即为粗产品，用乙醇重结晶得目标产物，熔点参数和文献一致[50]。

除三种均三唑环三氮唑化合物为实验室合成并提纯外，其余H_2SO_4等试剂均采用国内试剂厂家的分析纯级别产品[50]。实验所用金属材料为Q235碳钢，其碳钢成分如表5-12所示。

表5-12 Q235碳钢成分（质量分数） 单位：%

C	Mn	Si	Cu	S	P	Fe
0.17	0.46	0.26	0.019	0.017	0.0047	余量

失重实验参照JB/T 7901—1999执行，将Q235钢加工成30mm×15mm×15mm试样，依次用80#、100#、240#、400#水磨砂纸将试样各面逐级磨光，用蒸馏水清洗，再经无水乙醇浸泡，超声清洗脱脂，吸水纸擦干，置于干燥皿内干燥24h后用分析天平精确称重。将经过处理的碳钢试样分别置于含有各浓度缓蚀剂的0.5mol/L H_2SO_4溶液中，并以未添加任何缓蚀剂的0.5mol/L H_2SO_4溶液作为空白对照。酸液体积为1000mL，碳钢试样在酸液中浸泡3h后取出，以水冲洗，擦去表面附着物等杂质，置于无水乙醇中超声清洗，后置于干燥器中24h至恒重，最后用分析天平精确称重。每个试样浓度的溶液分别做三个碳钢平行样，求平均值[53]。失重实验采用下面公式计算其腐蚀速率：

$$v=\frac{m_0-m_1}{St} \tag{5-11}$$

式中，v为腐蚀速率，$g/(m^2 \cdot h)$；m_0为失重前质量，g；m_1为失重质量，g；S为试样表面积，m^2；t为试样腐蚀时间，h。

缓蚀效率IE采用下面公式计算：

$$IE=\frac{v_0-v_1}{v_0}\times 100\% \tag{5-12}$$

式中，v_0为没有添加缓蚀剂试样的腐蚀速率；v_1为添加缓蚀剂后试样的腐蚀速率。

电化学测试的试样材质同失重实验，除工作面（10mm×10mm）外其余各面用环氧树脂封装，分别以400#、600#、800#、1200#水磨砂纸将工作面逐级磨光，浸入无水乙醇中超声清洗脱脂，作为工作电极。

以PARSTAT2273电化学工作站（美国）为电化学测试使用仪器，实验采用三电极体系。碳钢电极为工作电极，对电极为铂电极（20mm×20mm），参比电极为带有毛细管的饱和甘汞电极，所测得的电位均相对于SCE。安装好装置之后，将待测溶液加入电解池中。工作电极在含不同浓度缓蚀剂的硫酸中浸泡30min后，测定开路电位（OCP），观察开路电位随时间的变化，直到开路电位稳定，即在5min内OCP变化小于2mV。

动电位极化曲线测试的扫描速率为0.5mV/s，扫描范围为－250～250mV（相对于开路电位），实验数据由计算机控制的Powersuite软件采集与分析。

电化学交流阻抗（EIS）测量采用的激励信号为正弦波，振幅为10mV，扫描频率范围为95kHz～10MHz，用ZSimpWin软件拟合，分析数据。

使用Hyperchem7.5程序中的从头算方法在3-21G* 基组水平对研究的均三唑环三氮唑化合物进行几何全优化。获得相关参数，即最高占据分子轨道HOMO和最低未占据分子轨道LUMO的电子密度、轨道密度分布、能量及两者之间的能量差、分子偶极距μ，并建立QSAR方程[50]。

5.9.8 新型均三唑环三氮唑缓蚀剂实施工艺结果[50]

在不同温度条件下，以失重法对均三唑环三氮唑化合物进行测试，缓蚀剂浓度分别为1.0×10^{-5}mol/L、3.2×10^{-5}mol/L、1.0×10^{-4}mol/L、3.2×10^{-4}mol/L、1.0×10^{-3}mol/L，未添加任何缓蚀剂的0.5mol/L H_2SO_4溶液作为空白对照[50]，结果见表5-13。

从表5-13可以看出，在298K时，低浓度下缓蚀剂PMTT和NMTT没有起到缓蚀的作用，相反却加速了碳钢的腐蚀。当缓蚀剂浓度达到3.2×10^{-4}mol/L时，上述两种缓蚀剂才对碳钢有一定的缓蚀效果，表明在低浓度的条件下，PMTT和NMTT对电化学过程起到的是催化剂的作用。而在整个浓度范围内缓蚀剂DMTT均对碳钢起到缓蚀的作用，且缓蚀效率随着浓度的增加逐渐升高，当缓蚀剂浓度达到1.0×10^{-3}mol/L时，缓蚀效率达到88%，显示出优良的缓蚀性能。在298K，缓蚀剂浓度为1.0×10^{-3}mol/L时，3种缓蚀剂的缓蚀效率为DMTT＞NMTT＞PMTT[50]。

从表5-13还可以看出碳钢的腐蚀速率随着温度的升高而加剧，各种缓蚀剂的缓蚀效率逐渐降低，对于这一现象给出的解释是：缓蚀剂分子的热运动随着温度的升高而加速，碳钢表面对于缓蚀剂分子的吸附逐渐减少，从而增大了碳钢与腐蚀介质相接触的表面积，Fe原子更易失去电子，以Fe^{2+}的形式进入溶液中，加快了其溶解速度。温度愈高，缓蚀剂分子越容易从碳钢表面脱附，结果导致碳钢的腐蚀速率随着温度的升高而增加[50]。

表5-13 不同温度下均三唑环三氮唑化合物在0.5mol/L H_2SO_4中的失重数据

缓蚀剂	浓度/(mol/L)	腐蚀速率/[mg/(cm^2·h)](298K)	缓蚀效率/%	腐蚀速率/[mg/(cm^2·h)](308K)	缓蚀效率/%	腐蚀速率/[mg/(cm^2·h)](318K)	缓蚀效率/%
PMTT	空白	12.1	/	26.6	/	/	/
	1.0×10^{-5}	19.9	−64.4	29.4	−10.6	/	/
	3.2×10^{-5}	20.8	−71.9	38.5	−44.7	/	/
	1.0×10^{-4}	14.5	−19.8	43.9	−65.0	/	/
	3.2×10^{-4}	7.3	39.7	22.7	14.7	/	/
	1.0×10^{-3}	3.8	68.6	10.5	60.5	/	/
NMTT	空白	12.0	/	25.5	/	55.6	/
	1.0×10^{-5}	13.6	−13.0	32.1	−25.9	52.3	5.9
	3.2×10^{-5}	15.2	−26.6	39.7	−55.7	51.1	8.1
	1.0×10^{-4}	16.5	−37.5	37.5	−47.0	52.9	4.8
	3.2×10^{-4}	8.2	31.7	16.4	35.7	59.8	−7.6
	1.0×10^{-3}	2.8	76.7	9.2	64.0	19.3	65.1
DMTT	空白	11.7	/	24.0	/	54.7	/
	1.0×10^{-5}	9.9	15.3	23.8	0.8	47.4	13.3
	3.2×10^{-5}	9.2	21.3	21.7	9.6	50.7	7.3
	1.0×10^{-4}	7.1	39.3	15.1	37.1	47.2	13.7
	3.2×10^{-4}	2.8	76.0	7.1	70.4	27.9	49.0
	1.0×10^{-3}	1.4	88.0	3.5	85.4	11.3	79.3

图5-22为碳钢电极在不同浓度的均三唑环三氮唑化合物在0.5mol/L H_2SO_4溶液中的动电位极化曲线。相关的电化学参数采用Powersuite软件拟合，数据列于表5-14。其中缓蚀效率的计算采用如下公式：

$$IE_{(i)}=\frac{j_{corr}^{0}-j_{corr}}{j_{corr}^{0}}\times100\% \tag{5-13}$$

腐蚀电流密度是通过外推法求得，其中j_{corr}^{0}、j_{corr}分别为不加与加入缓蚀剂时的腐蚀电流密度。

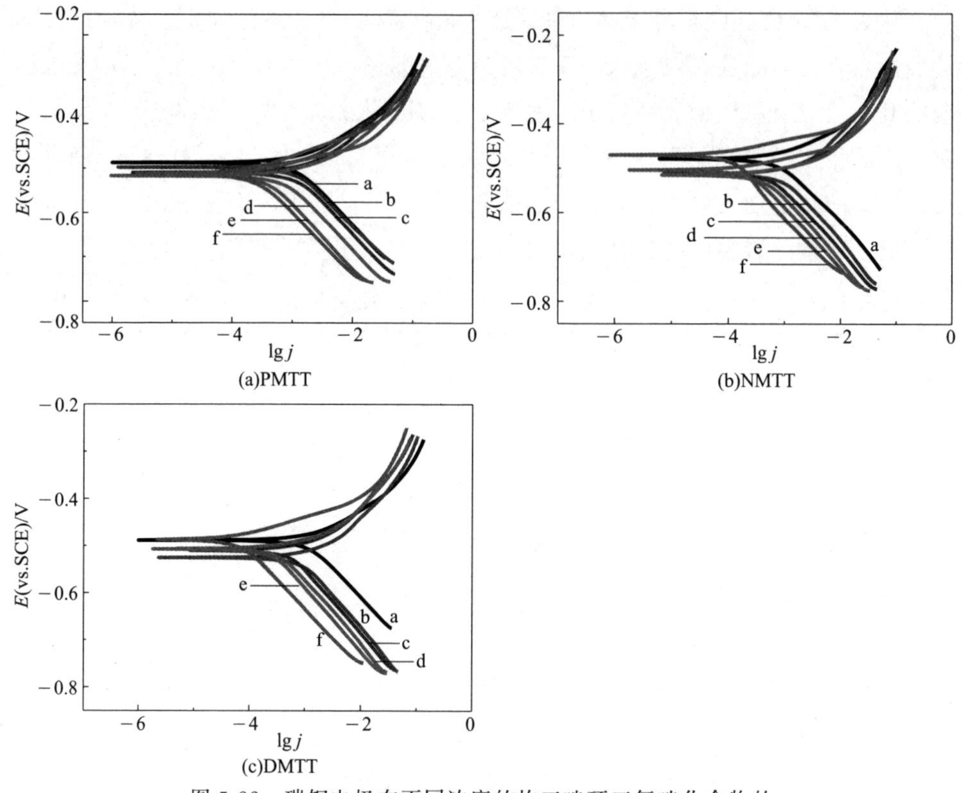

图 5-22 碳钢电极在不同浓度的均三唑环三氮唑化合物的 0.5mol/L H_2SO_4 溶液中的动电位极化曲线

a—空白；b—1.0×10^{-5}mol/L；c—3.2×10^{-5}mol/L；d—1.0×10^{-4}mol/L；e—3.2×10^{-4}mol/L；f—1.0×10^{-3}mol/L

从图 5-22 中可以看出，在不同浓度下三种三唑化合物的阴极极化曲线的形状都没有明显的变化，与碳钢在空白硫酸溶液中的阴极极化曲线基本平行，说明缓蚀剂分子的加入没有影响阴极析氢反应历程。加入缓蚀剂后，与空白溶液相比，阴极极化曲线向低电流方向移动，表明阴极反应过程受到抑制。对于缓蚀剂 PMTT 和 NMTT，加入缓蚀剂后，阳极极化曲线明显地向电流增大的方向移动，说明碳钢阳极金属溶解反应受到活化，缓蚀剂表现出对阳极的正催化作用，并且在低浓度时缓蚀剂对阳极反应的催化作用显著大于对腐蚀过程阴极反应的抑制作用，这一研究解释了 PMTT 和 NMTT 在低浓度下促进碳钢腐蚀的原因[50]。

从表 5-14 中知，对于缓蚀剂 PMTT，腐蚀电流密度 j_{corr} 随着缓蚀剂浓度的增加而逐渐增大，到达一定浓度时，随着浓度的增加腐蚀电流密度 j_{corr} 开始逐渐减小，而 NMTT 的腐蚀电流密度不断减小。缓蚀剂 DMTT 缓蚀效率则随着浓度的增加逐渐升高，且在浓度达到 10^{-3}mol/L 时，缓蚀效率均达到 96%以上，显示出良好的缓蚀性能。对 3 种缓蚀剂的缓蚀效率进行比较，为 DMTT>

NMTT>PMTT，其规律与失重法测得的结果具有较好的一致性。对同一缓蚀剂，从表5-14可以看出其阴极塔菲尔常数β_c较空白溶液相差不大，表明其缓蚀剂的加入没有改变阴极析氢反应，而阳极塔菲尔常数β_a有较为明显的变化，说明碳钢的阳极机理发生了改变[50]。这与图5-22，对动电位极化曲线的分析得到的结论一致。

表5-14　碳钢在0.5mol/L H_2SO_4中的电化学参数

缓蚀剂	c/(mol/L)	E_{corr}/mV	j_{corr}/(μA/cm^2)	β_c/(mV/dec)	β_a/(mV/dec)	IE/%
空白		−490.4	1482	151	73.2	/
PMTT	1.0×10^{-5}	−500.5	1706	148.2	89.3	−15
	3.2×10^{-5}	−510.8	1830	166.5	91.9	−23
	1.0×10^{-4}	−516.1	1032	148.6	67.2	30
	3.2×10^{-4}	−510.0	304	119.7	34.1	79
	1.0×10^{-3}	−509.9	236	120.1	50.7	84
NMTT	1.0×10^{-5}	−517.1	1620	181.7	129.0	−9
	3.2×10^{-5}	−513.2	916	173.1	80.8	38
	1.0×10^{-4}	−522.1	660	161.4	71.8	55
	3.2×10^{-4}	−503.6	220	130.2	36.3	85
	1.0×10^{-3}	−469.8	108	150.9	34.5	92
DMTT	1.0×10^{-5}	−531.911	1181	155.8	88.3	20
	3.2×10^{-5}	−518.483	925	162.7	104.6	37
	1.0×10^{-4}	−511.027	375	169.4	60.0	74
	3.2×10^{-4}	−504.295	194	130.7	38.4	87
	1.0×10^{-3}	−486.626	63	124.6	39.1	96

一般认为只有当自腐蚀电位的变化在85mV以上时才可以判定该缓蚀剂为阴极型或者阳极型，通过对碳钢电极在加有缓蚀剂和空白溶液中的腐蚀电位的比较，可以认为该类缓蚀剂为混合型缓蚀剂。

图5-23为碳钢在0.5mol/L H_2SO_4溶液中加入不同缓蚀剂时的Nyquist图。从Nyquist图看出，在自腐蚀电位下，缓蚀剂浓度为1.0×10^{-5}mol/L时，即在低浓度覆盖的条件下，三种缓蚀剂的阻抗谱表现为一个单一的容抗弧，电荷转移步骤控制了碳钢电极表面的腐蚀过程。而当缓蚀剂浓度高于1.0×10^{-5}mol/L时，其阻抗谱由一个高频端的容抗弧和一个低频端的感抗弧组成，表现为两个时间常数，其中容抗弧这部分阻抗谱是由碳钢电极表面的电荷转移控制引起的，而低频端的感抗弧则与缓蚀粒子在电极表面的吸附-脱附过程有关[50]。

由此本研究采用R（QR）等效电路对低浓度条件下（1.0×10^{-5}mol/L）的阻抗谱进行拟合，对有两个时间常数的阻抗谱采用R[QR(LR)]等效电路进行

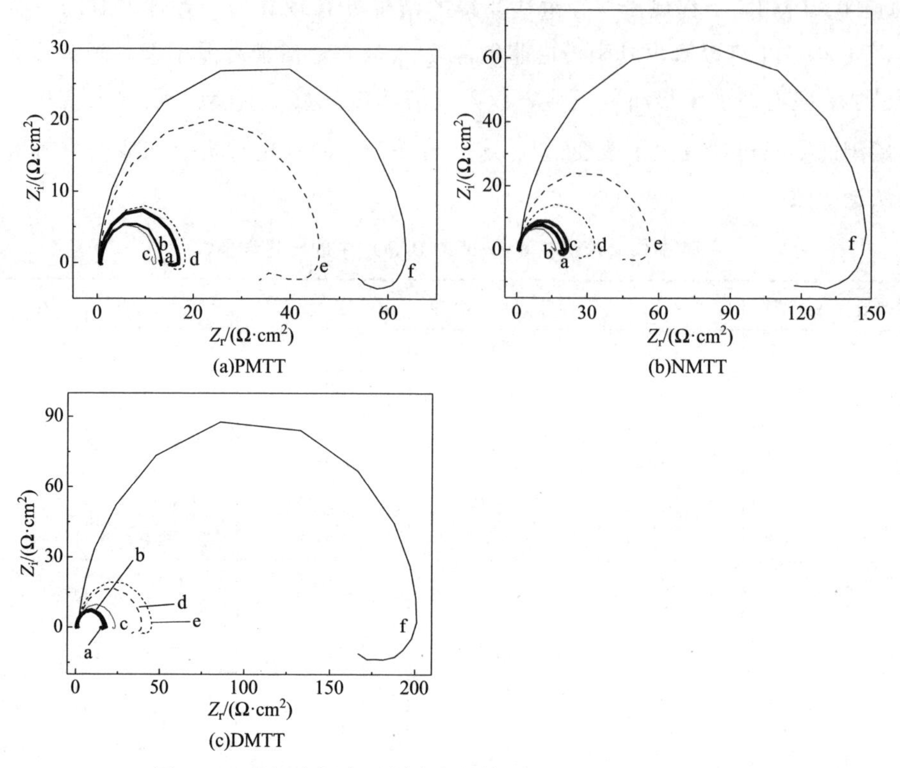

图 5-23　碳钢电极在不同浓度的均三唑环三氮唑化合物的 0.5mol/L H_2SO_4 溶液中的 Nyquist 图

a—空白；b—1.0×10^{-5}mol/L；c—3.2×10^{-5}mol/L；d—1.0×10^{-4}mol/L；e—3.2×10^{-4}mol/L；f—1.0×10^{-3}mol/L

拟合（如图 5-24），其中 R_s 为溶液电阻，R_{ct} 为电荷转移电阻，CPE 为常相位角元件，L 为等效电感，R_o 为等效电阻，对应的拟合参数列于表 5-15，并根据所得的电荷转移电阻计算其缓蚀效率[50]，缓蚀效率的计算公式如下：

$$IE_{(R)}=\frac{R_{ct}-R_{ct}^0}{R_{ct}}\times100\% \tag{5-14}$$

式中，R_{ct}、R_{ct}^0 分别为加与不加缓蚀剂的电荷转移电阻。

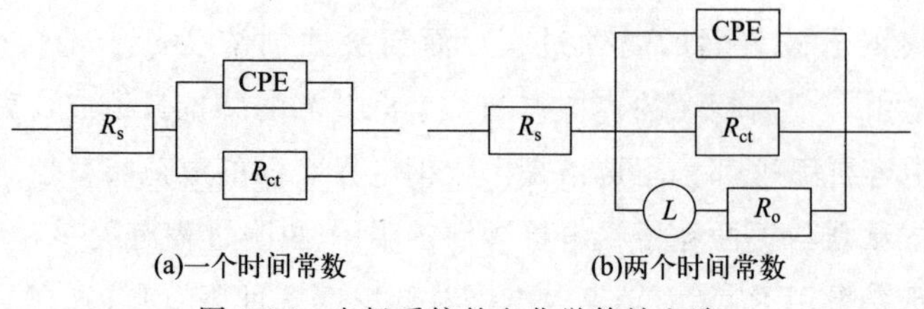

图 5-24　电极系统的电化学等效电路

从表5-15可以看出，对于缓蚀剂PMTT，在浓度为1.0×10^{-5}mol/L时，电荷转移电阻R_{ct}较空白溶液的小，而双电层电容增大，表明低浓度时，缓蚀剂对碳钢的腐蚀起到了催化剂的作用[50]。对于有机化合物在低浓度下加速金属腐蚀，可能与有机物和金属在表面形成的螯合物的氧化有关，即吸附在金属表面的螯合物发生了电荷转移[50]，公式如下：

$$[Fe(OH)\cdot inh_n]_{ads} = [Fe(OH)\cdot inh_n]^{+}_{sol} + e^{-} \quad (5\text{-}15)$$

在这种情况下，缓蚀剂对金属的腐蚀就起到了催化剂的作用。

表5-15 三种缓蚀剂的交流阻抗拟合参数及缓蚀效率

缓释剂	c/(mol/L)	R_s/($\Omega\cdot cm^2$)	R_{ct}/($\Omega\cdot cm^2$)	C_{dl}/($\mu F/cm^2$)	n	H	R_o	IE/%
空白		0.6	16	131	0.98	518	179.1	/
PMTT	1.0×10^{-5}	0.9	12.3	198	0.981			−29
	3.2×10^{-5}	0.5	11.4	114	0.946	404	304.5	−39
	1.0×10^{-4}	0.5	17.5	139	1	155	111.2	8
	3.2×10^{-4}	0.6	43.7	46.8	0.961	407	189.4	63
	1.0×10^{-3}	0.4	61.2	41	0.984	878	421.5	74
NMTT	1.0×10^{-5}	1.3	15.0	123	0.953			−6
	3.2×10^{-5}	1.2	20.1	106.3	0.956	332	111.6	20
	1.0×10^{-4}	1.4	31.3	99	0.949	38	148.3	49
	3.2×10^{-4}	1.2	54.4	66	0.948	445	262.0	70
	1.0×10^{-3}	0.8	144.0	57	0.979	1849	475.2	89
DMTT	1.0×10^{-5}	1.2	16.9	126	0.964			05
	3.2×10^{-5}	1.3	22.0	123	0.955	1174	380.4	27
	1.0×10^{-4}	1.3	43.4	73	0.957	709	311.8	63
	3.2×10^{-4}	1.0	63.8	57	0.964	602	338.3	74
	1.0×10^{-3}	1.8	198.1	47	0.945	2087	800.5	91

对于缓蚀剂DMTT，随着浓度的增加，电荷迁移电阻R_{ct}变大，双电层电容降低，这表明随着缓蚀剂浓度的增加，水分子被体积较大的有机缓蚀剂分子取代，缓蚀剂分子在碳钢电极表面形成了吸附保护膜，抑制了金属的腐蚀。同时其CPE常数n也随浓度增大而减小，这是缓蚀剂在碳钢表面吸附发生弥散效应所造成的。对3种缓蚀剂，其缓蚀效率为DMTT>NMTT>PMTT，其规律与失重法和极化曲线测得的结果具有较好的一致性[50]。

失重实验中观察到的缓蚀剂 PMTT 和 NMTT 在低浓度下促进碳钢的腐蚀，不适合应用吸附等温式，所以只对 DMTT 的失重实验数据进行拟合，表面覆盖度 θ（表 5-16）的公式计算如下：

$$\theta=\frac{v_0-v_1}{v_0} \tag{5-16}$$

表 5-16 不同温度下缓蚀剂 DMTT 在碳钢表面的覆盖度 θ

c/(mol/L)	θ(298K)	θ(308K)	θ(318K)
1.0×10^{-5}	0.15	0.008	0.13
3.2×10^{-5}	0.21	0.09	0.07
1.0×10^{-4}	0.39	0.37	0.13
3.2×10^{-4}	0.76	0.70	0.49
1.0×10^{-3}	0.88	0.85	0.79

分别将 θ 代入 Temkin、Frumkin、Freundlich 和 Langmuir 吸附等温式拟合，其拟合结果列于表 5-17，线性关系图见图 5-25。其中，θ 为表面覆盖度；k 为吸附平衡常数；c 是缓蚀剂浓度（mol/L）；n 是一个缓蚀剂分子取代的水分子数目；a 是缓蚀剂分子间的作用参数[50]。

表 5-17 不同温度下缓蚀剂 DMTT 的吸附等温式拟合

温度/K	等温式	线性关系	线性相关系数
298	Langmuir	$\theta/(1-\theta)=kc$	0.9966
308	Frumkin	$\left[\frac{\theta}{n(1-\theta)^n}\right]\exp(-2a\theta)=kc$	0.9588
318	Frumkin	$\left[\frac{\theta}{n(1-\theta)^n}\right]\exp(-2a\theta)=kc$	0.9268

由图 5-25（a）可以看出 c/θ 与 c 的线性相关系数以及直线的斜率都非常接近于 1，这表明在温度为 298K 的条件下，DMTT 在碳钢表面的吸附符合理想的 Langmuir 吸附等温式，即缓蚀剂为单分子层吸附，且吸附分子之间没有相互作用力，这种吸附模型同时也是 Frumkin 吸附等温式的一种特殊情况，也就是说在 $n=1$、$a=0$ 的条件下 Frumkin 吸附等温式可以简化为 Langmuir 吸附等温式。图 5-25（b）和（c）为 308K 和 318K 条件下，n 分别取 2 和 4 时的 Frumkin 吸附等温式[50]。由图 5-25 直线方程的截距计算出 k_{ads}，再根据公式（5-17）计算出吸附的吉布斯自由能，相关的数据均列于表 5-18。

$$k_{ads}=(1/55.5)\exp[-\Delta G_{ads}^{0}/(RT)] \quad (5\text{-}17)$$

式中，55.5 为水分子的浓度，mol/L。

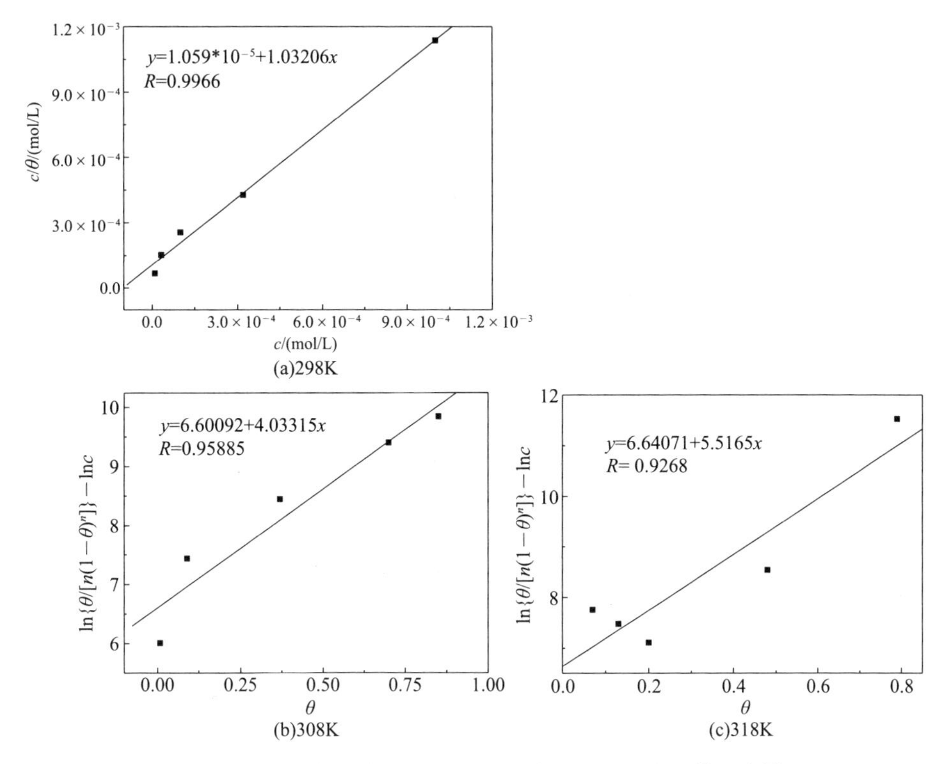

图 5-25　不同温度下缓蚀剂 DMTT 在碳钢表面吸附的等温式模型

从表 5-18 的热力学参数可以看出，在测试的温度范围内 ΔG_{ads}^{0} 均为负值，这表明在硫酸溶液中，缓蚀剂在碳钢表面的吸附均为自发过程。通常认为，ΔG_{ads}^{0} 的绝对值小于 20kJ/mol，就可以认为缓蚀剂分子主要以静电相互作用吸附在碳钢表面，属于物理吸附，若 ΔG_{ads}^{0} 的绝对值大于 40kJ/mol，则可以认为缓蚀剂分子与碳钢表面通过电荷共享或转移形成共价键的化学吸附。在 298K 时 ΔG_{ads}^{0} 值为−32.6kJ/mol，表明 DMTT 分子在碳钢表面的吸附不是单一的物理吸附或者化学吸附，而是这两类吸附共同作用的结果。当温度升高到 308K 及 318K 时，ΔG_{ads}^{0} 的值分别为−27.1kJ/mol、−28.2kJ/mol，表明 DMTT 的化学吸附作用明显受到温度的影响而出现减弱的现象，这有可能与 DMTT 分子中某些活性吸附中心的脱附有关。同时从表 5-18 可以看出 n 值随温度的升高而发生变化，一个缓蚀剂分子由 298K 时的取代 1 个水分子变为取代 2 个及 4 个水分子，这表明缓蚀剂在碳钢表面形成的吸附膜变得更稀薄，致密性降低，这也就是温度升高后碳钢的腐蚀速度加快的原因[50]。

表 5-18 不同温度下缓蚀剂 DMTT 在碳钢表面的热力学参数

温度/K	n	a	k	ΔG_{ads}^{0}/(kJ/mol)
298	1	0	9440	−32.6
308	2	2.01	735	−27.1
318	4	2.75	756	−28.2

本研究采用量子化学的从头算方法对三种均三唑环三氮唑类化合物进行分子几何全优化，优化结构及其前线分子轨道电荷密度分布见图 5-26，相关的量子化学参数如最高占据分子轨道能量 E_{HOMO}、最低未占据分子轨道能量 E_{LUMO}、$\Delta E(E_{LUMO}-E_{HOMO})$、分子偶极矩等数据在表 5-19 中列出。

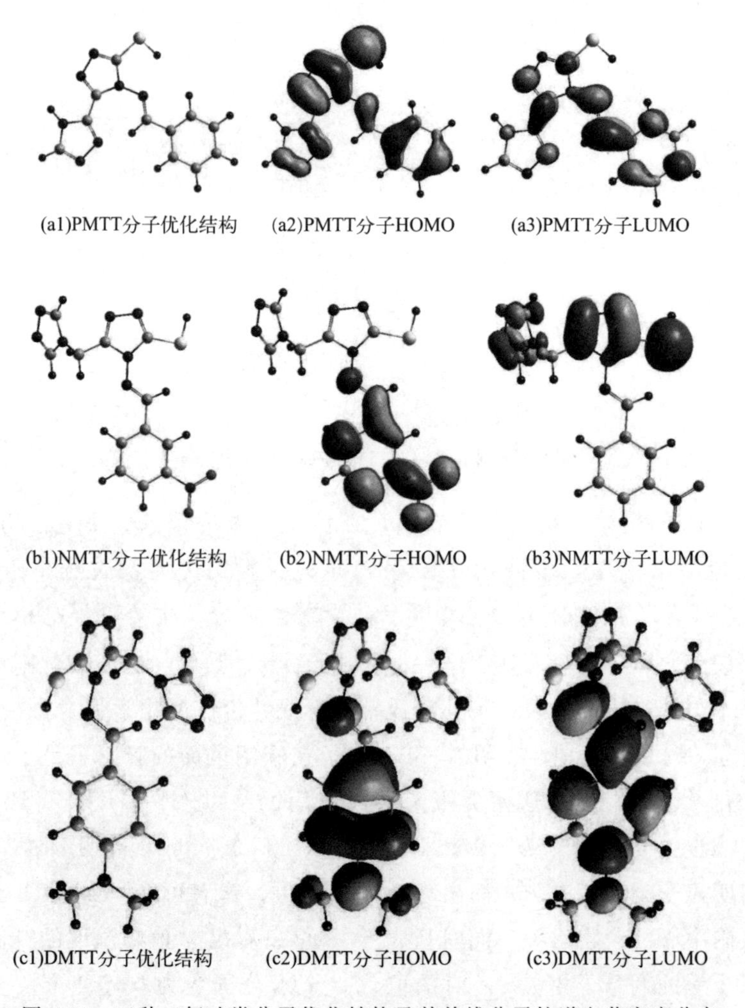

图 5-26 三种三氮唑类分子优化结构及其前线分子轨道电荷密度分布

表 5-19 均三唑环三氮唑类化合物的量子化学参数

缓蚀剂	E_{HOMO}/eV	E_{LUMO}/eV	ΔE/eV	μ/deb
PMTT	−9.13159	1.73511	12.60181	5.3309
NMTT	−10.12764	0.36709	10.49473	7.2265
DMTT	−8.10276	1.95582	10.05859	10.0527

由图 5-26 中 PMTT 的前线分子轨道密度分布图，可以看出其最高占满轨道和最低空轨道的电荷密度分布呈一种“均匀”状态，整个平面中所有的原子对前线分子轨道的贡献基本相同，这种结构不易形成强的活性吸附中心，形成的化学键较弱，这就解释了为什么 PMTT 在三种缓蚀剂中的缓蚀效率最低以及在低浓度下促进腐蚀。而 NMTT 和 DMTT 的 HOMO 电荷密度分布相似，其苯环、$-NO_2$ 及$-N(CH_3)_2$ 基团上的电荷密度最为密集，而 Fe 原子的电子轨道分布为 $[Ar]3d^6 4s^2$，其 3d 轨道是未充满的，由此上述各官能团较容易提供电子与 Fe 原子的空 d 轨道形成配位键。同时 Fe 原子的 4s 轨道是充满电子的，因此，其有可能提供电子与缓蚀剂的 LUMO 作用，也就是说 NMTT 的三唑环体系以及 DMTT 的苯环体系容易与 Fe 原子作用形成反馈键。由此可以看出 NMTT 和 DMTT 分子的化学吸附活性中心主要集中在三唑环、苯环以及各个取代基上[50]。

本研究采用 Lukovits 等人提出的非线性模型，建立均三唑环三氮唑类缓蚀剂的定量构效相关（QSAR）方程，研究缓蚀剂分子结构与缓蚀效率的关系，其中非线性方程涉及的自变量为缓蚀剂浓度 c_{inh} 以及量子化学参数 E_{HOMO}、E_{LUMO}、μ，因变量为平均缓蚀效率 IE_m（表 5-20）[50]，QSAR 方程如下：

$$n=(A_{xi}+B)c_i/[1+(A_{xj}+B)\times c_i]\times 100\% \tag{5-18}$$

式中，A_{xj} 是第 j 种缓蚀剂的量子化学参数 E_{HOMO}、E_{LUMO}、μ；c_i 是第 i 种浓度；A、B 是回归系数。

表 5-20 不同实验方法得到的缓蚀效率和平均缓蚀效率

缓蚀剂	c/(mol/L)	IE_w/%	IE_i/%	IE_z/%	IE_m/%
NMTT	1.0×10^{-5}	−64	−15	−29	−36
	3.2×10^{-5}	−72	−23	−39	−45
	1.0×10^{-4}	−20	30	8	6
	3.2×10^{-4}	40	79	63	61
	1.0×10^{-3}	69	84	74	76

续表

缓蚀剂	c/(mol/L)	IE_w/%	IE_i/%	IE_z/%	IE_m/%
NMTT	1.0×10^{-5}	−13	−9	−6	−9
	3.2×10^{-5}	−27	38	20	10
	1.0×10^{-4}	−37	55	49	22
	3.2×10^{-4}	32	85	70	62
	1.0×10^{-3}	77	92	89	86
DMTT	1.0×10^{-5}	15	20	5	13
	3.2×10^{-5}	21	37	27	28
	1.0×10^{-4}	39	74	63	59
	3.2×10^{-4}	76	87	74	79
	1.0×10^{-3}	88	96	91	92

拟合后的 QSAR 方程如下：

$$IE=\frac{(AE_{HOMO}+BE_{LUMO}+C\mu-D)c_{inh}}{1+[(AE_{HOMO}+BE_{LUMO}+C\mu-D)c_{inh}]}\times100\% \tag{5-19}$$

式中，$A=937$；$B=826$；$C=2061$；$D=1583$；$R=0.942$。

根据 QSAR 方程计算得到缓蚀剂理论值与实验值关系如图 5-27，其关联系数 R 为 0.94202，通常认为 $R>0.9$ 意味着有显著影响，$R>0.8$ 影响比较显著，$R>0.7$ 有一定影响，$R<0.6$ 影响可以忽略，实验表明上述 QSAR 方程不仅能够初步确定均三唑环三氮唑类缓蚀剂分子结构参数对缓蚀剂性能的影响程度，而且还可以预测相关化合物的缓蚀效率[50]。

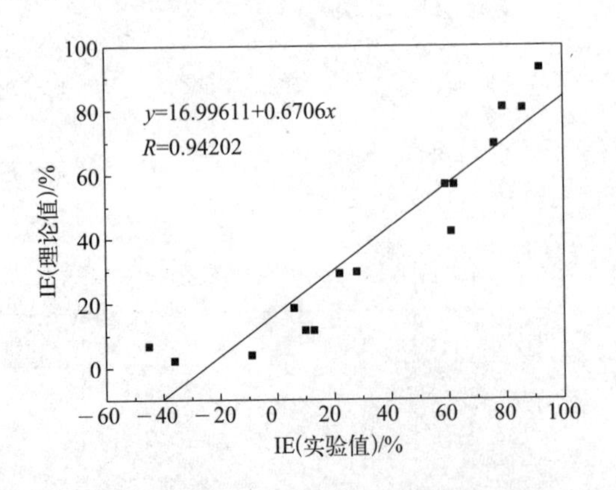

图 5-27 缓蚀效率实验值与理论值的相关性

5.9.9 十二烷基硫酸钠与4-巯基吡啶缓蚀剂的复配协同实施工艺研究

含杂原子（N、O、S、P）、多键或芳香环的有机物常可用作金属用缓蚀剂，这些缓蚀剂通常被用于酸洗、除锈、化学清洗及油气集输过程。巯基吡啶分子结构中含有N和S原子，可通过N和/或S原子与金属表面相互作用形成吸附膜层。在诸多化合物中，4-巯基吡啶（4MP）在酸性环境中已经被证实，其在金表面具有优异的自组装性能。Wan等人发现在pH=1～5时，4MP分子在金表面主要通过N与S原子的吸附作用在其表面，而在pH=10的测试溶液中，4MP分子主要以去质子化的形式吸附作用在金表面，在广泛的pH区间中，4MP分子在金表面表现出了优异的成膜性能。由于有机物表面活性剂的分子结构及其成膜性能对其缓蚀效率影响较大，Hassan等人研究了NaCl溶液中4MP分子的缓蚀性能，结果表明在NaCl溶液中，4MP分子对金的缓蚀性能较差。至今，仍没有过将4MP作为金属材料在酸性环境中用缓蚀剂的相关报道。

协同效应研究是一个改善缓蚀剂成膜性能（例如缓蚀剂的缓蚀效率、吸附均匀性和吸附稳定性）的高效方法。Yousefi等人和Javadian等人发现适当缓蚀剂混合物的聚集态可以提升缓蚀剂缓蚀效率。Fuchs认为，这种现象是由缓蚀剂混合物聚集态第二相的存在造成的。鉴于缓蚀剂膜层对腐蚀性粒子的迁移具有优异的迁移阻力，Zhao等人发现缓蚀剂混合物膜层可以在很大程度上提升单一组分加注时的缓蚀性能。Han等人认为得-失电子能力较强的缓蚀剂对具有较好的协同效应，与单一缓蚀剂组分相比，复配缓蚀剂的缓蚀效率有了明显改善。尽管复配缓蚀剂具有优异的协同缓蚀性能，制备兼具优异缓蚀性能和最佳吸附持久性的缓蚀剂体系仍面临巨大的挑战。

早期研究结果证明，含有长链烷基尾链的有机物表面活性剂可作为合成多孔纳米材料过程中的模板材料，这是由于长链有机物表面活性剂在自组装过程中可形成致密、排列规律的膜层。从这个角度来看，我们将选用十二烷基硫酸钠（SDS），将其与4-巯基吡啶（4MP）缓蚀剂复配，预期获得兼具优异的吸附稳定性和协同缓蚀性能的复配缓蚀剂。

基于前面提及的内容，选用SDS和4MP分子作为复配缓蚀剂组分，采用电化学测试方法（电化学极化曲线和交流电化学阻抗）和失重测试方法对A3钢在0.5mol/L HCl溶液中的缓蚀行为进行了研究。采用扫描电子显微镜测试方法对复试后的样品表面进行了观测。最终，对复配缓蚀剂协同作用机制采用理论模拟计算方法进行了研究。

4MP与SDS的分子结构式如图5-28所示。4MP（96%）从Mackline有限公司获得。SDS（97%）和盐酸（38%）从Adamas-beta获得。所有的药品收到后未经任何处理。

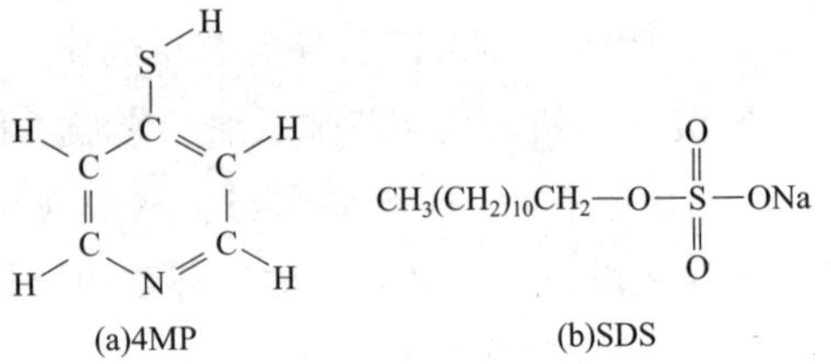

(a)4MP　　(b)SDS

图5-28　4MP与SDS的化学结构式

化学组成成分（质量分数）为C（0.20%）、Si（0.35%）、Mn（1.40%）、P（0.040%）、S（0.040%），Fe平衡的空冷工具钢（A3）作为本次实验使用的金属材料。切割试样尺寸为50mm×15mm×1.5mm的长方体样品，一端开有直径为5mm的孔洞以备失重测试实验使用。切割尺寸为ϕ3mm×15mm的圆柱状金属，一端使用铜线焊接，使用环氧树脂封装凝固，暴露圆柱的一端圆面以备电化学测试使用。在进行每一项测试之前，采用400#、800#、1200#、2000#和3000#的碳化硅砂纸将切割后的样品表面依次打磨，使用去离子水冲洗表面后，空气中干燥待用。

电化学测试实验在连接有三电极测试池的CHI660-E电化学工作站完成。圆柱状A3钢电极、Pt片和连接有卢金毛细管的饱和甘汞电极分别用作工作电极、辅助电极和参比电极。0.5mol/L HCl用作测试溶液。在每一次测试之前，50mg/L、100mg/L或200mg/L缓蚀剂（SDS、4MP或MP-SDS）加注到测试溶液中。开路电位（OCP）测试30分钟以便使测试溶液体系达到稳定状态［开路电位波动值低于±5mV(vs. SCE)］。所有报道电位均相比于SCE，动电位极化曲线在−0.8到−0.2V(vs. SCE)电位区间完成，扫描速率为1mV/s。金属自腐蚀电流密度参照前期文献报道方法拟合获得。通过动电位极化曲线拟合结果获得缓蚀剂的缓蚀效率：

$$\eta=\frac{j_{corr}^{0}-j_{corr}}{j_{corr}^{0}}\times 100\% \tag{5-20}$$

式中，j_{corr}^{0}是无缓蚀剂加注时A3钢电极表面的自腐蚀电流密度；j_{corr}是加注缓蚀剂后A3钢电极表面的自腐蚀电流密度。

电化学阻抗测试在OCP下完成，测试频率范围为100kHz到10MHz，测试振幅为10mV。电化学阻抗谱采用ZSimpWin软件进行了拟合。通过电化学阻抗拟合参数获得的缓蚀剂缓蚀效率（IE）根据如下公式获得：

$$IE=\frac{R_{ct}-R_{ct}^{0}}{R_{ct}}\times 100\% \tag{5-21}$$

式中，R_{ct}^{0} 是无缓蚀剂加注溶液中 A3 钢电极表面的电荷转移电阻；R_{ct} 是加注缓蚀剂后溶液中 A3 钢电极表面的电荷转移电阻。

25℃，失重测试在盛有 0.5mol/L HCl 测试溶液的 500mL 广口瓶中测试完成。在每一次测试之前，对准备的失重测试样品质量进行了测定，称量天平的精度为 0.01mg。每一次测试实验中，使用样品个数为 3 个。测试实验在加注有 100mg/L 缓蚀剂的测试溶液中完成，测试时间为 8 小时。测试完成后，样品从广口瓶中取出快速放在盛有 0.1mol/L 的盐酸溶液中，溶液中加入质量分数为 5%的六次甲基四胺以便避免样品在清洗过程中的再次腐蚀。采用塑料刷对腐蚀后的样品表面腐蚀产物进行刷洗，直至样品表面的腐蚀产物清洗干净，暴露出具有金属光泽的金属表面。采用二次蒸馏水冲洗样品表面，室温下干燥后准备称量。在称量天平记录样品失重后数据以便用于腐蚀速率计算。失重测试腐蚀速率根据以下计算公式获得：

$$v=\frac{m-m_{0}}{St} \tag{5-22}$$

式中，m 是测试前样品质量；m_{0} 是失重测试浸泡 8 小时后测试样品质量；S 是 A3 钢样品失重测试暴露在溶液中的表面积，m^2；t 是失重测试浸泡时间，h。

通过腐蚀速率计算获得缓蚀剂缓蚀效率（η_{w}）根据如下公式计算获得：

$$\eta_{w}=\frac{v-v_{0}}{v}\times 100\% \tag{5-23}$$

式中，v 是无缓蚀剂加注溶液中 A3 钢样品的腐蚀速率，$g/(m^2 \cdot h)$；v_{0} 是加注缓蚀剂的溶液中 A3 钢样品的腐蚀速率，$g/(m^2 \cdot h)$。

25℃，在加注有 100mg/L SDS、100mg/L 4MP 或 100mg/L MP-SDS 缓蚀剂的 0.5mol/L HCl 测试溶液中浸泡 8 小时后，对 A3 钢样品表面形貌进行了分析。分析仪器型号为 Hitachi S4800 扫描电子显微镜。

Materials studio 理论模拟计算软件是常用的量化计算和分子动力学计算工具。采用 Materials studio7.0 软件中的 Dmol3 模块对分子的前线轨道分布进行了研究。计算过程中，采用双极化 DNP 基组，广义梯度近似（GGA）的 BLYP 泛函交换关联能。

分子动力学（MD）理论模拟计算可以在特定的选用参数，包含温度、压力和时间等，采用 Materials studio 软件中的 Discover 模块用于对 MP-SDS 缓蚀剂共吸附的动力学过程进行研究。在模拟计算之前，构建了具有周期性结构的水/缓蚀剂/Fe（001）界面结构。首先，构建了四层，含有144个Fe原子，尺寸为17.2Å×17.2Å×4.3Å（1Å=0.1nm）的Fe表面，且表面所有的Fe原子进行了固定。其次，构建了包含有1个SDS分子、9个4MP分子和162个水分子的溶液层。再次，采用层构建工具，组合铁表面与液层，构建获得了界面结构。为了避免边界效应，设置了20Å的真空层。最后，在COMPASS力场下，采用smart minimize tools对构建的界面结构模型进行了能量最小化。选用Nose热浴控制体系温度稳定在298K，NVT（固定分子数目、体积和温度），时间步长为1fs，总模拟时间1000ps条件下，进行了分子动力学模拟。

5.9.10 十二烷基硫酸钠与4-巯基吡啶缓蚀剂的复配协同实施工艺结果

25℃，0.5mol/L HCl溶液中未加注缓蚀剂与加注不同浓度（50mg/L，100mg/L和200mg/L）的SDS、4MP和MP-SDS缓蚀剂后A3钢表面的开路电位和极化曲线测试结果分别列于图5-29和图5-30。30分钟后，所有的开路电位值趋于稳定状态。由图5-29可知，与无缓蚀剂加注时的电极电位相比，加注缓蚀剂后电极的开路电位明显下降。与无缓蚀剂加注的溶液中电极测试获得结果相比，加注缓蚀剂的测试溶液中，电极的腐蚀电流密度（j_{corr}）减小，金属自腐蚀电位（E_{corr}）负移（图5-30）。据报道，当金属的自腐蚀电位负移超过85mV时，缓蚀剂属阴极型缓蚀剂。综上可知，四种缓蚀剂是混合型缓蚀剂，其主要通过控制阴极反应过程减缓金属的腐蚀。

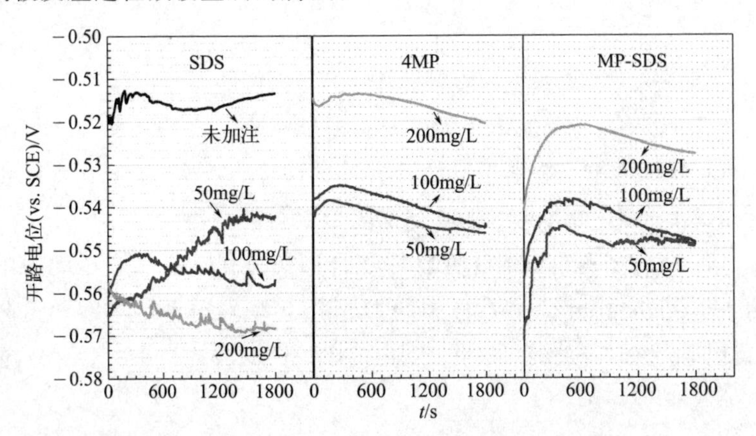

图5-29 25℃，0.5mol/L HCl溶液中未加注缓蚀剂与加注不同浓度缓蚀剂后A3钢表面的开路电位

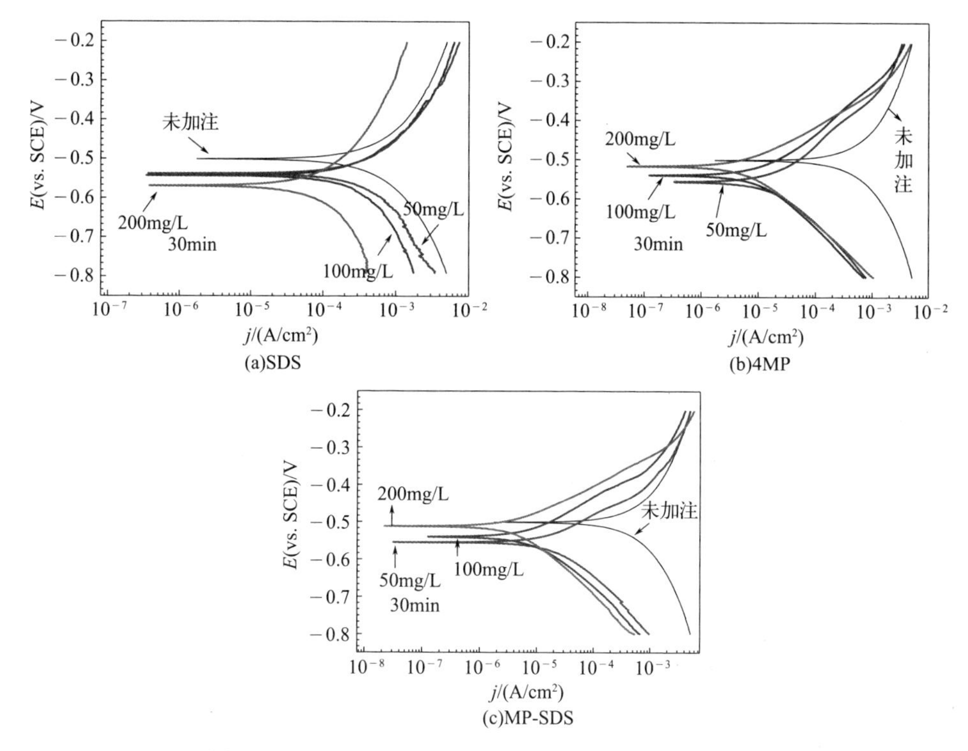

图 5-30 25℃，0.5mol/L HCl 溶液中未加注缓蚀剂与加注不同浓度缓蚀剂后 A3 钢电极的动电位极化曲线

拟合获得的金属电极自腐蚀电位（E_{corr}）、自腐蚀电流密度（j_{corr}）、阳极极化曲线斜率（β_a）、阴极极化曲线斜率（β_c）以及经过计算获得的缓蚀剂缓蚀效率（η）列于表 5-21。由表可知，与无缓蚀剂加注时金属电极的自腐蚀电流密度相比，加注缓蚀剂溶液中金属电极的自腐蚀电流密度减小，三种缓蚀剂可有效地吸附在金属表面从而减缓金属的腐蚀。含有相同浓度缓蚀剂的测试溶液中，MP-SDS 缓蚀剂表现出最佳的缓蚀效率，而 SDS 缓蚀剂表现出最低的缓蚀效率，表明 SDS 与 4MP 缓蚀剂混合体系对金属基体具有更加优异的缓蚀保护性能。三种缓蚀剂的缓蚀效率随缓蚀剂加注浓度的增加而增大（从 50mg/L 到 200mg/L）。高浓度缓蚀剂加注情况下，有利于提升缓蚀剂分子在金属表面的覆盖度。因此，缓蚀剂的加注浓度越高，缓蚀剂的缓蚀效率越大。

协同效应是几种混合物的性能优于任一组分的性能之和的现象。通过金属表面的覆盖度（θ）计算获得的协同参数（S_θ）可用于衡量缓蚀剂混合物的协同缓蚀作用。S_θ 可通过以下公式计算获得：

$$S_\theta = \frac{1-\theta_{1+2}}{1-\theta_{1+2}} \tag{5-24}$$

式中，$\theta_{1+2}=(\theta_1+\theta_2)-\theta_1\theta_2$，$\theta_1$ 是 4MP 缓蚀剂分子加注时金属表面的覆盖度，θ_2 是 SDS 缓蚀剂分子加注时金属表面的覆盖度，θ_{1+2} 是 MP-SDS 缓蚀剂分子加注时金属表面的覆盖度。获得的加注 100mg/L 和 200mg/L MP-SDS 复配缓蚀剂的 S_θ 值分别为 1.97 和 1.56。S_θ 值大于 1。由此可知，复配缓蚀剂缓蚀效率的提升归功于复配缓蚀剂各组分之间的协同效应。

表 5-21 25℃，0.5mol/L HCl 溶液中未加注缓蚀剂与加注不同浓度 SDS 缓蚀剂、4MP 缓蚀剂和 MP-SDS 缓蚀剂后 A3 钢电极的极化曲线拟合参数

缓蚀剂	c/(mg/L)	$-E_{corr}$/mV	i_{corr}/($\mu A/cm^2$)	SD_{icorr}	β_c/(mV/dec)	β_a/(mV/dec)	η/%	θ
空白	—	501	520.6	3.67	—	—	—	—
SDS	50	538	393.7	4.59	192.34	173.28	24.4	0.244
	100	543	309.6	4.27	210.48	179.12	40.5	0.405
	200	569	109.0	3.63	222.87	190.37	79.1	0.791
4MP	50	556	20.6	3.18	147.34	136.26	96.0	0.960
	100	540	11.0	2.95	134.93	107.00	97.9	0.979
	200	517	5.7	3.68	113.56	81.35	98.9	0.989
MP-SDS	50	555	17.6	3.81	125.96	96.28	96.6	0.966
	100	540	7.8	4.28	122.09	94.63	98.5	0.985
	200	512	4.2	4.92	130.40	92.86	99.2	0.992

电化学阻抗谱测试是用于研究自腐蚀电位下金属电极界面行为的有效方法。0.5mol/L HCl 溶液中，无缓蚀剂加注和加注不同浓度 SDS、4MP 或 MP-SDS 缓蚀剂后 A3 电极的 Nyquist 曲线如图 5-31 所示。由于金属电极表面状态非均匀性及其粗糙度的影响，测试获得的 Nyquist 曲线表现出扁平的半圆特性。随着缓蚀剂加注浓度的增加，容抗弧的直径逐渐增大，这有利于电荷转移电阻（R_{ct}）的改善。波特（Bode）相图（图 5-32）表现出单一时间常数，因此，测试获得的阻抗谱采用如图 5-33 所示的等效电路进行了拟合。

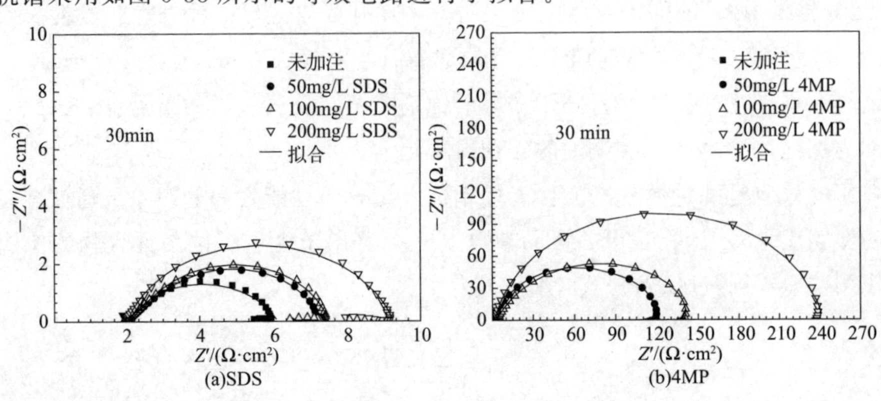

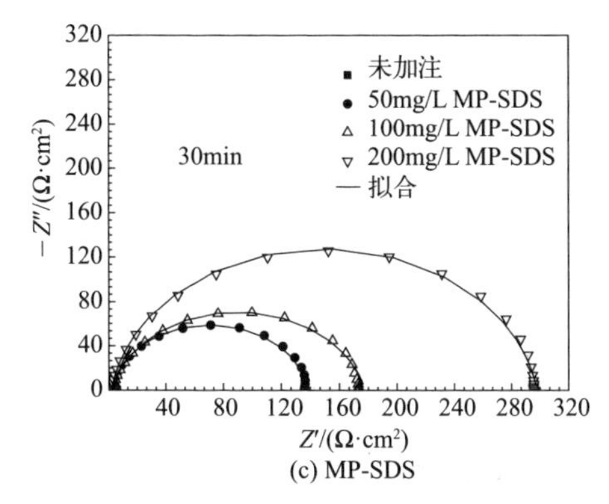

(c) MP-SDS

图5-31 25℃，0.5mol/L HCl溶液中未加注缓蚀剂与加注不同浓度缓蚀剂后A3钢电极的Nyquist曲线

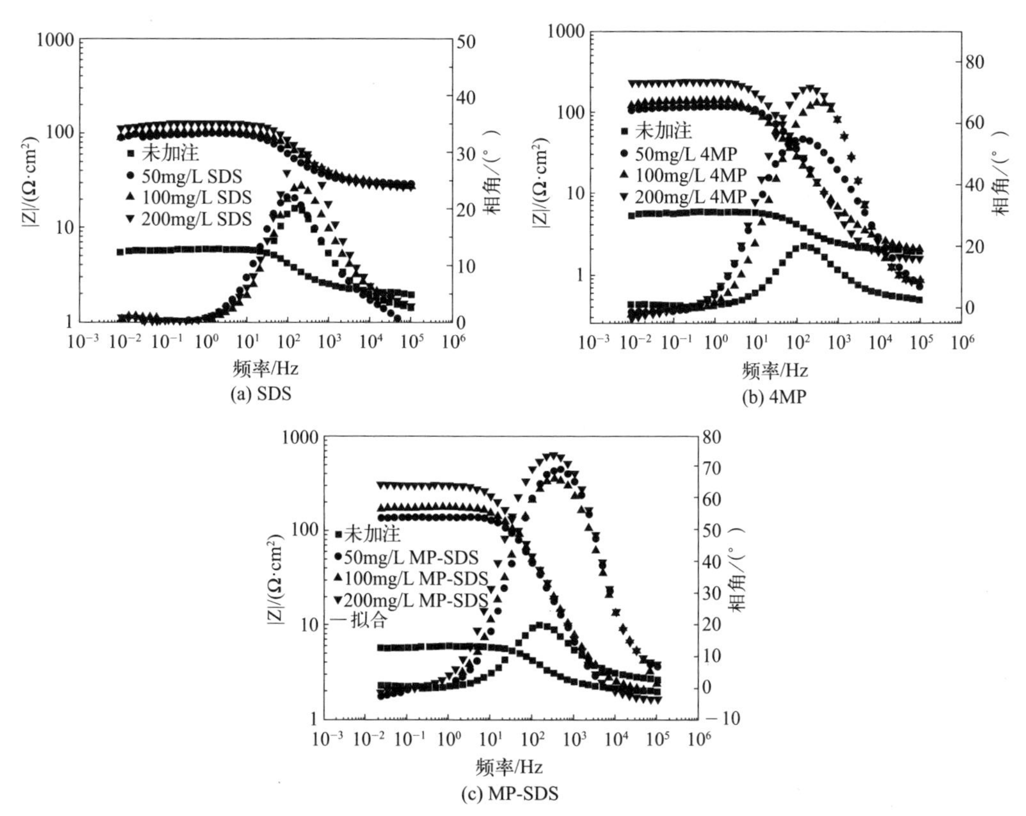

(c) MP-SDS

图5-32 25℃，0.5mol/L HCl溶液中未加注缓蚀剂与加注不同浓度缓蚀剂后A3钢电极的波特相图

交流阻抗参数，如电荷转移电阻（R_{ct}）和双电层电容值（C_{dl}）列于表5-22。C_{dl}值通过如下公式拟合获得：

$$C_{dl}=Y_0\times(\omega_{max})^{n-1} \tag{5-25}$$

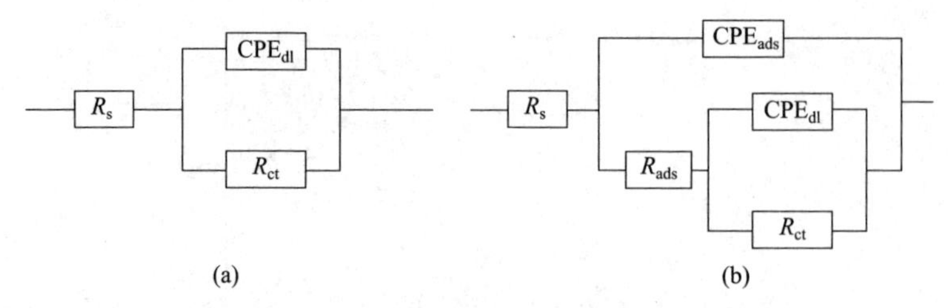

图 5-33 加注缓蚀剂前后的阻抗拟合等效电路

式中，ω_{max} 为阻抗虚部最大值处对应的频率；Y_0 是 CPE 的大小；n 是指数。

如表 5-22 所示，与无缓蚀剂加注时的电荷转移电阻和双电层电容值相比，将金属电极在含有缓蚀剂的测试溶液中浸泡后，金属电极的电荷转移电阻增大同时双电层电容值减小。同水分子相比，因缓蚀剂分子的体积较大而其介电常数较小，且在吸附过程中，界面处的水分子在缓蚀剂分子的排挤下远离金属的表面，使双电层电容下降。此外，形成的缓蚀剂膜层覆盖在金属基体表面，腐蚀性粒子向界面处金属基体表面扩散迁移过程受阻，因此电荷转移电阻减小。相同腐蚀环境下，三种缓蚀剂分子的电荷转移电阻大小顺序为 MP-SDS＞4MP＞SDS。缓蚀剂的缓蚀效率随着缓蚀剂加注浓度的增加而增大，且 SDS、4MP 和 MP-SDS 三种缓蚀剂的最大缓蚀效率分别为 75.7％、98.2％和 98.6％。交流电化学阻抗测试获得的结果与极化曲线测试结果一致。

表 5-22 0.5mol/L HCl 溶液中未加注缓蚀剂与加注缓蚀剂后 A3 钢电极的电化学阻抗拟合参数

缓蚀剂	浓度/(μg/ L)	R_s/(Ω·cm²)	R_{ct}/(Ω·cm²)	SD_{Rct}	CPE Y_0/[s^n/(Ω·cm²)]	n	C_{dl}/(μF/cm²)	IE/%	θ_{EIS}
空白	—	2.1	4.1	0.27	1.89×10^{-3}	0.7056	490.5	—	—
SDS	50	2.1	5.4	0.86	1.49×10^{-3}	0.731	480.2	29.9	0.299
	100	2.1	5.6	0.92	1.44×10^{-3}	0.7424	440.6	36.7	0.367
	200	2.0	7.2	1.21	8.37×10^{-4}	0.7946	325.7	75.7	0.757
4MP	50	1.6	115.9	3.59	8.63×10^{-5}	0.8842	57.9	96.5	0.965
	100	1.6	143.0	2.64	2.04×10^{-5}	0.7425	10.2	97.1	0.971
	200	1.6	236.8	2.94	1.33×10^{-5}	0.8897	9.8	98.2	0.982
MP-SDS	50	1.6	137.8	3.97	7.22×10^{-5}	0.9033	51.7	97.0	0.970
	100	2.0	175.8	4.69	6.39×10^{-5}	0.8632	39.8	97.7	0.977
	200	1.7	296.2	2.85	4.39×10^{-5}	0.9052	34.0	98.6	0.986

吸附等温式（Langmuir、Frumkin、Freundlich 和 Temkin 吸附等温式）可以提供缓蚀剂分子与金属基体表面相互作用时的相关信息。通常，假设缓蚀剂分子在金属表面的覆盖度（θ）对缓蚀剂的缓蚀效率 IE（％）无影响，从交流电化学阻抗测试获得的表面覆盖度（θ）通过 IE（％）/100 获得。

采用 Freundlich 吸附等温式及 Langmuir 吸附等温式对测试获得的结果进行了拟合（图 5-34）。在金属基体表面吸附的 SDS 缓蚀剂分子遵守 Freundlich 吸附等温式，而 4MP 和 MP-SDS 缓蚀剂遵守 Langmuir 吸附等温式。

$$\theta = k_{ads} \times c \tag{5-26}$$

$$c/\theta = c + 1/k_{ads} \tag{5-27}$$

式中，c 代表测试溶液中的缓蚀剂浓度；k_{ads} 为吸附过程中与吉布斯自由能（ΔG^0）相关的吸附平衡常数。

$$k_{ads} = \frac{1}{55.5}\exp\left(\frac{-\Delta G^0}{RT}\right) \tag{5-28}$$

式中，R 代表摩尔气体常数，$R = 8.314$J/(mol·K)；T 代表热力学温度，K；55.5 代表溶液中水分子的浓度，mol/L。

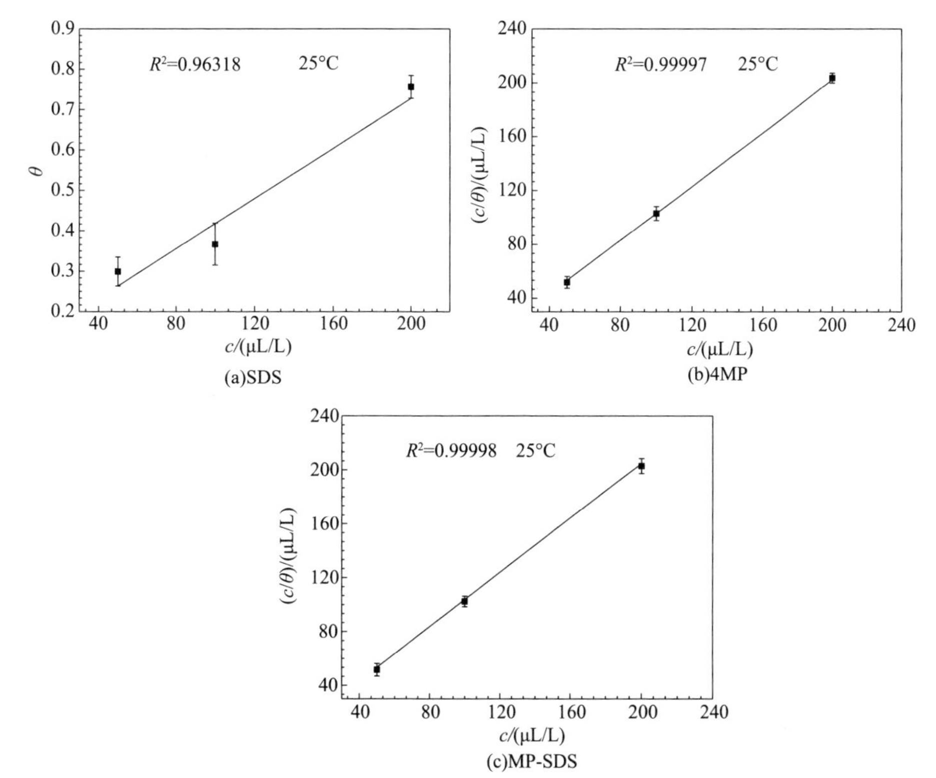

图 5-34　25℃，0.5mol/L HCl 溶液中加注 SDS 缓蚀剂后的 Frumkin 吸附等温式，及加注 4MP 和 MP-SDS 缓蚀剂后的 Langmuir 吸附等温式（图中的散点代表 3 次测量的误差）

采用线性最小二乘优化方法对实验数据进行了拟合，获得 25℃条件下，加注 SDS、4MP 和 MP-SDS 缓蚀剂后 A3 电极相关的腐蚀动力学参数和 ΔG^0 值列于表 5-23。很明显获得的 ΔG^0 值均为负值，表明缓蚀剂分子可以自发在金属表面发生吸附。当 ΔG^0 值大于－20kJ/mol 时，缓蚀剂分子通过长程相互作用吸附在金属表面，这种吸附属于物理吸附。当 ΔG^0 值接近或小于－40kJ/mol 时，缓蚀剂分子通过短程相互作用吸附在金属表面，这种吸附属于化学吸附。当 ΔG^0 值介于－20kJ/mol 和－40kJ/mol 之间时，缓蚀剂分子通过物理化学相互作用吸附在金属表面。测试获得的 4MP 和 MP-SDS 缓蚀剂分子的吉布斯自由能依次减小，表明复配后共同吸附在金属表面的 SDS 和 4MP 缓蚀剂分子在金属表面的吸附较单一 4MP 组分稳定[54]。

表 5-23 25℃，0.5mol/L HCl 溶液中加注 SDS 缓蚀剂、4MP 缓蚀剂和 MP-SDS 缓蚀剂后 A3 钢电极的腐蚀动力学参数及热力学参数

缓蚀剂	截距	斜率	R^2	k_{ads}	ΔG^0/(kJ/mol)
SDS	0.120	0.003	0.98846	3	－12.8
4MP	1.478	1.011	0.99997	684.6	－26.1
MP-SDS	1.304	1.008	0.99998	775.1	－26.5

为了明确 SDS 和 4MP 复配缓蚀剂分子在金属表面的吸附持久性，采用交流电化学阻抗测试方法研究了缓蚀剂分子在金属表面的动态吸附过程。25℃，加注了 100mg/L SDS、4MP 或 MP-SDS 缓蚀剂的 0.5mol/L HCl 溶液中，采集获得的 A3 电极 Nyquist 曲线列于图 5-35。

无缓蚀剂加注及加注了 SDS 缓蚀剂的测试溶液中，Nyquist 曲线［图 5-35（a）和（b）］表现出单一的扁半圆特性。表明 SDS 缓蚀剂吸附作用下，金属电极表面形成了单层缓蚀剂吸附膜。如图 5-35（c）和（d）所示，在加注了 100mg/L 4MP 或 100mg/L MP-SDS 缓蚀剂的测试液中浸泡了 5 分钟到 1 小时时间内，波特相图表现出了单一的时间常数［图 5-36（a）］。随着时间的推移，Nyquist 曲线表现出双容抗弧特性，波特相图表现出双时间常数［图 5-36（b）］。这些结果的明显差异表明金属表面形成了缓蚀剂双层膜。这个结果也为我们从崭新的视角明确吸附缓蚀剂的性能提供了可能，可以通过该方法设计获得较单层吸附膜结构缓蚀剂具有更加优异缓蚀性能的缓蚀剂配方。

Nyquist 曲线进行了拟合，拟合获得的电荷转移电阻值（R_{ct}）和吸附膜电阻（R_{ads}）如图 5-37 所示。与无缓蚀剂加注时相比，浸泡在 100mg/L SDS 溶液中的 A3 电极的电荷转移电阻（R_{ct}）值未表现出明显的差异［图 5-37（a）］。将金属电极浸泡在含有 100mg/L 4MP 缓蚀剂的测试溶液中 5 分钟后［图 5-37（b）］，电荷转移电阻值为 134.0Ω·cm²。4MP 缓蚀剂对 A3 钢在 0.5mol/L HCl 溶液中的腐蚀表现出了优异的保护性能。当把金属电极浸泡在测试溶液中 2 小时

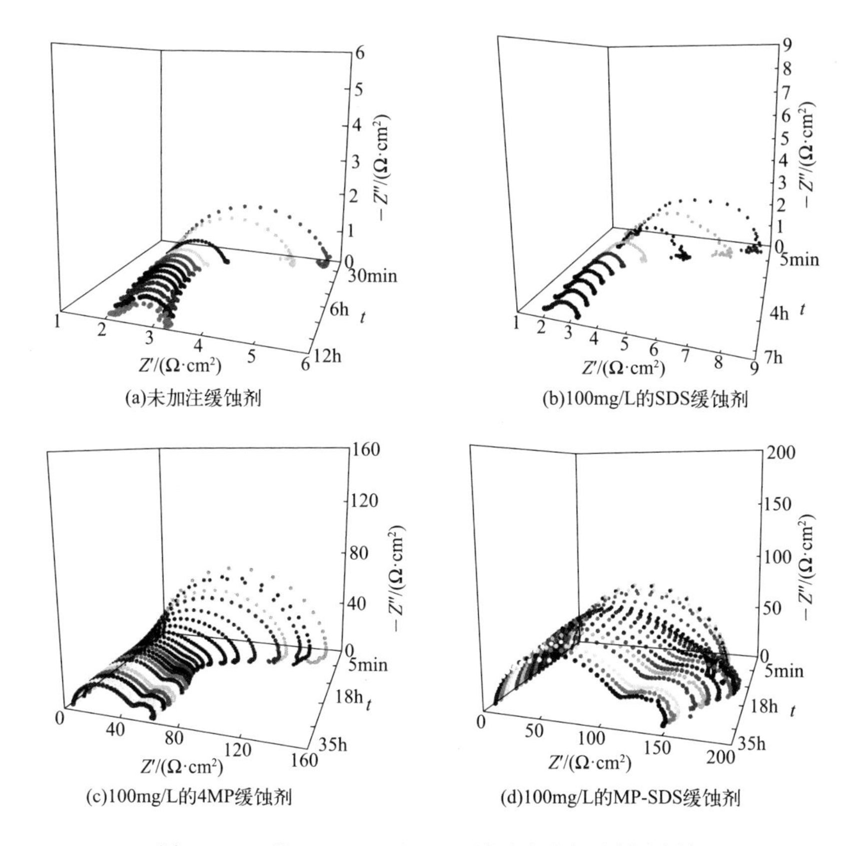

图 5-35　25℃，0.5mol/L HCl 溶液中未加注缓蚀剂与加注 100mg/L 的 SDS 缓蚀剂、100mg/L 的 4MP 缓蚀剂和 100mg/L 的 MP-SDS 缓蚀剂后 A3 钢电极随时间变化的 Nyquist 阻抗曲线

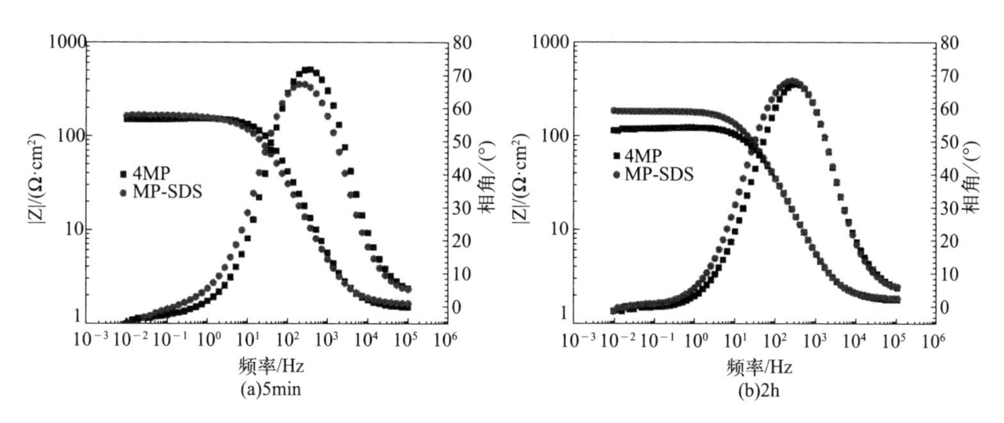

图 5-36　25℃，0.5mol/L HCl 溶液中加注 100mg/L 的 4MP 和 MP-SDS 缓蚀剂后的波特相图曲线

后，随时间的延长，R_{ct} 和 R_{ads} 值明显减小。浸泡 7 小时后，R_{ct} 和 R_{ads} 值趋于稳定。R_{ct} 和 R_{ads} 值的和为 65.2Ω·cm²。这个值约为测试 5 分钟时电阻值的一半，4MP 缓蚀剂的吸附持久性仍有进一步提升的空间。

将金属电极在加注有 100mg/L MP-SDS 缓蚀剂的测试溶液中浸泡 5 分钟、15 分钟、30 分钟和 1 小时后，R_{ct} 值约为 159.4Ω·cm²、169.5Ω·cm²、170.0Ω·cm² 和 169.1Ω·cm² [图 5-37（b）]。这些 R_{ct} 值几乎相同，MP-SDS 膜对基体在测试溶液中前一小时的腐蚀具有较好的保护性能。将金属电极在测试溶液中浸泡 2 小时后，金属表面出现了第二层缓蚀剂膜。随着时间的迁移，R_{ads} 值先出现了明显的下降（2～4 小时），而后出现明显的上升（4～16 小时），最后出现了明显的下降（17 小时后）。R_{ct} 和 R_{ads} 的和（2～27 小时）大于第 1 小时内（5 分～1 小时）的 R_{ct} 值，而 R_{ct} 和 R_{ads} 的和（27～37 小时）几乎与第 1 小时的 R_{ct} 值相同。由此可知，在双层缓蚀剂膜的作用下，缓蚀剂分子的吸附持久性有了很大程度的提升，弥补了单层缓蚀剂膜脱附时造成的缓蚀剂性能下降的不足。

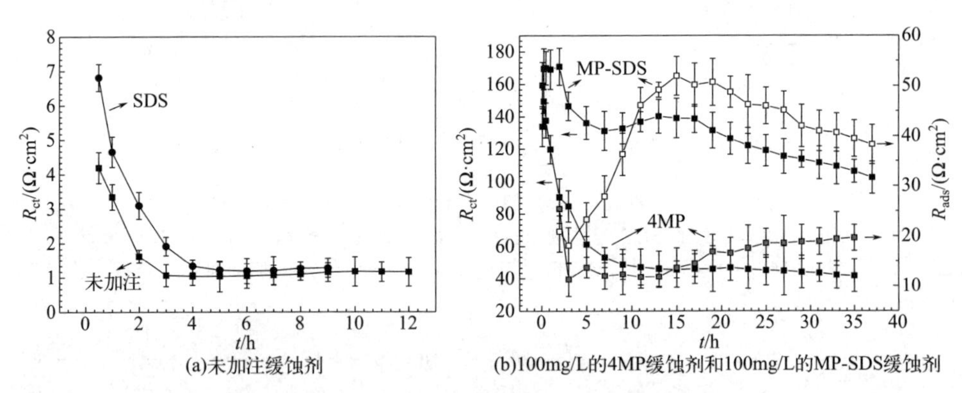

图 5-37 25℃，0.5mol/L HCl 溶液中未加注缓蚀剂与加注缓蚀剂后 A3 钢电极的阻抗参数（图中的散点代表 3 次测量的误差）

25℃，采用失重测试方法对加注了 100mg/L SDS、4MP 或 MP-SDS 缓蚀剂的 0.5mol/L HCl 测试溶液中 A3 钢的缓蚀性能进行了研究。测试获得的金属腐蚀速率与缓蚀剂的缓蚀效率结果列于图 5-38。如图所示，在无缓蚀剂加注的测试溶液中，A3 钢电极的腐蚀速率为 0.61mg/(h·cm²)。将金属材料在加注了缓蚀剂的 0.5mol/L HCl 测试溶液中测试后，缓蚀剂的腐蚀速率依次下降（SDS＞4MP＞MP-SDS），且三种缓蚀剂的缓蚀效率规律为 SDS＜4MP＜MP-SDS。这个测试结果与电化学极化曲线及交流阻抗测试结果相同，4MP 缓蚀剂与 SDS 缓蚀剂具有优异的协同缓蚀性能。

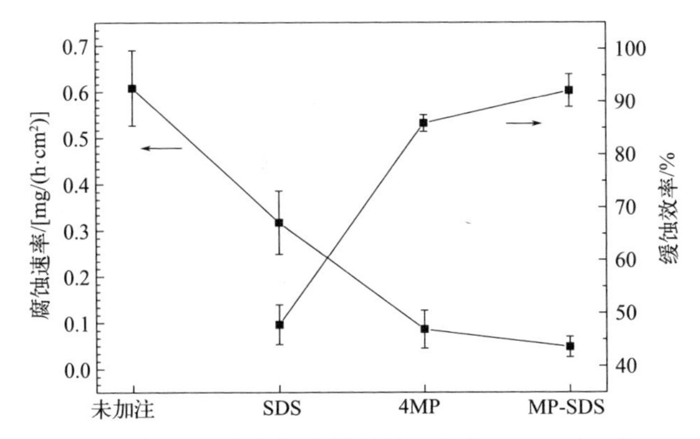

图 5-38 25℃，A3 钢电极在未加注缓蚀剂与加注 100mg/L 的 SDS 缓蚀剂、100mg/L 的 4MP 缓蚀剂和 100mg/L 的 MP-SDS 缓蚀剂的 0.5mol/L HCl 溶液中失重测试 8h 后的腐蚀速率曲线（图中的散点代表 3 次测量的误差）

失重测试后，采用扫描电子显微镜对腐蚀后的金属材料样品表面进行了研究，测试结果列于图 5-39。如图 5-39（a）所示，打磨后的 A3 金属电极样品表面存在方向一致、分散均匀的划痕。将金属电极在无缓蚀剂加注的测试溶液中失重测试后，电极表面的划痕消失且出现了不规则的山丘状形貌特征［图 5-39（b）］。将金属电极材料在加注有 100mg/L SDS 缓蚀剂的 0.5mol/L HCl 测试溶液中浸泡后［图 5-39（c）］，电极表面出现了与无缓蚀剂加注测试溶液中腐蚀后的金属材料类似的形貌特征，但直观看去，表面仍有一些划痕残留。将金属电极在加注有 100mg/L 4MP 缓蚀剂［图 5-39（d）］和 100mg/L MP-SDS 缓蚀剂［图 5-39（e）］的测试溶液中浸泡后，金属表面与刚打磨后样品表面无明显差别。

近期研究表明，理论模拟计算为分析缓蚀剂分子吸附基团的活性信息提供了可靠的方法。4MP 和 SDS 缓蚀剂分子的前线轨道分布如图 5-40 所示。4MP 分子的最高占据分子轨道（HOMO）和最低未占据分子轨道（LUMO）遍布整个分子结构。这有利于 4MP 缓蚀剂分子平行吸附在金属基体的表面。

SDS 的 HOMO 主要分布在 SDS 分子中的亲水基团，而其 LUMO 主要分布在分子的疏水烷基尾链的末端。测试溶液中的 SDS 分子在电离作用下携带有负电荷，结合分子前线轨道分布结果，可推断缓蚀剂分子携带的负电荷主要分布于 SDS 分子的亲水基团。带电荷分子在极化作用下，烷基尾链末端具有较强的亲电特性。这为溶液中存在的粒子与烷基尾链的长程相互作用提供了可供吸附的场所。由于在酸性溶液中，质子化作用下缓蚀剂分子携带有正电荷，质子化后的 4MP 分子通过与 SDS 分子的疏水烷基尾链相互作用，从而为缓蚀剂双层膜的形成提供了可能。持续吸附的分子提升了双层缓蚀剂膜层的致密性，缓蚀剂膜对金属基体的吸附保护作用随时间的延长而增大。

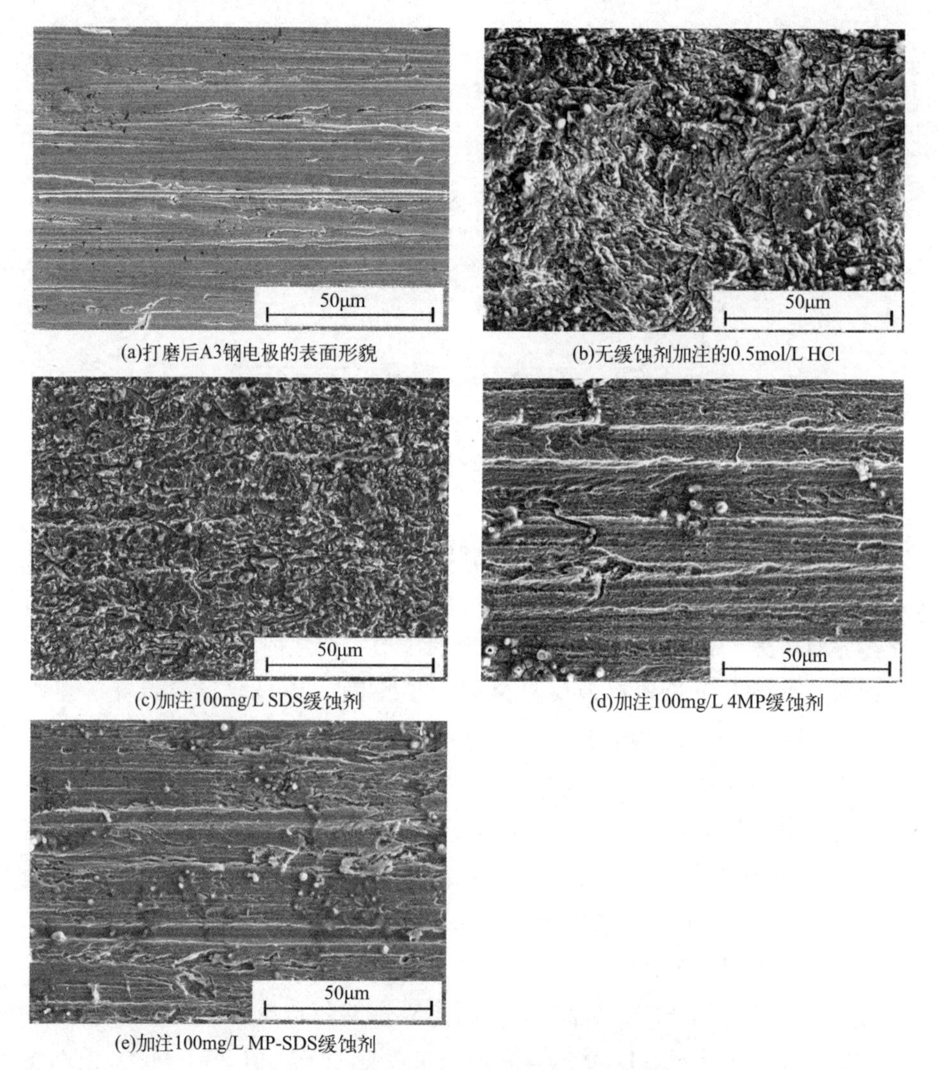

(a)打磨后A3钢电极的表面形貌　(b)无缓蚀剂加注的0.5mol/L HCl

(c)加注100mg/L SDS缓蚀剂　(d)加注100mg/L 4MP缓蚀剂

(e)加注100mg/L MP-SDS缓蚀剂

图 5-39　25℃，不同情况下 A3 钢电极的表面形貌图片

为了能够进一步明确缓蚀剂吸附及其在金属表面形成双层吸附膜的过程，构建了水/缓蚀剂/Fe（001）界面体系结构，采用分子动力学理论模拟计算方法对其进行了分析，结果列于图 5-41。如图所示，4MP 缓蚀剂分子与金属表面呈平形状吸附。SDS 分子的亲水基团与金属 Fe 表面相互作用成键，吸附在金属表面，其烷基尾链翘曲指向溶液液层图［图 5-41（b）、（c）和（d）］。在金属表面共吸附的 4MP 与 SDS 缓蚀剂分子对金属基体起到了较好的保护作用。随时间的延长，金属表面出现了双层缓蚀剂膜且第二层膜表现出多孔的特征［图 5-41（e）］。这是由于开始阶段，尽管质子化的缓蚀剂分子与 SDS 分子的烷基尾链相互作用，但缓蚀剂膜之间仍存在诸多空隙。随着时间的延长，缓蚀剂吸附膜层的

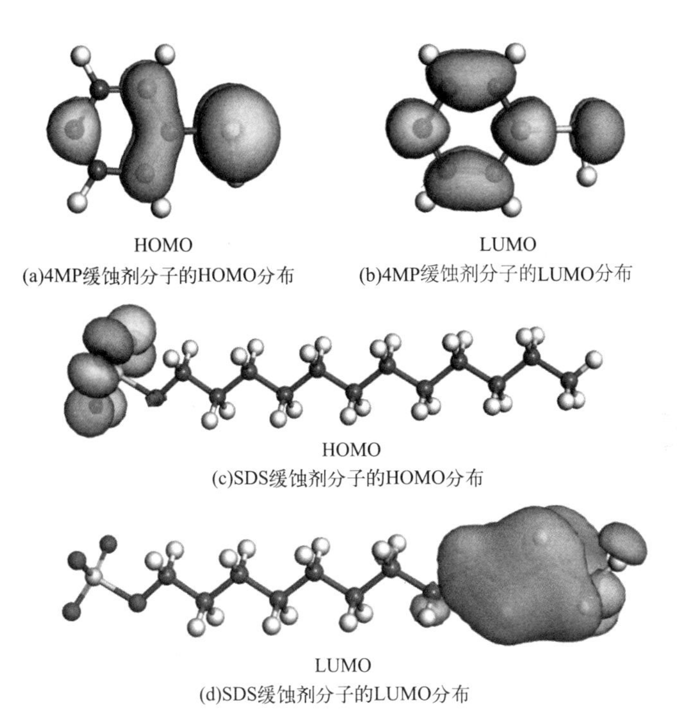

图 5-40　缓蚀剂分子的 HOMO 和 LUMO 分布（0.03）

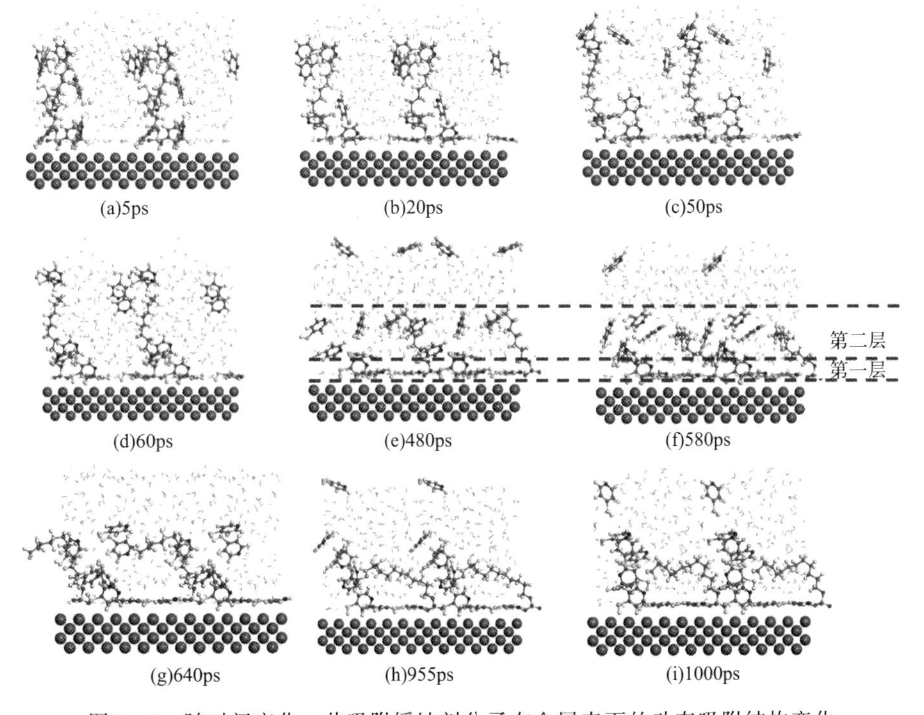

图 5-41　随时间变化，共吸附缓蚀剂分子在金属表面的动态吸附结构变化

致密性逐渐增加［图 5-41（g）、（h）和（i）］，且复配缓蚀剂的缓蚀效率增大。此时，SDS 分子的烷基尾链作为复配缓蚀剂吸附的支撑结构，为质子化的 4MP 缓蚀剂分子吸附提供了场所，4MP 缓蚀剂与 SDS 缓蚀剂表现出了优异的复配协同效应。

金属表面的缓蚀剂吸附膜形成过程中，对界面处水分子的分布产生重要的影响。为了明确这一过程，对水分子中的 O 原子和金属表面的 Fe 原子进行了标记，采用径向分布函数（RDF）对分子动力学模拟计算结果进行了分析，分析结果列于图 5-42。RDF 曲线中的第一个峰位置代表垂直于金属表面向溶液层方向，距离金属表面最近一层水分子的距离。模拟体系进行了 5ps、480ps 和 1000ps 后，第一层水层与 Fe 表面的距离分别为 3.04Å、3.16Å 和 3.25Å。随时间的延长，水分子与金属表面的距离增加。这是由于缓蚀剂分子在金属表面形成了双层吸附膜层，且吸附膜层的致密性逐渐增加，腐蚀性粒子向金属表面的迁移过程受阻，金属表面得到了较好的保护。

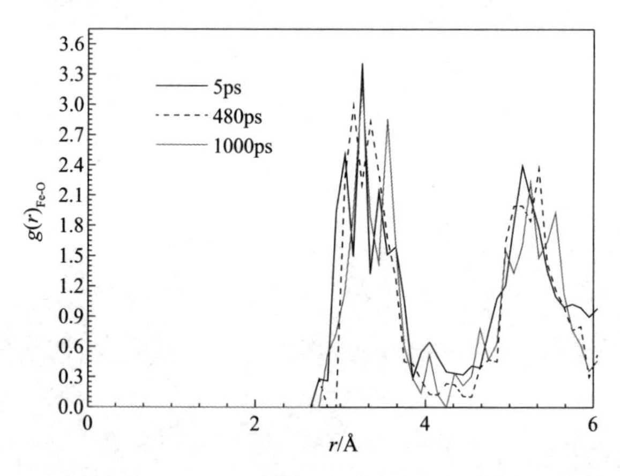

图 5-42 分子动力学（MD）模拟后获得的 Fe-O 径向分布函数（RDF）

25℃条件下，4MP 和 SDS 缓蚀剂复配物（MP-SDS）对 A3 钢在 0.5mol/L HCl 腐蚀溶液中具有优异的协同缓蚀性能。长时间浸泡测试结果表明，金属材料在测试溶液中浸泡 2 小时后，MP-SDS 缓蚀剂膜层在金属表面的吸附膜由单层向双层转变，这阻碍了腐蚀性粒子向金属基体的扩散迁移过程。此外，标准吉布斯自由能测试结果表明，MP-SDS 复配缓蚀剂在金属基体表面吸附得更加稳定。理论模拟计算结果为复配缓蚀剂分子在金属表面的吸附过程提供了证据，也就是说，4MP 缓蚀剂分子在金属表面呈平面平行于金属基体状吸附。SDS 缓蚀剂分子通过亲水基团吸附作用在金属表面而其疏水的烷基尾链翘曲指向液层。疏水基团携带有负电荷，这有利于缓蚀剂分子与金属表面相互作用过程中向金属基体捐献电子成键作用在金属表面。由于SDS分子自身的电荷极化作用，其烷基尾链末端形成了亲电链段，这为环境中的4MP缓蚀剂分子的物理相互作用提供了吸附的场所，在此作用下形成了缓蚀剂吸附的双层膜结构［图5-43（b）］。随着时间的延长，MP-SDS缓蚀剂在金属表面的吸附致密性逐渐增加。在吸附的过程中，SDS缓蚀剂分子的烷基尾链末端作为框架结构，为4MP缓蚀剂分子的吸附提供了可能，因此4MP缓蚀剂与SDS缓蚀剂具有优异的协同缓蚀效应。

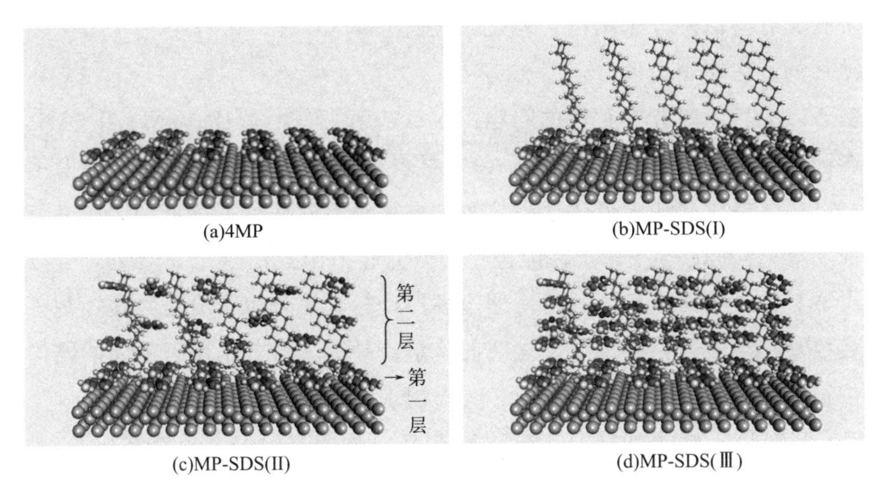

图5-43 4MP缓蚀剂分子在金属表面的吸附模型以及MP-SDS缓蚀剂在金属表面的吸附膜形成过程

5.9.11 杂原子官能团及其分布位置差异对缓蚀剂分子吸附性能的影响机制研究

有机物表面活性剂作为缓蚀剂在金属表面吸附时，通常亲水基团与金属基体的长程作用和亲水基团内的杂原子、官能团作为活性反应位点与金属基体发生电荷转移作用形成作用键与反作用键吸附在表面。氮、氧、硫、磷作为杂原子，会对缓蚀剂分子在吸附过程中的化学反应过程产生影响。巯基吡啶是一种分子中含有氮原子和硫原子的有机物，近来，诸多科研团队着手探索其作为金属缓蚀剂的潜在应用及作用机制。Hassan等人对比研究了氯化钠溶液中，2-巯基吡啶（2MP）和4-巯基吡啶（4MP）对金属铜电极的缓蚀性能，结果发现，两种有机物表面活性剂对铜电极在氯化钠存在的腐蚀环境中具有较好的缓蚀保护效果。Kosari等人通过对比研究盐酸腐蚀环境中的2-巯基吡啶与2-吡啶基二硫化物（2PD）吸附行为发现，两种缓蚀剂的缓蚀效率随缓蚀剂加注浓度的增加而上升。

尽管2MP与2PD两种缓蚀剂在吸附过程中贡献电子的能力几乎无差别，但由于2PD缓蚀剂具有较好的获得电子能力，因此与2MP缓蚀剂相比，2PD具有更加优异的缓蚀性能。多数研究认为，巯基吡啶与金属基体吸附时，主要和巯基基团与金属基体发生键合作用有关。然而，目前也有一部分研究团队认为，除了与巯基基团的得失电子能力有关以外，巯基吡啶的缓蚀性能还与N原子与金属基体的成键作用相关。2-羟基吡啶（2HP）与4-羟基吡啶（4HP）与2-巯基吡啶和4-巯基吡啶具有类似的分子结构，但是，人们忽略了2HP与4HP在作为金属腐蚀用缓蚀剂的潜在应用价值。

基于以上目前研究中存在的问题，本章选用2HP、4HP、2MP和4MP作为盐酸腐蚀环境中空气硬化工具钢（A3）材料用缓蚀剂，室温下，采用失重测试方法、电化学极化曲线与电化学阻抗测试方法对不同缓蚀剂浓度加注条件下，四种缓蚀剂对A3钢的缓蚀保护性能进行了研究。采用扫描电子显微镜对失重测试后金属材料的腐蚀面进行了分析。理论模拟计算方法分析了有机物缓蚀剂分子的量化参数及其与缓蚀剂缓蚀效率之间的关系。最终，对分子中官能团的结构及其分布位置差异对缓蚀剂缓蚀效率的影响机制进行了探讨。

2-羟基吡啶（纯度97%）、4-羟基吡啶（纯度98%）、2-巯基吡啶（纯度98%）和4-巯基吡啶（纯度96%）购买自Mackline有限责任公司。盐酸（纯度38%）购买自Adamas-beta。四种有机物的分子结构如图5-44所示。

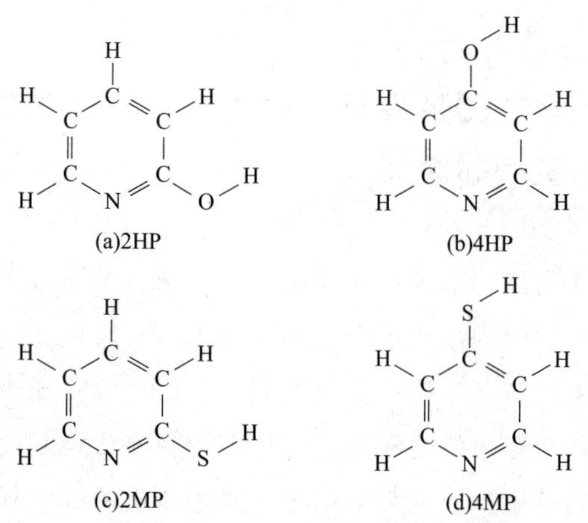

图5-44 2HP、4HP、2MP和4MP的分子结构示意图

化学组成如表5-24所示的空气硬化工具钢（A3）用于失重测试及电化学测试研究。切割尺寸为50mm×15mm×1.5mm的A3钢用于失重测试。切割直径3mm、长度为15mm的圆柱状A3钢电极用于电化学测试。电极圆面一端用铜导线连接，环氧树脂封装。另一端暴露圆面面积为0.07cm^2。每一次试验前，采用

400#、800#、1000#、1200#、2000#和3000#的砂纸对工作电极依次打磨，二次去离子水清洗、室温干燥后待用。

表5-24 空气硬化工具钢的化学成分组成 单位：%

元素	C	Si	Mn	P	S	Fe
质量分数	0.20	0.35	1.40	0.04	0.04	平衡

测试过程：

① 电化学测试在连接有电化学工作站的三电极测试瓶中完成。A3作为测试用工作电极（WE），Pt片（2cm×2cm）用作辅助电极，带有卢金毛细管的饱和甘汞电极用作参比电极（SCE），0.5mol/L HCl溶液用作测试溶液。每次测试之前，将一定量的缓蚀剂加入250mL测试溶液中获得50mg/L、100mg/L或200mg/L的缓蚀剂溶液。开路电位测试30分钟以确保测试体系处于稳定状态。电化学极化曲线测试在−0.8V到−0.2V（vs. SCE）范围区间完成，扫描速率为1mV/s。为获得较好的试验重复性，每次测试进行3～4次。所有的电位均相对于饱和甘汞电极SCE。根据Tafel阴极曲线线性区域切线与腐蚀电位交点获得腐蚀电流密度。根据Tafel曲线拟合获得的腐蚀电流密度值获得缓蚀剂缓蚀效率公式如下：

$$\eta=\frac{j_{corr}^{0}-j_{corr}}{j_{corr}^{0}}\times 100\% \tag{5-29}$$

式中，j_{corr}^{0}是无缓蚀剂加注环境中A3钢的腐蚀电流密度；j_{corr}是加注缓蚀剂后A3钢的腐蚀电流密度。

在开路电位下完成电化学阻抗测试。交流频率范围从100kHz到10MHz，振幅为10mV。采用ZSimpWin3.30软件对测试获得的阻抗数据进行了分析，根据界面电荷转移电阻获得缓蚀剂缓蚀效率公式如下：

$$\text{IE}=\frac{R_{ct}-R_{ct}^{0}}{R_{ct}}\times 100\% \tag{5-30}$$

式中，R_{ct}^{0}是无缓蚀剂加注时A3钢的电荷转移电阻；R_{ct}是加注缓蚀剂后A3钢的电荷转移电阻。

25℃，加注50mg/L缓蚀剂后，A3钢在0.5mol/L HCl溶液中测试获得的零电荷电位（PZC）通过在开路电位两侧施加不同外加电位条件下测试获得。测试过程中，交流振幅为5mV。通过拟合获得的双电层电容值与电位值作图，获得零电位点。

② 25℃环境中，失重测试在广口瓶中测试完成。测试溶液为0.5mol/L HCl。加注100mg/L缓蚀剂前后广口瓶中浸泡样品数量为3个。浸泡8h后，样品在二次去离子水中清洗并在空气中干燥。腐蚀速率值通过以下公式计算获得：

$$v=\frac{m-m_0}{St} \tag{5-31}$$

式中，m是样品失重测试前的质量；m_0是样品进行失重测试8h后的质量；S是A3钢暴露于测试溶液中的面积，m^2；t是测试时间，h。

通过失重测试获得的腐蚀速率计算缓蚀剂缓蚀效率（η_w）公式如下：

$$\eta_w=\frac{v-v_0}{v}\times 100\% \tag{5-32}$$

式中，v是A3钢在无缓蚀剂加注时获得的腐蚀速率，$g/(m^2 \cdot h)$；v_0是A3钢在有缓蚀剂加注溶液中的腐蚀速率，$g/(m^2 \cdot h)$[55]。

③ 25℃环境中，A3钢在无缓蚀剂添加，加注100mg/L 2HP、100mg/L 4HP、100mg/L 2MP和100mg/L 4MP的0.5mol/L HCl溶液中浸泡8h后，腐蚀后的样品表面采用扫描电子显微镜（HitachiS3400N，Japan）进行了分析。分析过程中的加速电压为15kV，枪头电流为10nA。

④ 分子前线轨道理论模拟计算研究采用Materials studio7.0软件（Accelrys，SanDiego公司）中的Dmol3模块计算完成。理论模拟计算前，构建了有机物分子结构，进行了结构优化和前线轨道模拟计算。计算是在双极化（DNP）基组的广义梯度（GGA）下完成的。Perdew-Burke-Ernzerh（PBE）交换关联能被用于计算且计算过程的收敛精度设置为Fine。

分子动力学（MD）理论模拟计算采用Materials studio7.0软件完成。首先，构建了尺寸为0.86nm×0.86nm×5.73nm、包含45个Fe原子的Fe（001）面，采用Discover模块对该模型进行了能量最小化。其次，采用Dmol3模块在如前面所述条件下对水分子进行了结构优化。采用amorphous cell工具构建了尺寸为0.86nm×0.86nm×10.15nm包含25个水分子的水盒子，设置水盒子外部真空层厚度为30Å，采用Layer模块构建获得了缓蚀剂/水/Fe（001）的界面结构。构建的界面结构体系在COMPASS力场下进行了能量最小化。最后，进行了分子动力学模拟计算过程。其中，Andersen控温在298K，NVT系统下控制时间间隔1fs，完成了共计100ps的分子动力学计算过程。分子动力学计算过程完成后，在平衡态构型中获得能量最小的合理结构模型用于分析。

5.9.12　杂原子官能团及其分布位置差异对缓蚀剂分子吸附性能的影响结果分析

采用动电位极化曲线测试方法对2HP、4HP、2MP和4MP缓蚀剂加注时对阳极和阴极极化曲线影响进行了研究。加注不同浓度（50mg/L、100mg/L、200mg/L）2HP、4HP、2MP和4MP缓蚀剂前后的极化曲线如图5-45所示。A3钢发生了腐蚀的溶解，在测试电位范围之内没有展示出钝化特征。与无缓蚀剂加注的测试溶液中碳钢的极化曲线相比，含有2MP和4MP缓蚀剂的测试溶液中，测试获得的阳极和阴极极化曲线向更负的方向移动［图5-45（b）］。

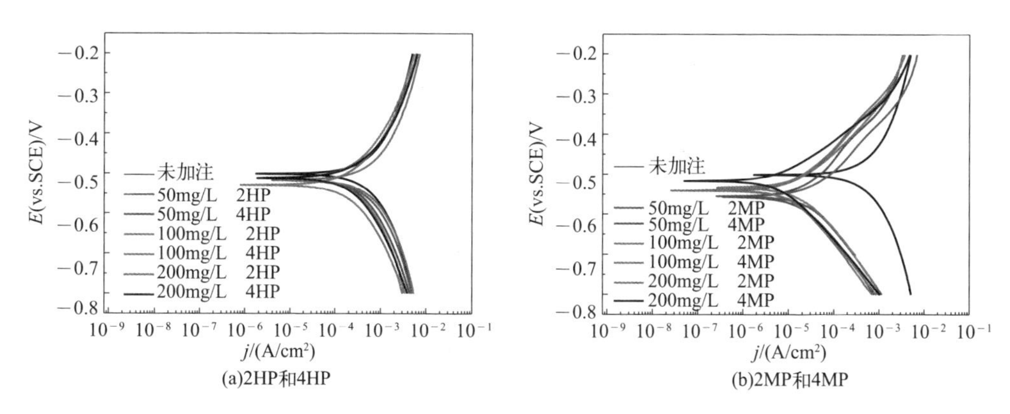

图5-45　25℃，0.5mol/L HCl溶液中加注不同浓度缓蚀剂前后的极化曲线

与加注2MP和4MP缓蚀剂的溶液中测试获得的电极极化曲线相比，加注2HP和4HP缓蚀剂的测试溶液中，电极的极化曲线［图5-45（a）］与无缓蚀剂加注时金属电极的极化曲线位置几乎无差别。通过拟合获得了电化学参数、腐蚀电位（E_{corr}）、腐蚀电流密度（j_{corr}）、阴极极化曲线斜率（β_c）和阳极极化曲线斜率（β_a）列于表5-25。与无缓蚀剂加注时金属电极的腐蚀电位相比，加入缓蚀剂后金属电极的腐蚀电位偏移值低于85mV。与无缓蚀剂添加时相比，加注不同浓度2HP和4HP缓蚀剂后的腐蚀电位偏移分别为10～16mV和12～28mV，加注了2MP和4MP缓蚀剂后的电极腐蚀电位位于33～54mV和16～55mV区间。可知，2HP、4HP、2MP和4MP缓蚀剂为混合型缓蚀剂。2MP和4MP缓蚀剂加注的测试溶液中，随缓蚀剂加注浓度增加阳极极化曲线斜率逐渐降低，表明两种缓蚀剂主要控制金属的阳极反应过程。随着缓蚀剂加注浓度的增加腐蚀电流密度值呈下降趋势。相比之下，加注100mg/L 2HP和100mg/L 4HP的缓蚀效率较低。2MP和4MP缓蚀剂最高缓蚀效率分别为97.6%和98.9%。四种缓

蚀剂的缓蚀效率增加趋势为 2HP<4HP<2MP<4MP。

表 5-25 25℃，0.5mol/L HCl 溶液中加注不同浓度缓蚀剂前后的动电位极化曲线参数

缓蚀剂	浓度 /(mg/L)	E_{corr} /mV	j_{corr} /(μA/cm²)	SD_{icorr}	$-\beta_c$ /(mV/dec)	β_a /(mV/dec)	η/%
空白	—	−501	520.6	3.67	191.4	189.1	—
2HP	50	−517	445.9	2.51	181.7	170.1	14.3
	100	−511	235.1	4.66	168.2	152.4	54.8
	200	−517	493.9	2.19	188.2	176.6	51.3
4HP	50	−513	337.6	2.83	196.7	152.5	35.2
	100	−529	192.2	2.39	168.2	141.5	63.1
	200	−512	248.4	4.26	196.5	140.9	52.3
2MP	50	−555	31.6	2.58	153.7	120.8	93.9
	100	−534	14.5	2.24	120.9	103.2	97.2
	200	−541	12.5	2.89	133.2	109.6	97.6
4MP	50	−556	20.6	3.18	147.3	136.3	96.0
	100	−540	11.0	2.95	134.9	107.2	97.9
	200	−517	5.7	3.68	113.7	81.1	98.9

① 电化学阻抗谱是考量腐蚀电位下电极界面行为的有效手段。图 5-46 所示为 A3 加注不同浓度（50mg/L、100mg/L、200mg/L）2HP、4HP、2MP 或 4MP 缓蚀剂的 0.5mol/L HCl 溶液中的 Nyquist 曲线［图（a)、图（c）］和 Bode 曲线［图（b)、图（d）］。在测试频率范围区间，所示的 Nyquist 曲线表现出单一的容抗弧特性，这是由电极界面反应过程中电荷转移电阻（R_{ct}）和双电层电容（C_{dl}）引起的。金属电极的不均匀性和粗糙程度影响曲线的外观，因此其表现出来的容抗弧是扁半圆状，而不是一个理想的容抗弧特性。与无缓蚀剂加注时相比，加注缓蚀剂的测试溶液中电极测试获得的容抗弧直径增加，且随缓蚀剂加注浓度的增加容抗弧直径亦会增大，表面 R_{ct} 值有所增大。

波特图［图 5-46（b）和图 5-46（d）］所示阻抗模值随缓蚀剂加注浓度的增加而增大。结果表明，在 0.5mol/L HCl 溶液中，2MP 和 4MP 缓蚀剂对 A3 钢较 2HP 和 4HP 缓蚀剂具有更加优异的缓蚀保护性能。测试条件下，相位图表现出一个时间常数特征，因此电化学阻抗谱采用如图 5-47 所示的等效电路进行了拟合。C_{dl} 值通过以下公式计算得出：

$$C_{dl}=Y_0(\omega_{max})^{n-1} \tag{5-33}$$

式中，ω_{max} 是阻抗虚部最大处对应的频率值；Y_0 是 CPE 的大小；n 是相指数。

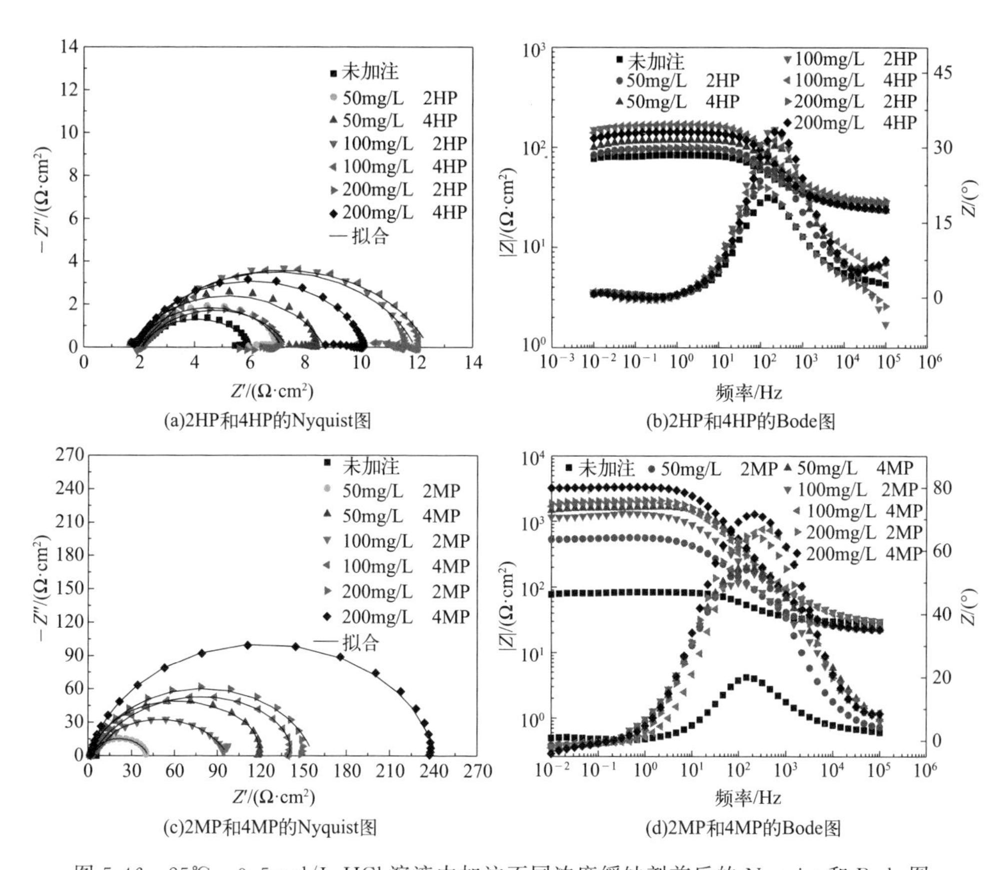

图 5-46　25℃，0.5mol/L HCl 溶液中加注不同浓度缓蚀剂前后的 Nyquist 和 Bode 图

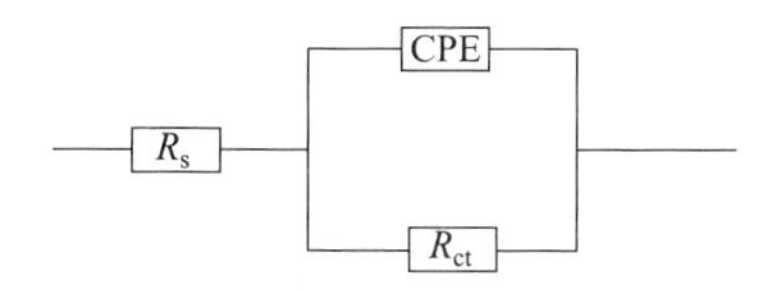

图 5-47　25℃，0.5mol/L HCl 溶液中 A3 钢的阻抗拟合等效电路图

如表 5-26 所示，电荷转移电阻的值随着缓蚀剂浓度的增加而增大。在加注浓度区间，添加 100mg/L 2HP 和 100mg/L 4HP 缓蚀剂的溶液中获得对金属电极最大的缓蚀保护效率，缓蚀效率值分别为 57.7%和 59.4%。加注了 2MP 或 4MP 缓蚀剂的测试溶液中，缓蚀剂对金属基体的缓蚀效率较 2HP 或 4HP 的缓蚀效率有所改善。在 50mg/L 2MP 或 50mg/L 4MP 加注的缓蚀剂溶液中，缓蚀效率超过 89.0%。200mg/L 2MP 和 200mg/L 4MP 缓蚀剂的溶液中，获得测试浓度区间缓蚀效率的最大值，分别为 97.2%和 98.2%。该获得的缓释效率值优于最近报道的缓蚀效率。电化学交流阻抗测试获得的缓蚀剂缓蚀效率趋势与电化学极化曲线获得的缓蚀剂缓蚀效率趋势一致。

表 5-26 25℃，0.5mol/L HCl 溶液中加注不同浓度缓蚀剂前后的交流阻抗参数

缓蚀剂	浓度/(mg/L)	R_{ct}/(Ω·cm²)	SD_{Rct}	CPE		C_{dl}/(μF/cm²)	IE/%
				Y_0/[s^n/(Ω·cm)]	n		
空白	—	4.1	0.27	1.89×10^{-3}	0.7056	490.5	—
2HP	50	5.5	1.24	1.38×10^{-3}	0.7253	391.1	25.5
	100	9.7	1.47	7.43×10^{-4}	0.7904	306.7	57.7
	200	5.0	1.62	6.90×10^{-4}	0.7849	302.3	18.0
4HP	50	6.6	1.83	9.89×10^{-4}	0.7907	379.6	37.9
	100	10.1	2.25	9.52×10^{-4}	0.7904	364.4	59.4
	200	8.2	1.18	7.39×10^{-4}	0.7849	275.8	50.0
2MP	50	39.6	4.15	1.96×10^{-4}	0.8358	111.2	89.6
	100	96.1	2.78	7.32×10^{-5}	0.6688	30.1	95.7
	200	149.0	2.22	1.50×10^{-5}	0.8450	9.9	97.2
4MP	50	115.9	3.59	8.63×10^{-5}	0.8842	57.9	96.5
	100	143.0	2.64	2.04×10^{-5}	0.7420	10.2	97.1
	200	236.8	2.94	1.33×10^{-5}	0.8890	9.8	98.2

此外，受缓蚀剂在金属/溶液界面的吸附影响，计算获得的电化学双电层电容值随缓蚀剂加注浓度的增大而降低。我们知道，缓蚀剂的介电常数低于水分子且其体积大于水分子的体积，界面处水分子与缓蚀剂分子竞争吸附作用下，吸附的缓蚀剂分子替换和排挤界面处水分子远离界面，从而双电层电容值下降。

这一现象也充分证明了，随着缓蚀剂加注浓度的增大，界面处吸附的缓蚀剂分子数量增大，因此缓蚀剂对金属基体的缓蚀效率随缓蚀剂加注浓度的增加呈先增大后减小的变化趋势。与前面极化曲线测试方法获得的缓蚀剂缓蚀效率趋势相同，相同测试环境和相同浓度缓蚀剂加注条件下，四种缓蚀剂的缓蚀效率优劣顺序遵循 4HP>2HP 且 4MP>2MP，换句话说，官能团的分布（羟基基团或巯基基团）对缓蚀剂的缓蚀效率产生影响。

② 缓蚀剂的缓蚀效率受缓蚀剂分子结构、金属表面状态以及腐蚀环境的影响。金属表面的带电状态可对缓蚀剂的吸附产生影响。金属表面的带电状态对缓蚀剂分子在金属表面的吸附过程产生重要影响，可以通过零电荷电位（PZC）与金属的自腐蚀电位（E_{corr}）位置关系来确定金属表面的带电状态。25℃，在一个广泛的电位区间［从－485mV（vs. SCE）到－555mV（vs. SCE）］，将 A3 在无缓蚀剂加注以及加注了 50mg/L 4MP 缓蚀剂的测试溶液中浸泡 30min 后，我们测试获得了一系列的电化学阻抗谱数据。通过拟合获得了双电层电容值，将拟合后电容值与对应的电位作图（图 5-48）。无缓蚀剂加注溶液中测试获得的 A3

钢自腐蚀电位值为－526.3mV（vs. SCE），电容最小值位于－520.0mV（vs. SCE），E_{corr} 的值为－6.3mV（vs. SCE），表明该环境温度下，无缓蚀剂加注的测试溶液中，A3 钢表面带有过剩的负电荷。过剩的负电荷有利于带有正电荷的粒子在金属表面的吸附。加注缓蚀剂的测试溶液中，金属基体腐蚀电位为－529.6mV（vs. SCE），双电层电容最小值位于－535.0mV（vs. SCE）。零电荷电位点位于自腐蚀电位更负位置，表明该测试环境中，A3 钢表面带有过剩的正电荷。

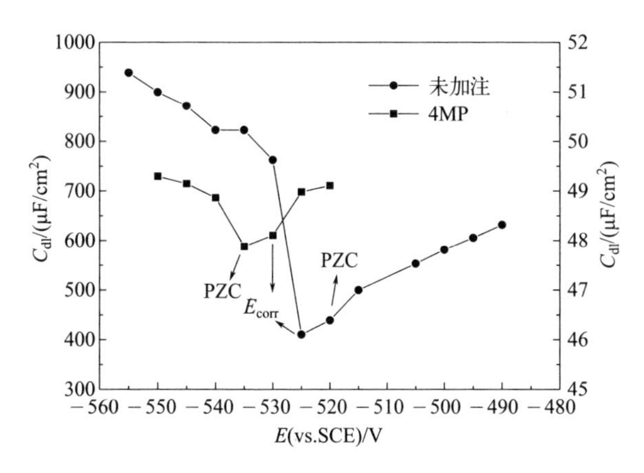

图 5-48　25℃，0.5mol/L HCl 溶液中 A3 钢表面的电容-电位曲线

③ 25℃环境中，采用失重测试方法对无缓蚀剂加注以及 100mg/L 不同缓蚀剂（2HP、4HP、2MP、4MP）加注的测试溶液中，A3 钢的腐蚀速率进行了研究。测试结果如图 5-49 所示。无缓蚀剂加注条件下，金属样品的腐蚀速率为 0.61mg/(h·cm^2)。在加注有缓蚀剂的测试溶液中浸泡后，A3 钢的腐蚀速率明显下降，金属样品在不同缓蚀剂溶液中的腐蚀速率高低顺序为：2HP＞4HP＞

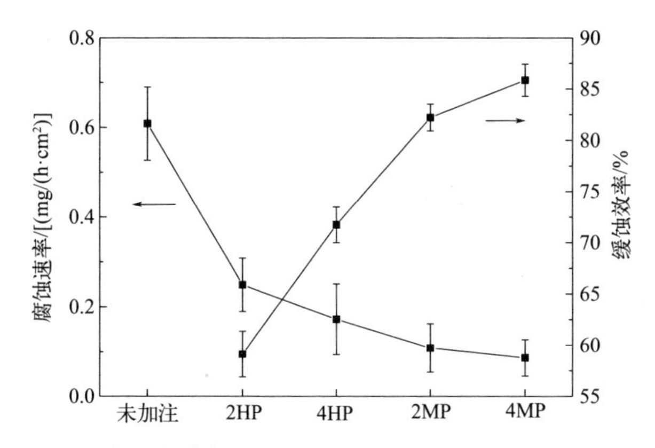

图 5-49　25℃，A3 钢电极在加注 100mg/L 的 2HP、4HP、2MP 和 4MP 缓蚀剂的 0.5mol/L HCl 溶液中浸泡 8h 后的腐蚀速率和缓蚀效率图
（图中散点代表 3 次测试的误差）

2MP＞4MP。缓蚀剂的缓蚀效率与腐蚀速率趋势相反，即 2HP＜4HP＜2MP＜4MP。失重测试获得的缓蚀效率结果有效验证了电化学（极化曲线与电化学阻抗）测试的准确性。

④ 采用扫描电子显微镜对失重测试后的样品表面宏观腐蚀形貌进行了分析，如图 5-50 所示。为了更加直观地观测腐蚀样品表面形貌，将打磨后样品表面形貌列于图 5-50（a）。打磨后，样品表面残留很多明显可见的划痕，划痕分布均匀且方向一致。图 5-50（b）所示的金属样品表面颗粒为铁的氧化物。将金属电极在无缓蚀剂加注的测试溶液中浸泡后，由于金属表面腐蚀溶液，表面划痕明显消失，可观测到一个粗糙的金属表面［图 5-50（b）］。将金属电极浸泡在加注缓

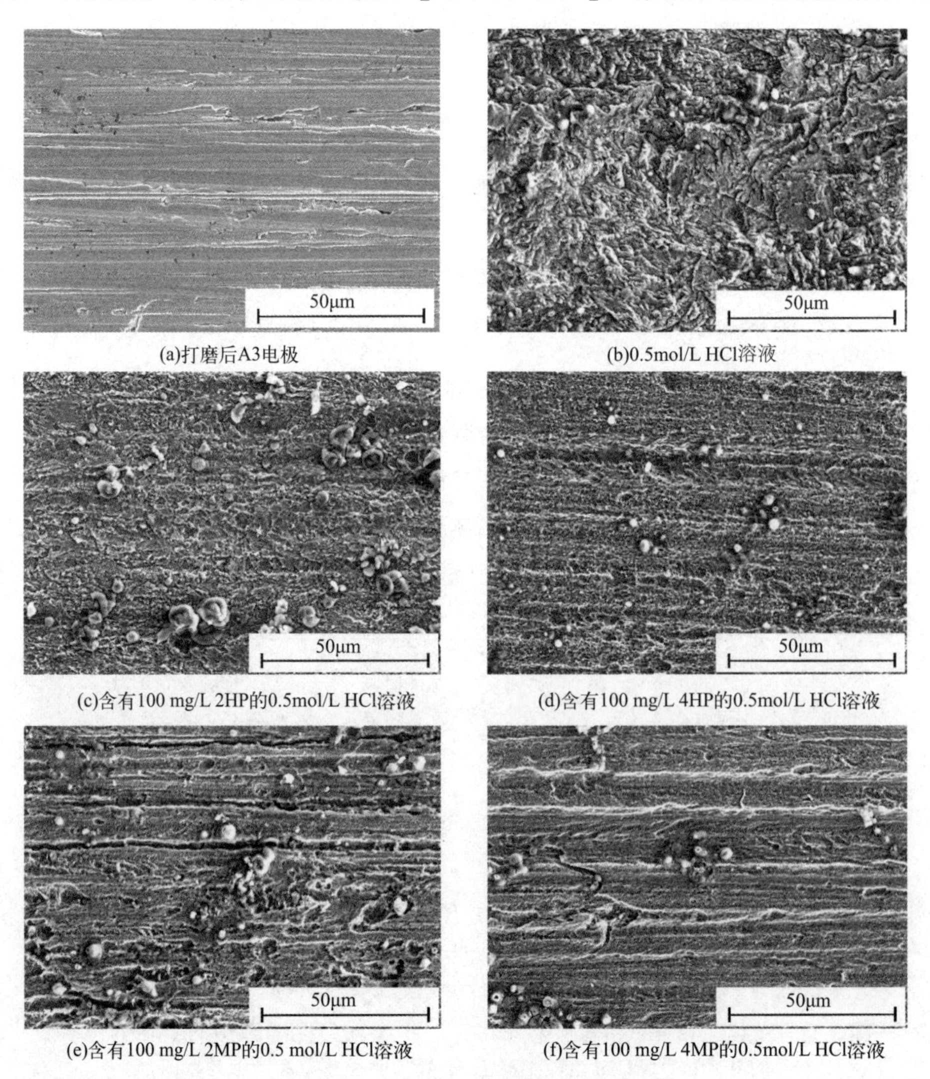

(a)打磨后A3电极　(b)0.5mol/L HCl溶液

(c)含有100 mg/L 2HP的0.5mol/L HCl溶液　(d)含有100 mg/L 4HP的0.5mol/L HCl溶液

(e)含有100 mg/L 2MP的0.5 mol/L HCl溶液　(f)含有100 mg/L 4MP的0.5mol/L HCl溶液

图 5-50　A3 钢电极在不同溶液中浸泡 8h 后的 SEM 图像

蚀剂的溶液中后［图5-50（c）～（f）］，与无缓蚀剂加注的溶液中浸泡后样品表面相比，金属表面表现出较为平整和光滑的特征。与加注2HP缓蚀剂的溶液中浸泡后样品表面相比，在加注4HP缓蚀剂溶液中浸泡后的样品表面表现出更加平滑的特征。此外，在加注了巯基吡啶缓蚀剂的测试溶液中浸泡后样品表面较加注了羟基吡啶的测试溶液中样品表面表现出更加均匀的特征，表明巯基吡啶缓蚀剂对金属材料在0.5mol/L HCl腐蚀环境中具有更加优异的缓蚀保护效果。

⑤ 分子前线轨道（最高占据分子轨道HOMO和最低未占据分子轨道LUMO）被广泛应用于明确缓蚀剂分子的活性吸附基团信息。在GGA/PBE水平下对2HP、4HP、2MP和4MP分子的前线轨道进行了分析，四种分子的HOMO和LUMO分布列于图5-51。明显可见，四种缓蚀剂分子的HOMO和

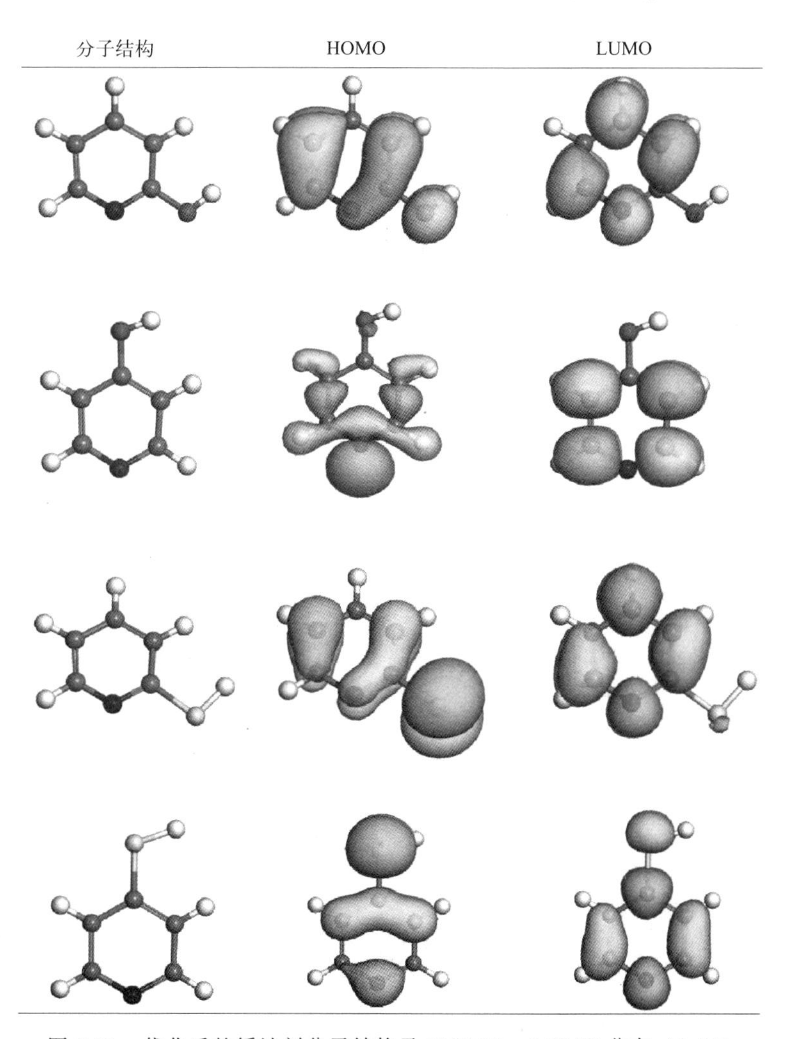

图5-51 优化后的缓蚀剂分子结构及HOMO、LUMO分布（0.03）

LUMO 几乎遍布于整个分子结构，但是在其官能团（羟基基团与巯基基团）以及分子结构中的 N 原子表现出明显的差异。2MP 分子中巯基基团的 HOMO 分布较为清晰，4HP 分子中的羟基集团上，无明显的 HOMO 和 LUMO 分布。此外，与 2MP 分子不同，4MP 分子的活性官能团 HOMO 和 LUMO 分布不明显。因此，可以推断，四种缓蚀剂加注条件下金属的腐蚀速率差异可能与分子中的局部吸附活性差异有关。换句话来讲，官能团（巯基和羟基基团）差异是引起四种吡啶缓蚀剂缓蚀性能差异的主要因素。

为了进一步明确缓蚀剂分子中局域活性信息，对不同缓蚀剂分子的亲电 Fukui 指数（f_k^-）进行了分析，结果如图 5-52 所示。可见，随着官能团结构及其分布位置的差异，吡啶环上的 N 原子以及杂原子的 Fukui 指数表现出明显的差异。2HP、4HP、2MP 和 4MP 缓蚀剂分子中，吡啶环中 N 原子及杂原子（O 或 S）的 f_k^- 分别为 0.259eV、0.303eV、0.454eV 和 0.465eV。含巯基基团的缓蚀剂分子 f_k^- 值高于含羟基基团的 f_k^- 值。此外，4MP 分子的 f_k^- 值高于 2MP 分子的 f_k^- 值，4HP 分子的 f_k^- 值高于 2HP 分子的 f_k^- 值。这些规律与缓蚀剂分子的缓蚀效率表现出较好的一致性，也就是说，缓蚀剂缓蚀效率的高低顺序为 4MP＞2MP、4HP＞2HP。

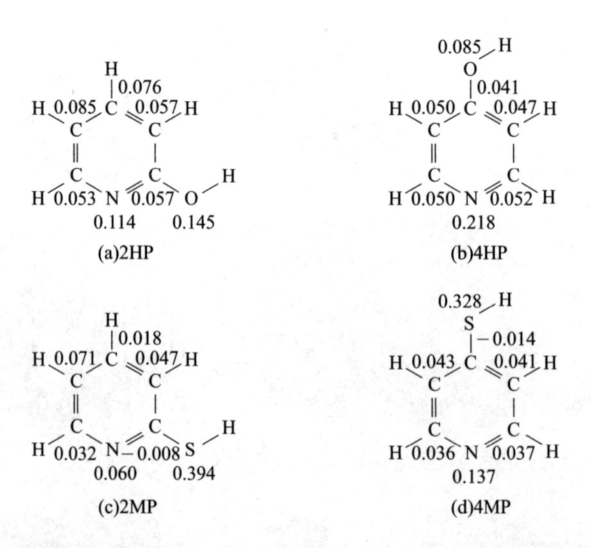

图 5-52 GGA/PBE 水平下，缓蚀剂分子中不同原子的亲电指数（f_k^-）

⑥ 为了进一步明确缓蚀剂在界面的吸附情况，采用分子动力学（MD）模拟计算方法对构建的缓蚀剂/水/金属界面模型进行了理论模拟研究，计算获得的结果如图 5-53 所示。通过对比四种缓蚀剂分子在 Fe（001）表面的稳定吸附构象

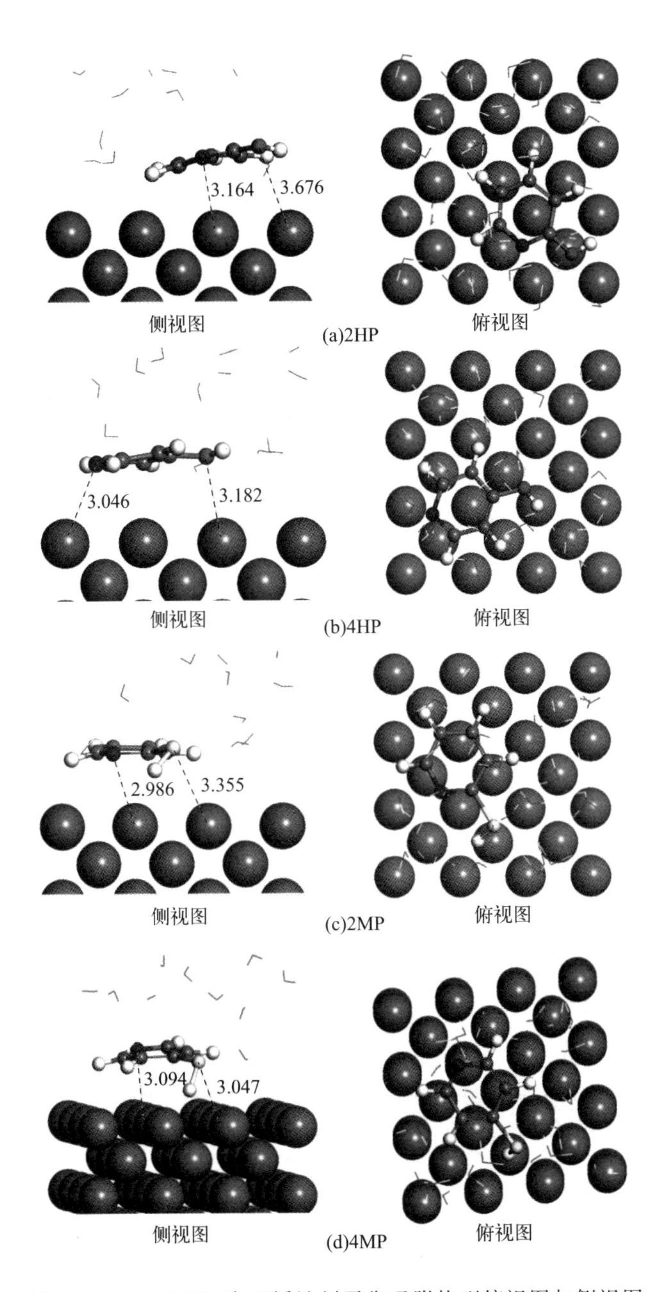

图 5-53　Fe（001）表面缓蚀剂平衡吸附构型俯视图与侧视图

发现，2HP 缓蚀剂分子呈一定角度吸附在金属基体表面，4HP、2MP 和 4MP 缓蚀剂分子几乎与金属基体表面呈平行状态吸附。据报道，这种与金属表面平行的吸附构型更加有利于缓蚀剂分子在金属表面的稳定吸附。此外，这种与金属基体表面呈平行状态的吸附构型提高了缓蚀剂分子对金属表面活性反应位点的覆盖程度。2HP 和 4HP 缓蚀剂分子主要通过分子中含有的 N 和 O 原子吸附在基体表面，而 2MP 和 4MP 分子在金属表面吸附时，主要通过分子中含有的 N 原子和 S 原子与基体间的键合作用。2HP 与 4HP 缓蚀剂分子中，N 原子与 Fe 表面的成键距离分别为 3.16Å 和 3.05Å，O 原子与 Fe 表面的成键距离分别为 3.68Å 和 3.18Å。2MP 与 4MP 缓蚀剂分子中，N 原子与 Fe 表面的成键距离分别为 2.99Å 和 3.09Å，S 原子与 Fe 表面的成键距离分别为 3.36Å 和 3.05Å。电荷转移速率与成键距离成反比，也就是说，成键距离越短，分子间电子转移速率越快。通过分子动力学获得的各分子中活性吸附原子与金属表面成键距离比对分析可知，4MP 缓蚀剂分子与金属表面距离较近，其吸附过程中电荷转移速率较快，成键作用更加稳定，2MP、4HP 和 2HP 依次次之。缓蚀剂的吸附稳定性越低，其在金属表面的脱附越容易受到环境因素的影响，越不利于缓蚀剂分子对金属基体的吸附保护。

⑦ 缓蚀剂分子通过电荷转移吸附作用在金属表面，在金属表面形成缓蚀剂吸附膜层。在这一过程中，水分子在竞争吸附作用下，离开金属表面并被排挤到距离金属表面远处的溶液层，这将会改善溶液中的腐蚀性粒子向金属表面扩散迁移的阻力。从图 5-54 所示的水层与金属表面距离结果分析可知，溶液中加注了 2HP、4HP、2MP 和 4MP 缓蚀剂分子后，距离金属表面最近的液层分别处于距水/Fe（001）界面距离为 2.99Å、3.05Å、3.13Å 和 3.21Å 处。这表明，加注了 4MP 缓蚀剂分子的溶液中，腐蚀性粒子向金属基体表面的扩散迁移更加困难，四种缓蚀剂分子对金属基体的缓蚀保护能力顺序为：4MP＞2MP＞4HP＞2HP。

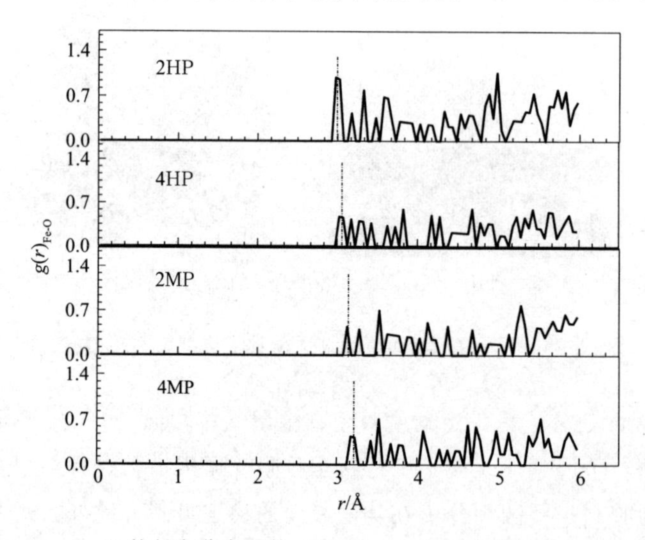

图 5-54　Fe-O 的径向分布函数（RDF）（O 指代水分子中的 O 原子）

5.10　金属文物缓蚀材料的研究与应用总结

海洋出水的金属文物腐蚀是一个相当复杂的过程，通过对海洋出水的铁质文物腐蚀产物样品进行X衍射分析，发现锈蚀产物主要为三种不同构象的FeOOH、Fe_2FeO_4和Fe_2O_3。同时利用X荧光分析、显微照相、扫描电镜分析、红外分析等手段对部分腐蚀产物样品进行了进一步分析得出，铁质文物由于处于海水的浸泡环境，长期受到Cl^-等介质的腐蚀，从海洋环境中打捞出水后，由于所处的环境体系发生突变以及空气中O_2渗入电解质薄层水膜，导致文物受到更为恶劣的腐蚀[4,33]。但是这些过程离不开O_2、Cl^-、H_2O的共同作用，因此对海洋出水的铁质文物保护设计过程中，要设法排除O_2、Cl^-、H_2O这三种因素，或排除其中的任何一个，使铁质文物处于无氧、干燥、无可溶盐的环境中，阻断其海洋腐蚀连续性过程。具体措施包括清洗除锈、除氯脱盐（溶液浸泡、电解还原、物理脱盐、纸糨糊敷等方法）、缓蚀处理以及封护保存（微晶石蜡封护、有机高分子材料封护等方法）。

在实际的铁质文物保护工作中，长期跟踪问效评价方法能直接反映铁质文物保护工作的成效，但此方法受到周期较长、尚未具有相关标准以供参考等因素制约，同时抗盐雾实验、抗冻融、抗紫外老化、抗室外大气曝晒等大气腐蚀评价方法均不能直接应用于铁质文物保护工作的性能评价。在经过参阅文献和各类技术标准后，发现使用缓蚀剂保护，可以非常简单有效地进行评价。

在本章中，分别采用X射线表征分析、金相组织分析、XRD锈蚀产物组成结构分析、SEM-EDX腐蚀形貌及元素分布表征等多种方法对海洋出水的文物开展了研究，以Q235碳钢模拟古代铁质文物材质，并对大量单一缓蚀剂进行筛选和复配研究后，选择使用了钼酸钠（Na_2MoO_4）无机缓蚀剂和植酸钠（$C_6H_6Na_{12}O_{24}P_6$）绿色有机缓蚀剂开展相关的缓蚀研究工作。

通过gamry工作站电化学测试和3D超景深显微镜观察评价Na_2MoO_4对Q235碳钢表面的保护效果。结果显示，通过在去离子水试验溶液中加入不同浓度的无机缓蚀剂钼酸钠，筛选出了钼酸钠的最佳添加量为500mg/L，其对Q235碳钢表现出最佳的缓蚀效果，这是因为钼酸盐的存在，缓蚀剂分子快速吸附在Q235碳钢表面，初步形成低渗透的稳定保护层，其对Q235的钝化减少了耦合样品上的阴极和阳极反应。Q235碳钢在500mg/L的钼酸钠溶液中浸泡60min后，其表面会形成一层保护膜抑制基体进一步腐蚀，Q235表面形成的保护膜具有良好的持久性，防止了Q235随着浸泡时间的延长而进一步阳极溶解，缓蚀率可高达89%。

此外，通过筛选近百种绿色缓蚀剂，开创性地将绿色缓蚀剂植酸钠用于海洋出水铁质文物并进行性能评价，Q235在植酸钠溶液中浸泡后，明显形成一层防护层，单加入植酸钠的缓蚀率为60%，表现出良好的单一缓蚀性，确定了利用新型绿色缓蚀剂植酸钠于中性条件下对Q235碳钢进行缓蚀防护策略的可行性，在铁质文物防护中展现了良好的应用前景。

由于含杂原子的活性官能团及其分布位置对吡啶衍生物缓蚀性能的影响规律及其作用机制尚不明确，因此，本章也选定了2-羟基吡啶（2HP）、4-羟基吡啶（4HP）、2-巯基吡啶（2MP）、4-巯基吡啶（4MP）四种缓蚀剂分子，研究其在0.5mol/L HCl测试溶液中对A3钢的缓蚀性能。动电位极化曲线与交流阻抗测试结果表明四种缓蚀剂分子对基体的缓蚀性能规律为4MP＞2MP＞4HP＞2HP，失重测试结果与电化学测试结果相互验证。加注了不同浓度（50mg/L、200mg/L）的2HP或4HP缓蚀剂的测试溶液中，缓蚀剂的最大缓蚀效率低于60%。加注了不同浓度（50mg/L、200mg/L）的2MP或4MP缓蚀剂的缓蚀效率最大为98%，与巯基吡啶相比，表现出对金属基体更好的缓蚀性能。通过对腐蚀后金属基体表面形貌的扫描电子显微镜分析发现，浸泡在加注了2MP或4MP缓蚀剂溶液中的金属基体表面更加平整。从四种缓蚀剂分子的前线轨道分布发现，2MP和4MP缓蚀剂分子的HOMO及LUMO遍布巯基基团，说明巯基吡啶的活性吸附原子及其分子吸附构型更加有利于缓蚀剂分子对金属基体的吸附保护作用。

缓蚀剂分子在金属表面吸附后成膜。在无缓蚀剂添加的测试溶液中，金属表面携带过剩的负电荷。酸性溶液中带有正电荷的缓蚀剂与金属表面相互作用过程中，分子首先通过长程相互作用吸附在金属表面，进一步作用过程中，与金属基体表面发生电荷转移相互作用成键，金属表面携带有正电荷。四种缓蚀剂分子的亲电能力依次为4MP＞2MP＞4HP＞2HP。与S原子相比，O原子周围的电子更加稳定，表现出较大的电负性。因此，巯基吡啶缓蚀剂分子较羟基吡啶缓蚀剂分子表现出更加优异的缓蚀效率。与2HP、4HP及2MP缓蚀剂分子相比，由于巯基基团及其分布位置的影响，4MP缓蚀剂分子表现出了更加优异的亲电特性。这有利于4MP缓蚀剂分子通过巯基基团与金属基体化学成键。此外，4MP分子中的N原子与金属基体成键作用，使得4MP缓蚀剂分子与金属基体呈平形状吸附。缓蚀剂分子与金属基体表面成键长短顺序为2HP＞4HP＞2MP＞4MP。4MP缓蚀剂分子与金属基体成键距离最短，其在金属表面的吸附作用更加稳定。缓蚀剂分子在金属表面吸附后，替换和排挤水分子远离金属基体表面，4MP缓蚀剂分子表现出了最佳抵抗腐蚀性粒子向金属基体迁移的能力，四种缓蚀剂的缓蚀性能顺序为4MP＞2MP＞4HP＞2HP。

综上所述，本研究对海洋出水铁质文物的腐蚀机理有了明确的思路，认为铁质文物腐蚀的主要因素是O_2、Cl^-、H_2O的共同作用，所以，铁质文物的保护首先强调“防潮、防氧、防氯”。此外，缓蚀协同效应是开发高效复配缓蚀剂的基础，也是缓蚀研究方向的大趋势。

参考文献

[1] 张月玲. 我国海洋出水文物保护技术现状分析[J]. 中国国家博物馆馆刊，2012(6)：133-139.

[2] 李园，张治国，沈大娲，等. 钢铁及铁质文物有机缓蚀剂的研究进展[J]. 化工技术与开发，2008，37(10)：17-21.

[3] 魏宝明. 金属腐蚀理论及应用[M]. 北京：化学工业出版社，1984.

[4] 胡沛，胡钢. 缓蚀剂在铁质文物保护中的应用[J]. 广东化工，2019，46(14)：87-89.

[5] Qiang Y，Zhang S，Xu S，et al. The effect of 5-nitroindazole as an inhibitor for the corrosion of copper in a 3.0% NaCl solution[J]. RSC Advances，2015，5(78)：63866-63873.

[6] Tian H，Cheng Y F，Li W，et al. Triazolyl-acylhydrazone derivatives as novel inhibitors for copper corrosion in chloride solutions[J]. Corrosion Science，2015，100：341-352.

[7] Rajkumar G，Sethuraman M G. A study of copper corrosion inhibition by self-assembled films of 3-mercapto-1*H*-1，2，4-triazole[J]. Research on Chemical Intermediates，2016，42(3)：1809-1821.

[8] Finšgar M. The first X-ray photoelectron spectroscopy surface analysis of 4-methyl-2-phenyl-imidazole adsorbed on copper[J]. Analytical Methods，2015，7(16)：6496-6503.

[9] 王永垒，李海云，方红霞，等. 硫脲/硫氰酸钾复合缓蚀剂对20碳钢的缓蚀性能研究[J]. 应用化工，2015(2)：258-260.

[10] 徐飞，万俐，周永璋，等. 铁质文物高效缓蚀剂的实验室研究[C]//中国文物保护技术协会. 中国文物保护技术协会第四次学术年会论文集. 北京：科学出版社，2005，80-87.

[11] 吴来明，周浩，蔡兰坤. 基于“洁净”概念的馆藏文物保存环境研究[J]. 文物保护与考古科学，2008，20(S_1)：136-140.

[12] 蔡兰坤. 金属质文物大气腐蚀控制的缓蚀剂保护方法及作用机理研究[D]. 上海：华东理工大学，2001.

[13] 周浩，王胜利，刘雪峰，等. 新型复合缓蚀剂对青铜文物的防腐蚀研究[J]. 中国腐蚀与防

护学报，2021，41(4)：6-17.

[14] 胡钢，吕国诚，许淳淳，等. BTA和钼酸钠对青铜的协同缓蚀作用研究[J]. 腐蚀科学与防护技术，2008(01)：25-28.

[15] 卢爽，任正博，谢锦印，等. 2-氨基苯并噻唑与苯并三氮唑复配体系对Cu的缓蚀性能[J]. 中国腐蚀与防护学报，2020，40(06)：577-584.

[16] 吕祥鸿，张晔，闫亚丽，等. 两种新型曼尼希碱缓蚀剂的性能及吸附行为研究[J]. 中国腐蚀与防护学报，2020，40(01)：31-37.

[17] 张然，赵丹丹，李沫. 金属文物新型缓蚀剂直链饱和脂肪酸(盐)的研究进展[J]. 腐蚀科学与防护技术，2019，31(2)：232-241.

[18] 苏州市贝克生物科技有限公司. 一种文物表面抗氧化水性涂料及其制备方法：CN201610104943.8[P]. 2016-06-22.

[19] 中国腐蚀与防护网. 最全解析：文物腐蚀的结与解[EB/OL]. (2016-05-10)[2024-01-30]. http://www.ecorr.org.cn/news/science/2016-05-10/6698.html.

[20] 马清林，沈大娲，永昕群. 铁质文物保护技术[M]. 北京：科学出版社，2011.

[21] 邵明鲁，刘德新，朱彤宇，等. 乌洛托品季铵盐缓蚀剂的合成与复配研究[J]. 中国腐蚀与防护学报，2020，40(03)：244-250.

[22] Lee W J. Inhibiting effects of imidazole on copper corrosion in 1 M HNO_3 solution[J]. Materials Science and Engineering：A，2003，348(1)：217-226.

[23] 邓杨. 苯并三氮唑类衍生物缓蚀剂的合成及其应用研究[D]. 长沙：中南大学，2010.

[24] Izquierdo J，Santana J J，González S，et al. Scanning microelectrochemical characterization of the anti-corrosion performance of inhibitor films formed by 2-mercaptobenzimidazole on copper[J]. Progress in Organic Coatings，2012，74(3)：526-533.

[25] Ehteshamzadeh M，Shahrabi T，Hosseini M. Innovation in acid pickling treatments of copper by characterizations of a new series of Schiff bases as corrosion inhibitors[J]. Anti-Corrosion Methods and Materials，2006，53(5)：296-302.

[26] Zhang D Q，Gao L X，Cai Q R，et al. Inhibition of copper corrosion by modifying cysteine self-assembled film with alkylamine/alkylacid compound[J]. Materials and Corrosion，2010，61(1)：16-21.

[27] Makarenko N V，Kharchenko U V，Zemnukhova L A. Effect of amino acids on corrosion of copper and steel in acid medium[J]. Russian Journal of Applied Chemistry，2011，84(8)：1362-1365.

[28] Fouda A S，Wahed H A. Corrosion inhibition of copper in HNO_3 solution using thiophene and its derivatives[J]. Arabian Journal of Chemistry，2016，9：S91-S99.

[29] Gong Y，Wang Z，Gao F，et al. Synthesis of new benzotriazole derivatives containing carbon chains as the corrosion inhibitors for copper in sodium chloride solution[J]. Industrial and Engineering Chemistry Research，2015，54(49)：12242-12253.

[30] Ramdani M, Elmsellem H, Elkhiati N, et al. Caulerpa prolifera green algae using as eco-friendly corrosion inhibitor for mild steel in 1 M HCl media[J]. Der Pharma Chemica, 2015, 7(2): 67-76.

[31] 马玉聪，樊保民，郝华，等. 肉桂醛超分子缓蚀剂对冷凝水中铁含量的净化机理[J]. 材料导报，2018，32(20)：3660-3666.

[32] 罗晔，朱晓玲，郭嘉，等. 单宁酸提取与纯化技术的现状及展望[J]. 广州化工，2009，37(8)：19-20，34.

[33] 方涛，张博威，张展，等. 单宁酸复配缓蚀剂的成膜特性及缓蚀性[J]. 工程科学学报，2019，41(12)：1527-1535.

[34] 张治国，马清林. 单宁酸复配缓蚀剂在铁质文物上的应用研究[J]. 表面技术，2017，46(02)：27-32.

[35] 胡钢，胡沛，陶源. 磷酸与单宁酸复合缓蚀剂对出土铁质文物锈层化学转化研究[J]. 化学工程与技术，2019，9(5)：394-400.

[36] 万娟. 海洋出水铁质文物的病害特征和保护处理方法[J]. 客家文博，2019(4)：31-37.

[37] 沈大娲，马清林. 硅酸盐缓蚀剂的研究及其在铁质文物保护中的应用[J]. 腐蚀科学与防护技术，2009，21(6)：3.

[38] 冯兰珍. 新型有机硅酸盐缓蚀剂的合成与性能研究[D]. 北京：石油化工科学研究院，2001.

[39] 张金龙. 有机硅酸盐缓蚀剂的合成及性能评价[J]. 无机盐工业，2017，49(2)：43-46，56.

[40] 郭良生，黄霓裳，余兴增. 钼酸钠-磷酸盐对碳钢的协同缓蚀作用机理[J]. 材料保护，2000(02)：39-40，63.

[41] 赵丽娜，许淳淳. 无机复合缓蚀剂对碳钢的缓蚀性能[J]. 腐蚀与防护，2008(8)：460-463.

[42] 高翔. 磷酸酯基钢铁缓蚀剂和化学转化膜的制备及其抗腐蚀性能研究[D]. 济南：山东大学，2016.

[43] 朱健，房会春，吕秀芝，等. 一种新型 YWY 有机膦缓蚀剂[J]. 全面腐蚀控制，2007(4)：24-26.

[44] 李乃胜，马清林，李向红. 过渡金属离子与有机物对钢铁的缓蚀协同效应[J]. 文物保护与考古科学，2009，21(1)：71-75.

[45] 李向红，邓书端，木冠南，等. 缓蚀协同效应研究现状及展望[J]. 清洗世界，2006，22(12)：18-23.

[46] Jakab M A, Presuel-Moreno F, Scully J R. Critical concentrations associated with cobalt, cerium, and molybdenum inhibition of AA2024-T3 corrosion: delivery from Al-Co-Ce(-Mo) alloys[J]. Corrosion Science, 2005, 61(3): 246-263.

[47] Jakab M A. Effect of molybdate, cerium, and cobalt ions on the oxygen reduction reaction on AA2024-T3 and selected intermetallics: experimental and modeling studies[J]. Journal of Electrochemical Society, 2006, 153(7): 153-244.

[48] Sandu I G, Mircea O, Vasilache V, et al. Influence of archaeological environment factors in alteration processes of copper alloy artifacts[J]. Microscopy Research and Technique, 2012, 75(12): 1646-1652.

[49] 田会娟. 2-巯基苯并噻唑三元复合缓蚀剂对碳钢的缓蚀作用[J]. 唐山学院学报，2020，33(6)：37-41，60.

[50] 何桥. 新型三氮唑缓蚀剂的缓蚀性能及机理研究[D]. 重庆：重庆大学，2007.

[51] 邓俊英，李伟华，吴茂涛，等. 羧甲基壳聚糖掺杂聚苯胺的制备及其在盐酸溶液中对碳钢的缓蚀性能研究[J]. 高分子学报，2010(5)：588-593.

[52] 曾涵. 含氮杂环有机缓蚀剂的合成及其缓蚀性能的研究[D]. 新疆：新疆大学，2004.

[53] 天津普茂科技发展有限公司. 双三唑苯基取代的噁二唑化合物及其制备方法与应用：CN201410360045.X[P]. 2014-12-03.

[54] 陶志华，张胜涛，李伟华，等. 酸介质中三氮唑苯胺化合物在Q235钢表面的吸附及其缓蚀作用[J]. 重庆大学学报，2010，33(11)：89-95.

[55] 韩鹏，刘瑞平，余俊锴. 基于轨道理论的缓蚀配方开发实验体系设计[J]. 实验室研究与探索，2023，42(5)：37-40,45.

·第6章·

金属文物的封护技术

馆藏文物具有重要的历史、艺术、科学价值，是国家的文化财富。对金属文物的正确保护与处理尤为重要，通过对金属文物的修缮以及处理，可以正确地帮助人们追溯历史。本章分别对不同材质文物的封护与技术进行了详细阐述。

6.1 铁质文物的封护技术

6.1.1 铁质文物的腐蚀机理

中国是世界上最早发明炼铁技术的国家。诸如铁质农器、武器等铁质器具可追溯到春秋战国时期。相比于青铜器，铁制品拥有更多优点，如硬度大、锋利度高、产量大等，因此它很快就取代了青铜器，人类也因此进入了一个更为先进的时代——铁器时代。铁器的出现不但改变了人类的生产方式和生活方式，而且促进了生产力发展，推动了科技的进步。从化学性质来看，铁比金、银、铜更加活泼，化学稳定性相对较差，也更易被恶劣环境腐蚀。铁质文物的保护是一个世界性的问题。船沉入海底后，海水的腐蚀会给铁质文物造成严重的损坏。海水中存

在着大量的 Cl^-，而铁质文物在海水中的腐蚀与 Cl^- 密切相关，活性 Cl^- 会与铁原子迅速结合。尤其是在酸性介质中，高电负性的氯离子极易与铁离子反应，生成铁盐。铁盐会吸收周围的水分子并水解，形成稳定的碱性盐，从而加剧腐蚀反应的发生，并且导致腐蚀在物体中快速扩散，使物体在短时间内迅速腐蚀和膨胀[1]。因此，铁质文物打捞前后在海水中的腐蚀机理和保护方法非常具有研究意义。

铁质文物的保护首先是去除内部的腐蚀因子——氯化物，然后将合成树脂涂在器物表面上，形成保护膜，以达到隔绝外界水分和有害气体的目的。出于保护环境的需要，我国正在控制挥发性有机化合物（VOD）的使用。对于铁质文物，尤其是出土或出水的铁质文物，要根据其具体情况而制定不同的保护方法，一般包括清洁、除锈、脱盐、干燥、补配、粘接与加固、缓蚀等步骤。最后，要在铁器表面涂上一层防护层，以隔绝水汽和空气的污染，从而提高其耐腐蚀性。

海水是一种近中性电解质溶液，其中含有多种盐类。不少铁质文物由于海难或自然灾害而落入深海。由于各种盐类富集于海水中，其与铁中的化学分子反应迅速，因此铁在海水中往往能够造成大面积的深度腐蚀。海水中含有大量的氯离子，相比于大气中的氯离子，海水中的氯离子数量更多，密度更大，因此，铁制品在海水中的腐蚀往往要比在大气中严重，所有长时间在深海作业的金属器具都难免会被海水严重腐蚀。不仅如此，海水也具有高导电性，并且电阻非常小。海水浸泡中铁表面会形成高活性的微电池和宏电池，导致其长时间的严重腐蚀。同时，盐会使铁器自身发生石墨化腐蚀，海流的不停冲击也会导致金属局部腐蚀等。

一般情况下，铁质文物打捞出水后要第一时间进行清洗，但出于技术原因，文物往往不能彻底清洗干净，这会导致铁质文物的腐蚀加剧。铁质文物打捞出水后保存期间会出现腐蚀层的叠合、裂缝、剥落和新的腐蚀产物的出现等继续腐蚀的宏观结果[2]。铁质文物出水后继续锈蚀的原因有很多，外因与大气中的氧、水分以及温度、湿度和腐蚀性介质等自然环境因素有关，内因与锈蚀产物自身的活泼性和疏松结构等因素有关。目前与之对应的有效保护途径为：对文物所处环境进行科学控制；去除氯离子与有害锈并封护表面以隔绝环境因素对文物的影响[3]。

海洋出水铁质文物的封护，即是用材料将文物表面与外界隔离，以此为文物构建一个相对稳定的微环境，将铁质文物与水、酸性气体、粉尘中的可溶盐等诸多有害物质分隔，以避免侵蚀[4]。

6.1.2 铁质文物的封护材料

在展出或保存前，铁质文物需要进行表面密封，减少外部大气中的水蒸气、氧气和各种污染物对文物的不利影响。表面密封材料主要是聚合物材料。常用的封护材料有微晶石蜡、蜂蜡、棕榈蜡、虫胶等。微晶石蜡通常用于小型铁器的表面密封，它不仅可以隔离水和空气，而且对文物也有一定强化效应。其他天然蜡的效果与微晶石蜡相似，实用性强，操作简单，密封效果好，疏水性明显。并且这些传统密封材料是可通过加热和溶剂清洗去除，符合文物保护要求的可逆性原则，但缺点是会引起表面眩光，影响文物外貌。随着封护材料的发展，环氧树脂、聚氨酯和丙烯酸等现代合成高分子材料也逐渐被开发利用于铁质文物的封护[5]。

目前，常用的表面封护材料有石蜡、单宁等，对我国铁质文化遗产的封护具有重要意义。这些材料各有优缺点，丙烯酸树脂是最常用的树脂，文物封护作业结束后，文物表面将出现亮光；使用单宁后，文物表面易发黑；石蜡的封护效果极不稳定，且文物的表面会很油腻。铁质文物的表面处理效果对表面封护材料的影响很大。所以，尤其重要的是根据环境条件的影响，确定科学有效的保护方法和合理的材料。同时，研究新型密封材料也尤为重要。沈大娲等人[6]的研究表明，在铁质文物干燥后，将其放入加热熔化的石蜡中，可达到密封效果。但是，此方法仅适用于小型器具，并不适用于大型器具。正是由于其局限性，许多其他天然密封材料不断地得到发展和利用，例如昆虫白蜡、虫胶、棕榈蜡和蜂蜡，它们的优点是操作简单方便，可以直接在铁质文物表面进行涂刷。

传统的有机密封材料仍然存在许多缺点。因此，许多合成有机聚合物密封材料得到了不断的研究，如快干、耐磨的硝基清漆；黏度低、流动性能好、易渗透的丙烯酸材料；透明度高、耐寒、耐腐蚀、耐冲击和耐紫外线辐射的聚乙烯醇缩丁醛；具有防锈功能的甲基三甲氧基硅烷低聚物等[7]。

当今在文物保护领域中应用最广泛的材料是丙烯酸材料，其操作简单，透明度高，耐老化，耐腐蚀性能较好。用其对铁器进行封护，能最大限度地保留封护对象的原始外观。此外，丙烯酸乳液可与纳米 SiO_2 或 TiO_2 配合使用，既解决了眩光问题，又可以进一步提高铁制品的质量、表面疏水性和耐紫外线老化性等。一般来说，现代封护材料的耐腐蚀性、耐候性和耐老化性均优于传统封护材料。但是现代封护材料的可逆性差，不能完全取代微晶石蜡[8]。封护材料未来的发展方向将侧重于改进可逆性，并非“一劳永逸”，而是要生产出非破坏性和可剥离的材料，避免后期不必要的麻烦。

6.1.2.1 氟碳封护材料

氟碳树脂具有大量的 C—F 化学键。C—F 键的键能高达 485.6kJ/mol，极性小，分子结构稳定。在结构上，氟碳树脂的结构单元包含三个 F，形成螺旋式三维排列，紧紧地围绕分子中的每个 C—C 键，填充 C—C 键间隙，能最大限度地保证结构的紧密性和完整性，以防腐蚀液体和气体渗入漆膜内[9]。氟碳树脂不但具有优异的耐腐蚀性，还具有优异的耐候性、耐化学性、耐沾污性等综合性能，因此被广泛应用于钢结构建筑、桥梁、船舶、轨道车辆、管道等的防腐[10]，如北京故宫、北京国际机场、三峡工程、东方明珠电视塔、香港汇丰银行、美国文艺复兴中心等。氟碳涂料是以氟碳树脂为主要成膜材料的一系列涂料的总称。目前，国内外对氟碳涂料在防腐领域的应用研究较多，主要从不同种类氟碳涂料的耐蚀性和改性对氟碳涂料耐蚀性的影响这两个方面进行[11]。

目前，环境保护和绿色发展越来越得到世界各国的重视。由于各国加强了 VOC 排放的限制，以有机溶剂为成膜介质的溶剂型氟碳涂料的发展和应用也因此受到阻碍。在可持续发展的道路上，如何发挥树脂涂料的高性能、多功能和水化已成为一个热门话题，也已成为现代涂料工业的发展趋势。涂料具有固体含量高、环保、厚膜、运行效率高等优点[12]。因此，开发低 VOC、高固体分氟碳涂料、水性氟碳涂料等环保涂料具有重要意义。

（1）熔融氟碳涂料

熔融氟碳涂料出现较早，常用的有聚氟乙烯（PVF）、聚偏氟乙烯（PVDF）和聚四氟乙烯（PTFE），它们是氟碳树脂的共聚物，均可加工成熔融型氟碳涂料[11]，所使用的氟碳树脂通常以悬浮状态存在。使用前，必须增加溶解度，降低烘焙温度。在涂层过程中，须在高温下烘烤，以形成薄膜，并且其具有涂装成本高、漆膜光泽度低、现场施工困难等缺点。主要用于电饭煲和耐高温板的涂装[13]。

① PVF。PVF 涂料是指用 PVF 树脂处理的氟涂料。PVF 具有优异的耐腐蚀性、力学性能、延展性和耐候性。与其他氟碳树脂相比，PVF 对金属和非金属材料有很强的附着力。使用时，不需要再涂底漆。该薄膜具有柔韧性、抗折叠性和抗冲击性，因此具有广泛的应用[14]。PVF 的热分解温度接近熔体流动温度，因此无法进行正常的熔融处理，必须使用大量的潜溶剂（在一定温度下能溶解树脂的溶剂为潜溶剂），以增加停滞状态的温度范围，降低 PVF 树脂的流动温度，从而使涂膜加工成为可能[15]。一般来说，PVF 的优点和缺点分别是：优异的耐腐蚀性和耐化学性，价格低于其他氟碳树脂；它需要烘烤，需要快速干燥，并且亮度和丰满度较差，因此不适合刷涂[16]。

② PVDF。PVDF 树脂是由偏氟乙烯聚合而成，分子式为$\left[CH_2—CF_2 \right]_n$。在分子结构上，聚烯烃分子的碳链呈锯齿状，其 H 被电负性高的 F 取代后，与相

邻的F互斥，使F不在同一平面上，并沿C链呈螺旋状分布。因此，C链周围被一系列具有稳定性的F围绕着，形成填隙性的空间势垒，使得任何原子或基团都不能进入其结构并破坏C链，因此它呈现出高度的热稳定性及化学稳定性。PVDF具有独特的晶体形态、良好的耐热性、耐老化性能和耐紫外线性能[17]。由于PVDF具有强大的结晶性，从熔融状态到冷却固化状态中容易形成较大的球形晶体，因此PVDF涂层中容易出现针孔，涂层中会因收缩而产生气泡，最终导致涂层分离。因此，PVDF不能单独使用，需要选择其他树脂材料进行共混改性。为了进一步提高薄膜的性能，还可以添加适量的填料、稀释剂、颜料和各种添加剂，如为了提高涂层与基材之间的附着力，可选择环氧树脂作为底漆[18]。

③ PTFE。PTFE具有优异的耐腐蚀性，甚至不会被氢氟酸甚至“王水”等活性分子侵蚀，得益于其C—C分子主键被F以螺旋状包围，F成为了C键的屏蔽层。此外，其分子式为$\text{-}\!\!\left(CF_2-CF_2 \right)\!_n\!\text{-}$，且分子链的F对称分布，因此PTFE是一种中性非极性聚合物，可极大程度地降低腐蚀环境对材料的化学效应和电化学效应。然而，PTFE主链具有极高的刚性和结晶度，且主链上不携带任何官能团，这导致其难以加工，且溶解性和相容性较低[19]。总的来说，PTFE孔隙率高，难以制备厚涂层，涂层防腐性能差，而且不能单独使用，这些缺陷在一定程度上使其在防腐领域中的使用受到限制[20]。

（2）溶剂、可交联固化型氟碳涂料

溶剂型氟碳涂料是基于熔融型氟碳涂料之上发展起来的另一种氟碳涂料。它是由多种含氟单体与带有侧基的乙烯基单体或其他极性乙烯基单体共聚而成，这会降低结晶度并增加溶剂溶解度。为了进一步提高氟碳涂料的溶解度，增加固含量，并改善施工性能，溶剂型氟碳涂料开发完成后，在氟碳树脂中引入—OH和—COOH等官能团[20]。典型代表包括三氟氯乙烯或四氟乙烯和乙烯基醚（酯）共聚物与氟乙烯烷基乙烯基醚共聚物，它们具有良好的附着力、耐热性、耐酸碱性、耐溶剂性、耐候性和渗透性。与PVDF相比，氟碳树脂赋予了其一定的活性官能团，不仅自身具有优异的性能，官能团的引入能增加其在有机溶剂中的溶解度，并提高了光泽度、耐腐蚀性、颜料和交联剂的柔韧性和施工性能[21]，主要用于建筑、户外、桥梁等重腐蚀和耐候场合。然而，其缺点是造价成本高，且挥发性有机化合物（VOC）含量高、对环境污染较为严重。随着社会对绿色型环保涂料需求的增加，此类产品的市场份额正逐渐下降。

（3）水性氟碳涂料

水性氟碳涂料是一种水性环保涂料。对于海洋微生物在船底上的吸附，水性氟碳涂料能够实现有效的阻止，并减少动力和能源的损耗[22]。其优点是成膜温度低、粘接强度高，拥有较高的耐高温性、耐腐蚀性、防污性、自清洁性等，并且成本较低、易于施工，是现代涂料行业的主流产品。研究[23]表明，水性含氟丙烯酸酯乳液具有非常强的稳定性、防锈性、保光性、保色性和耐候性。涂层的耐水性和耐汽油性超过 90h，耐盐雾性超过 200h，耐紫外线老化性达到 2000h[24]。同时，用核壳型氟硅聚丙烯酸酯乳液材料制备的水性氟碳涂料表面光滑，分布均匀，具有优异的防水、防污、耐酸碱性能。虽然水性氟碳涂料具有明显的优势，发展迅速，但也存在着稳定性差、致密性差、耐水性差、附着力差等问题，需要进一步研究和开发[25]。

（4）高固体分和粉末氟碳涂料

除水基涂料外，环保型氟碳涂料的其他研究方向还有高固含量和粉末化。通常认为，若涂料的固含量超过 70%，则其视为高固体分涂料。高固体分涂料的基材主要有低分子量、低黏度的液体树脂和固化剂体系，再采用活性稀释剂进一步降低体系的黏度，以保证涂料体系的综合性能[26]。

普通氟碳涂料使用时会加入大量具有挥发性的有机溶剂，这就导致涂料施工完成后，有机溶剂会挥发到大气中，不仅会影响涂料的性能，无法满足防腐要求，而且对环境有着严重的污染[27]。高固体分氟碳涂料拥有极高的漆膜厚度，为溶剂涂料的 1～4 倍。施工后可获得较厚的涂层，从而减少施工成本、缩短施工时间。此外，该涂料溶剂含量少，对比普通氟碳涂料，施工过程中有机溶剂挥发量较少，不仅可以减少对环境的污染，还能提高涂料防腐性能，有效节约能源等[28]。高固体分氟碳涂料适用于密闭舱室、储罐内壁等有限空间钢结构表面的防腐，具有广阔的应用前景[29]。

6.1.2.2 氟碳封护材料总结

氟碳系列涂料对铁质文物具有良好的封护效果，具有封护有效期长，封护效果好，优异的耐老化性和耐化学性等优点。这种保护效果比其他类型的产品好，适用于室外铁质文物的封护。氟碳涂料对文物的原有外观影响不大，在美观的同时，又有良好的室外封护效果。将具有良好封护效果的可拆卸底漆与面漆相结合，不仅能有效保护铁质文物，而且可以解决再加工问题。在提倡绿色环保的环境下，国家也加强了对溶剂型涂料的管控，溶剂型涂料在不少城市已被完全禁止使用，甚至有些允许使用溶剂型涂料的城市也为 VOC 的排放制定了非常严格的标准。因此，符合“绿色环保”理念的水性涂料正在快速发展，并逐渐占领市场份额。水性氟碳涂料既保留了氟碳涂料的优点，具有良好的综合性能，同时也符合国家绿色环保要求。水性氟碳涂料在不少重点工程和大型工程中得到十分广泛的应用。

6.1.2.3 改性丙烯酸酯金属防腐蚀涂料

丙烯酸乳液涂料在工业领域中极为常见，其具有优异的耐热性、耐腐蚀性、耐候性、耐沾污性、高附着力和良好的保色性。但在实际应用中，受限于自身结构，在硬度、耐溶剂性等方面仍存在一些不足。为了提高丙烯酸涂料的各项性能，扩大其应用范围，需要对丙烯酸乳液进行改性。

（1）环氧树脂改性

早在20世纪70年代，有人通过将环氧树脂与丁二酸酐酯化，并通过引入亲水基团进行改性[30]。酯化共聚的改性方法首先是先用氢离子使环氧环极化，然后再用酸根离子攻击极化的环氧环，使其发生开环反应。

环氧树脂具有机械强度高、附着力强、热稳定性和化学稳定性好等优点。在丙烯酸酯中引入环氧树脂后，可有效改善丙烯酸酯的性能。环氧改性丙烯酸乳液继承了环氧树脂的许多优点，如高模量、高强度、耐化学性和优异的防腐性能等，还具有丙烯酸树脂表面光泽、丰满、耐候性好的特点，并且价格经济实惠，适用于装饰要求高的场合，如塑料表面涂装和加工工艺等。常见的改性方法包括自由基聚合和酯化[31]。

J. W. Gooch等人[32]通过微乳液混合聚合的方法，提高了丙烯酸酯涂料的耐水性、耐化学性，同时制备的薄膜也具有寿命长、硬度高、附着力强、流平性好的优点。D. Kukanja等人[33]使用乳液聚合将丙烯酸酯单体与水性聚氨酯混合，并进行自由基聚合，以研究丙烯酸酯的改性。Hirose等人[34]用微乳液聚合的方法改进了丙烯酸树脂的性能。高文艺等人[35]通过丙烯酸-环氧树脂接枝共聚制备了环氧-丙烯酸自乳化自交联水性防腐乳液。乳液的固体含量为20%至40%，并且乳液的贮存、稀释、机械稳定性和冻融稳定性良好。徐佳等人[36]通过反相转化法，用丙烯酸、磷酸及其酯单体对环氧树脂进行改性，得到水性丙烯酸改性环氧树脂防腐涂料乳液。

（2）有机硅改性

丙烯酸酯类大分子可由有机硅与丙烯酸酯共聚而成。有机硅改性丙烯酸树脂乳液涂料以烷氧基或羟基硅烷或聚硅氧烷为侧链。以该树脂为主要成膜材料的有机硅-丙烯酸涂料同时具有丙烯酸涂料和有机硅涂料的优点，即优异的耐候性、耐盐雾性、耐温变性、耐沾污性和耐洗涤性，主要用于对耐候性有特殊要求的建筑外墙涂料和工程机械涂料的表面防腐装饰，以及工作环境较差的码头设备和海上设施。

常用的改性方法有：①物理改性法。将有机硅氧烷制成有机乳液，然后与丙烯酸酯乳液混合冷却。②化学改性法。将含有双键的硅氧烷低聚物与丙烯酸单体共聚，生成侧链含有硅氧烷的梳状共聚物或主链含有硅氧烷的共聚物。

Wang 等人将 γ-甲基丙烯酰氧基丙基三甲氧基硅烷、苯乙烯和丙烯酸酯单体与过氧化二苯甲酰共聚，以此制备有机硅改性丙烯酸树脂。通过树脂与 N3390 固化剂反应制备有机硅改性丙烯酸聚氨酯涂料，发现漆膜常规性能良好，能满足面漆的基本使用要求。

（3）环氧树脂/有机硅改性

环氧树脂/有机硅改性丙烯酸树脂兼有环氧树脂和有机硅的优点，如涂膜附着力好、耐化学品性强、耐盐雾性好、光泽好、耐光、耐热、耐候。覃文清等人[37] 在环氧树脂分子结构中引入甲氧基官能团、硅树脂改性环氧树脂，研制出的一种钢结构防火涂料具有良好防火隔热性能和耐腐蚀性能。侯光宇等人[38] 以偶氮二异丁腈为引发剂，研究了丙烯酰氧基硅油与丙烯酸酯单体的自由基共聚，并以乙醇为主要溶剂，合成了丙烯酸侧链羧基共聚开环反应的环氧 828 单相均相牛顿型环氧硅油改性丙烯酸树脂，所得树脂可应用于高档玻璃烤漆。刘文艳等人[39] 合成了乙烯基三乙氧基硅烷、甲基丙烯酸和苯乙烯接枝共聚环氧树脂-有机硅改性环氧树脂水分散体，提高了固化膜的耐水性、高温稳定性、附着力和力学性能。

6.1.2.4 丙烯酸封护材料总结

丙烯酸酯防腐涂料的环氧树脂改性、聚硅氧烷改性、聚硅氧烷/环氧树脂复合改性和有机硅改性是非常有效的方法。但有机硅改性成本高，难以工业化，需要进一步改进。水性丙烯酸酯防腐涂料因其优异的性能，被广泛应用在文物的封护工作中。目前，环保型丙烯酸酯防腐涂料已取得较大进展，但仍然有些问题有待解决：①需综合运用各种聚合方法，改进聚合工艺，制备具有互穿网络结构（IPN）的聚合物，提升丙烯酸酯防腐涂料的自清洁、耐菌、耐腐蚀等性能；②需加强新型无毒防锈颜料的研发和防锈机理的深入研究，为环保型丙烯酸酯防腐涂料的发展提供理论依据；③需加强环保型水性丙烯酸酯防腐涂料相关标准的制定，加强推广。在国家大力提倡绿色环保的情况下，水性涂料已成为人们的重要研究对象。由于其优异的性能，水性丙烯酸酯防腐涂料已逐渐被人们广泛使用。虽然水性丙烯酸涂料存在着某些缺陷，但通过树脂改性、引入新的单体、采用新的合成技术等方法，可有效提升水性丙烯酸涂料的各项性能。随着研究的不断进行，水性丙烯酸涂料将向着多功能和高性能方向发展，从而更好地满足人们的需求。

6.1.2.5 有机硅氟封护材料

有机硅材料是以键为主链的高支化度硅聚合物为基础的。由于Si和O原子电负性的巨大差异，Si—O键能（450kJ/mol）远大于C—C键能（345kJ/mol）和C—O键能（351kJ/mol），使其具有优异的耐高温性、耐紫外和红外辐射性、耐氧化降解性和耐化学性。同时，与硅原子相连上的碱被加热和氧化后，会形成稳定性更高的Si—O—Si键，可以防止主链的断裂和降解。有机硅聚合物表面有一层稳定的富含Si—O—Si键的保护层，可以有效抵抗外界对聚合物内部的影响，有机硅聚合物也因此呈现出优异的耐热性和耐候性。硅丙树脂改性的方法有物理混合或化学共聚。改性树脂具有高耐候性、高耐水性、高耐沾污性、高耐腐蚀性、柔韧性和高附着力等优点，且成本大大降低，已广泛应用于户外及苛刻的工业和军事设施中。但同时有机硅材料也存在成膜性能差、耐溶剂性差等缺点[40]。

有机硅氟聚合物在新型建筑材料中的应用引起了人们的关注。作为一种特殊的高分子表面活性剂，它结合了含氟和含硅化合物优异的效率和稳定性[41]，可用作防污、防油、防水处理和涂料的助剂。有机硅氟表面活性剂的独特性能是高表面活性、高热稳定性、高化学稳定性、疏水性和抗油性。氟硅聚合物还可以通过降低或消除蒸发阶段的表面张力梯度的方式，来提高涂层的平整度，从而使薄膜更加均匀[42]。有机硅/有机氟化合物有着较低的表面能[43]，当将其添加到水性涂料中时，它们在干燥过程中容易往气膜界面迁移。若少量添加能使薄膜具有良好的防污性能[44]。

Lu等人[45]用氟、硅、环氧化物对低表面能丙烯酸乳液进行改性，以此制备防锈涂料。所得涂膜具有良好的耐溶剂性、耐酸碱性、耐水性、热稳定性和成膜性。Cui等人[46]以水为反应中间体，采用无皂核壳乳液聚合法制备了具有富含氟互穿网络IPN结构的含氟聚丙烯酸乳液。相比于同条件下合成的交联聚丙烯酸，无皂核壳IPN含氟聚丙烯酸乳液具有热稳定性更好、接触角较大、吸水率较低等优点。Cheng[47]等人以含氟丙烯酸酯和丙烯酸酯单体为原料，采用半连续乳液聚合法制备了核壳结构的含氟聚丙烯酸酯互穿聚合物网络乳液。

有机硅氟碳化合物经过特殊的聚合工艺后，可以得到具有核壳乳胶粒子的有机硅氧烷-苯丙复合乳液。乳胶粒子中富含的不同组分决定了核壳具有多种不同的功能。该复合乳液不仅成本低、绿色环保，而且对各种基材如水泥或金属具有良好的附着力。它的发展和应用越来越受到人们的关注。氟硅树脂涂料作为一种性能优良的船用防腐防污涂料，为无毒船底防腐的发展提供了新的途径。有机硅氟防污涂料可用于水下储罐、船舶、渔网码头等的防护。据报道，有机硅氟材料在工程材料里拥有近乎最好的耐腐蚀性和耐化学性，且耐候性良好，广泛应用于涂层防护。

在铁质文物遗产封护中，由于特殊要求，有机硅氟材料的应用仍然十分有限。用有机硅氟聚合物作为铁质文物的封护材料时，需解决以下问题：基于有机硅氟聚合物的成膜过程和成膜机理，其漆膜具有良好的防水透气性，虽然这一定程度上有利于铁质文物的封护，但同时漆膜对水蒸气和氧气的屏蔽作用以及漆膜对基材的封护效果会被降低。因此还需要对其分子结构设计和生产工艺进行优化，提高其防腐性能，以此满足对铁质文物封护防腐的特殊需要。

6.1.2.6 有机硅氟封护材料总结

有机硅氟涂料改性后能表现出许多优异的性能，但其改性成本高，产业化难度较大，有待进一步完善。目前，有机硅氟防腐涂料虽然已取得很大进展，但仍有许多问题有待解决：①加强新型无毒防锈涂料的开发和防锈机理的深入研究；②加强有机硅氟涂料改性的研究，降低其造价成本；③加强环保型有机硅氟防腐涂料的应用，并制定相关标准，加强推广。

6.2 铜质文物的封护技术

在人类的历史发展阶段中，铜器时代标志着人类在历史上开始使用铜器，其在中国的历史和文化发展中起到了极其重要的意义。中国古人留下了种类繁多、造型独特、纹理精美的宝贵青铜器文物。它们之中蕴藏着中国历史、政治、经济、文化和科学实力发展的珍贵资料。青铜文明是中国古代文明的重要标志之一，因此，对这些珍贵的铜质文物进行充分的保护和研究具有极大的意义。对铜的研究主要包括剖析青铜器内部基体的金相组织，揭示青铜器的腐蚀机理，探讨青铜器的腐蚀因素，分析腐蚀产物的成分组成，并找到有效又长久的封护方法。

6.2.1 铜器的发展

在铜石并用时代之后，青铜时代开始诞生。在世界年表中，它大约是从公元前4000年到公元前1000年。中国的黄河流域是青铜时代的起源地，大约从公元前21世纪到公元前5世纪，历经了1500年，大致相当于文献记载的夏、商、周和春秋时期，伴随着中国奴隶社会的产生、发展和衰落。20世纪70年代以来，大量种类繁多、造型独特、图案精美及极具历史、科学和艺术价值的珍贵青铜器从陕西临潼、扶风出土了。令人兴奋的是，许多青铜器上都有铭文，并且总体保存良好，例如，1975年，103件青铜器在扶风白家村出土，其中74件具有铭文。它们是研究青铜器时代政治、经济、文化、科学、技术和艺术的丰富而珍贵的资料。“南海Ⅰ号”沉船上装载着数以万计的青铜文物，包括铜币、铜衡器、铜配饰、铜器皿和铜镜等。其中铜器皿包括有柄铜锅、铜圈足小碗、铜箸和其他食器等；铜佩饰包括铜戒指、铜手镯、铜钩、铜环等；铜衡器包括由铜指针、铜天秤立柱、三足底座等构成的铜天平和铜砝码；出水的铜镜有带柄铜镜、带纽六出葵花形铜镜、带纽桃形铜镜和无柄无纽铜镜。除青铜文物外，也有铜戒指、铜秤盘等黄铜文物[48]。

可以说，中国青铜文物在世界青铜器中具有很高的艺术价值，在世界艺术史上具有极高的地位和研究价值。但是，由于年代久远，大量的传世青铜器和新出土或新出水的青铜文物都受到不同程度的腐蚀。主要因青铜器表面会覆盖大量腐蚀产物“铜锈”，当青铜文物出土或出水后，“铜锈”也因此被暴露在空气中，从而破坏了青铜器的防腐层，并且加速了青铜器的腐蚀[49,50]，造成铜质文物的损坏。

6.2.2 铜器的分类及其特点

黄铜出现于红铜和青铜器之后。铜器并非单纯代表纯铜器具，也包括铜合金制成的器皿。一件铜器的生产有冶炼、铸造、锻造、冷却等加工过程。不同种类的铜可根据其金相组织的差异进行判断。黄铜、青铜、白铜和紫铜的主要特征如下。

黄铜是由铜和锌组成的合金。而黄铜又分为普通黄铜和特殊黄铜。普通黄铜由铜和锌组成，特殊黄铜则为两种以上的元素组成的多种合金。1973年，在陕西临潼姜寨文化遗址出土了一块半圆形黄铜片和一根黄铜管，可追溯到公元前4700年左右。经金相分析，发现早期黄铜器皿的显微组织偏析，成分不均匀，含有多种杂质元素[51]。在早期，古人将含锌矿物和铜矿一并冶炼，意外收获到了黄铜。据了解，黄铜器具的种类和数量十分稀少。

用铜和锡或铅按一定配比炼制后，就能得到青铜。它的主要成分是铜，因颜色是青绿色，所以被称为青铜。古人在长期的青铜冶炼实践中，逐渐对青铜有了更多更深的了解，例如其成分、性能和用途之间的关系，并且人们会调整矿物原料的配比，制造出不同用途的青铜器具。由于青铜器个体之间的成分差异，即使同一时期、同一地区出土的青铜器在腐蚀程度上也可能差异巨大。例如秦始皇兵马俑坑出土的青铜剑，其腐蚀程度偏低，刀身保存完整，刀刃锋利如初。但也有许多青铜器出土后就出现了严重锈蚀剥落。

白铜的主要成分为铜和镍，因而被定义为铜镍二元合金。除铜镍二元合金外，铜镍锌三元合金也属于镍白铜。中国发现的最早的白色铜器是新疆楼兰地区汉晋时期小河遗址的白色铜饰。它是一种铜镍合金，不含锌，同时具有热锻和冷加工结构。其成分和微观结构与公元前 170 年至前 160 年流行的大夏镍币一致。大多数学者认为，希腊人在中亚建立的巴克特里亚王国，其势力远至新疆和田[52]。因此，在新疆发现的汉晋时期的白铜饰品，对研究古代中西文化技术交流具有重要意义。

紫铜是一种柔软、坚韧的紫红色金属。其成分为铜氧混合物，所以也叫含氧铜。紫铜之所以得名是因为它是紫红色的，而它未必是纯铜，添加少量脱氧元素或其他元素后就能改善其材质和性能，因此也被归类为铜合金。紫铜具有优越的焊接性，可通过冷加工或热塑性加工制成各种半成品和成品[53]。

6.2.3 铜质文物的腐蚀机理

随着近现代考古工作的深入发展，我国大量的金属文物发掘出土，其中占有极其重要的地位的是青铜器。由于这些年代久远的青铜器被深埋于地下或大海，腐蚀情况复杂，与周围环境建立了相对稳定持久的平衡体系。当这些长期“沉睡”的青铜器被发掘出土或出水，原有的微环境条件就会改变，打破原本长期存在的环境平衡，文物也因此进一步遭受腐蚀和损坏。青铜文物的表面腐蚀分为两种：一种是化学腐蚀，另一种是生物腐蚀。腐蚀速率由文物所处的环境和文物自身的材质共同决定，并且文物的腐蚀与环境因素之间存在着协同效应，致使文物的腐蚀呈加速趋势。同时，如果文物是在海洋环境中出水，则它们所遭受的腐蚀远比在出土时的高。因此，讨论受保护铜器在排水后在大气环境中的腐蚀具有极大的科学意义。

针对铜质文物的防腐课题，国内外专家做了长期且广泛的研究。如 R. J. Getten、W. T. Chase、D. A. Scott、R. Walker、周保中、程德润、范崇正、孙淑云、韩汝玢、华觉明、刘煜和原思训等对青铜器的腐蚀产物以及腐蚀机理做了深入研究[53]，发现青铜器的腐蚀是一个极其复杂的过程，内部因素和外部环境共同影响着铜器的腐蚀，其中腐蚀性土壤中的水溶性氯离子和溶解氧是引起青铜腐蚀的决定性因素；May、Pourbaix、Lucky、Coruwell、祝鸿范和周浩等经过长期的研究，证明利用小孔腐蚀理论能够比较合理地解释青铜病害的产生和发展。目前认为，电化学腐蚀是青铜文物损坏的主要原因。因存在环境的长期腐蚀，出土之后青铜器的腐蚀变得更加复杂，多数文物的表面都被各种类型的腐蚀产物所覆盖。大致上，青铜器的表面腐蚀产物可分为两类：一类是无害锈，主要指长期埋藏过程中在青铜器表面出现的古斑和皮壳，其锈层坚硬，结构致密，具有一定的文物保护价值；另一类是有害锈，因其结构疏松呈粉状，故而被称为"粉状锈"[53]。国内外对青铜粉状锈做了大量的研究，在其主要成分、腐蚀形态、形成机理和腐蚀机理方面取得了一定成果。虽然这些研究在一定程度上阐述了青铜器的腐蚀机理，但青铜器的腐蚀问题依然没有得到彻底解决，仍需进一步研究[54]。

6.2.4 铜质文物封护材料研究

已锈蚀的青铜器经过科学处理、技术保护后，还要对其做防腐方面的保护，涂抹透明的抗化学腐蚀材料，在青铜器表面形成防护涂层，可较好地防止铜被继续腐蚀，如使用微晶石蜡浸泡青铜器，或在青铜器表面涂刷3%的B-72丙酮溶液，都可在青铜器外部形成附着力较强的保护薄膜[53]。自1966年美国首先颁布关于挥发性有机化合物（VOC）的法令以后，水性涂料、粉末涂料、高固体分涂料及光固化涂料的研制工作取得了快速发展[53]。但若是在铜制品防护中直接使用水性涂料，在其成膜初期水会对金属表面造成新的腐蚀，并因溶剂具有挥发性等原因，形成的涂膜会产生微孔，导致金属的腐蚀加速。因此，从20世纪60年代开始，欧美和日本相继对BTA（苯并三氮唑）做了大量研究，使其成为铜在水溶液中的缓蚀剂，我国自80年代起开始探讨、研究有关BTA对Cu、Ag表面防蚀的问题，通过理论和实践，证实了BTA对铜的缓蚀效果显著[55,56]。

6.2.4.1 封护剂在铜器上的应用

随着考古工作的开展，人们在中国挖掘和打捞出了大量金属文物。近年来，文物保护领域的专家学者不断寻找保护铜文物不受腐蚀损失的有效方法和途径，在这一过程中，高效缓蚀剂及密封剂的应用渐已成为青铜文物封护领域的研究热点。

1967年，英国科学家J. B. Cotton和I. R. Scholes[57] 发表了苯并三氮唑对青铜器封护有利的研究成果，在文物保护领域备受关注。同年，H. B. Madsen[58] 使用该方法，成功地在文物表面形成一层致密的薄膜，反映出BTA具有良好的耐腐蚀性。

1985年，意大利科学家H. J. Rother等人[59] 的研究进一步明确了使用BTA的优缺点。BTA缓蚀的优点是：经缓蚀后文物颜色保持原貌，基本满足文物保护的相关要求。其缺点是去除能力不强，对有害锈和氯离子的清除不彻底，难以溶解在酸性介质中，另外缓蚀的效率也比较低。

1988年，印度学者M. C. Ganorkar等人[60] 发现AMT（2-氨基-5-巯基-1,3,4-噻二唑）对青铜的表面处理效果优于BTA。1998年，朱一帆等人[61] 合作研究证明了在酸性介质中AMT具有良好的缓蚀效果。同年，李瑛等人[62] 实验发现，进行AMT缓蚀后，青铜表面形成的多层网状结构和致密的有机膜对防止铜进一步腐蚀效果显著。1999年，朱一帆等人[63] 做了AMT及其复合材料在青铜表面形成保护膜的耐蚀性研究。

2002年，万俐等人[64] 通过实验和分析表明，AMT复合剂不仅能消除粉状锈，还能抑制腐蚀和保护青铜文物。2003年，徐飞[65] 对比研究了BTA和ATM在中性和酸性介质中的成膜结构及缓蚀性能。同年，韩玉民、郝存江[66] 研究发现了AMT复合剂AHH-1，该复合剂克服了AMT去除文物表面有害锈慢的缺点，能快速去除氯离子和有害锈，且形成的致密保护膜无色透明、基本无光泽，避免了被保护的文物表面呈浅黄色的缺陷。

2004年，“青铜文物保护新技术研究”课题组利用AHH系列配方进行操作，其成膜颜色和耐腐蚀性均优于AMT[54]。2004年王昕、张春丽[67] 利用极化曲线法研究钼酸钠和三乙醇胺的协同作用，并提高了对铜器的缓蚀效果。理论和实践证明，BTA和AMT已成为优良的铜缓蚀剂。2008年，胡钢等人[68] 研究了铜和钼酸钠对青铜的协同缓蚀作用。2009年，冯绍彬等人[69] 做了改善缓蚀剂性能的研究，提出了在传统BTA及其衍生物中添加钝化剂，以对氧去极化反应进行抑制的新思路。2009年，黄克忠和马庆林主编的《中国文物保护与修复技术》中提及BTA与高分子材料的表面封护等对青铜器腐蚀的综合保护方法。

2012年，许淳淳、潘路主编《金属文物保护——全程技术方案》中论证了封护材料的可再处理性与封闭性的关系，耐候性、涂层强度与可逆性的关系，封护层的附着力与连续性的关系。早期金属文物的封护材料通常采用传统材料和简单化学品，如虫胶、亚麻子油、凡士林和蜡。发展至今，大量性能更好的合成材料，如聚乙酸乙烯酯、环氧树脂[70]、有机硅材料、派拉纶[71]和各种复合材料逐渐被引入文物保护行业。

6.2.4.2 天然封护材料

① 微晶石蜡。微晶石蜡是一种早期广泛应用于金属文物保护的封护材料。它是从原油蒸馏中获得的片状或针状晶体。其主要成分是正构烷烃。熔点高(62.8～90.6℃)，相对硬度高，不易被水蒸气穿透。微晶石蜡不仅可以隔绝水和空气，还可以增加表面强度。长期的研究和实践证明，微晶石蜡在很大程度上可以满足文物保护的需要[72]。目前，它仍被广泛应用，尤其是小型金属文物的封护。

② 虫蜡。虫蜡是动物蜡，主要含有高分子量的酯类和少量的棕榈酸和硬脂酸。熔点较高（约80℃），硬度高，理化性能相对稳定，具有密封、防潮、防锈功能，可用于金属文物的封护。虫蜡能够微溶于醇和醚，完全溶于苯、异丙醚和甲苯等，文物封护主要采用热熔刷涂法[53]。

③ 虫胶。虫胶是一种生物胶，是由寄生在树木上的寄生虫分泌的。使用时，将其溶于乙醇制成溶液，直接涂在金属文物的表面。将虫胶当作封护材料时，会在表面产生眩光，此时可将平光漆刷涂在文物表面以此消光。处理后的器皿不仅拥有良好的耐水性，同时也拥有良好的耐盐水性[53]。

④ 干性油。干性油含有不饱和脂肪酸，可在空气中与氧气反应形成稳定的膜。亚麻油和鱼油是典型的干性油，两者均可用于涂层。但对水的隔绝能力较弱，且易滋生细菌和微生物。黏度低是其优点，经涂抹后可以润湿表面并渗透到间隙。浸泡是干性油的主要使用方法。

⑤ 蜂蜡。蜂蜡，又称蜜蜡，主要由酯类、游离酸、碳氢化合物等组成，还含有少量挥发油和色素。蜂蜡微溶于冷乙醇，能溶于氯仿、乙醚、非挥发性油和挥发性油。使用时，可将蜂蜡溶解于溶剂中，然后直接涂在金属文物表面。

6.2.4.3 合成高分子密封材料

常用于金属文物封护的高分子材料有聚乙烯醇缩丁醛、丙烯酸树脂、聚氨酯、三甲基树脂、聚硅氧烷、环氧树脂等，高分子聚合物的合成有一个共同的问题，即随着涂层强度和耐候性越高，可逆性就变得越差，将来越难以去除[53]。通常会使用两种功能上互补的涂层来解决这个问题。第一层涂层耐候性差，比较容易去除；第二层涂层具有良好的耐候性，且相对难以去除[73]。

① 聚乙烯醇缩丁醛。聚乙烯醇缩丁醛是一种白色粉末，能溶于甲醇、乙醇、酮和卤代烷。它与硝酸纤维素、酚醛树脂和环氧树脂有较好的相容性，并且具有

优异的柔韧性、耐寒性、抗冲击性、抗紫外线辐射性和高透明度[74]。将其溶于乙醇等有机溶剂后，可直接涂在文物表面进行封护，一般浓度为3%。

② 丙烯酸涂料。丙烯酸涂料是目前文物封护中应用最广泛的材料。丙烯酸树脂材料拥有优异的耐光性和耐候性，对户外日光耐久性强，在紫外光下能长期保持原有的光泽和颜色，不易分解和变色，同时具有良好的耐热性、耐腐蚀性和耐沾污性[53]。

我国在文物保护修复中对丙烯酸树脂的使用比较成熟，如中国历史博物馆的杨小林等人对唐代鎏金铜天王像的保护工作、西安文物保护修复中心的马琳燕等人对西周青铜目纹鬲的修复工作、西北大学凌雪对西周青铜壶的修复保护等都使用了丙烯酸树脂。

③ ParaloidB-72。ParaloidB-72（简称B-72）是一种甲基丙烯酸酯与乙基甲基丙烯酸酯的共聚物，为美国罗门哈斯公司生产。其为白色的玻璃状结构，溶于甲苯、丁醇、丙酮和乙酸乙酯，是典型的溶剂挥发成膜，被广泛应用于文物的加固和封护。它的缺点是形成的薄膜强度低，容易破裂，并且耐碱性和耐紫外线能力较差[53]。

④ 有机硅涂料。有机硅涂料，即有机硅聚合物。有机硅涂料以有机硅聚合物或有机硅改性聚合物为主要材料，其具有稳定性好、耐候性好、不易被紫外线和臭氧分解等特点，常用于金属文物的防锈保护。但用作封护剂时存在两个问题：一是表面要有足够多的羟基（相对湿度不宜过低）；二是固化时间过长[53]。

⑤ 氟碳树脂涂料。氟碳树脂涂料是一种高分子聚合物，由氟烯烃聚合或氟烯烃与其他单体共聚合成。有机氟涂料的耐热性、耐候性和耐化学性非常优异，已逐渐成为文物保护中重要的研究对象。国外文物保护机构已经对砂岩、大理石等采用了有机氟材料进行保护，并取得了理想的加固效果。国家博物馆的马立治研究了在铁文物保护中氟碳涂料的实施过程。实验证明，当在氟碳涂料中加入纳米二氧化硅和复合涂料时，可以提高涂料的热稳定性，对室外的铁质文物保护效果显著[53]。

⑥ 硝基清漆。硝基清漆也称为硝酸纤维素漆。为了保护一艘16世纪的西班牙战舰，英国使用硝基清漆作为底层封护涂层，必要时可轻易去除。硝基清漆具有快干、坚硬、耐磨的优点，但其缺点是附着力低，耐酸碱性差，并且在紫外光作用下易分解，造成失光、粉化等不良后果。随着合成材料的发展和进步，硝基清漆正逐渐被其他封护剂所替代[53]。

⑦ 环氧树脂。环氧树脂的聚合物分子中平均含有两个或更多的环氧基。将固化剂加入环氧树脂中，反应生成的热固型树脂具有强度高、韧性好、耐化学溶

剂等优良性能。自20世纪60年代以来，作为加固和黏结材料，环氧树脂被广泛应用于石质文物保护工作中。随着环氧树脂在涂料中的应用和发展，它逐渐被用作金属文物的封护。因环氧树脂的热固性，交联后几乎不可逆，务必谨慎使用。

⑧ 派拉纶。派拉纶是一种对二甲苯聚合物，由独特的真空气相沉积工艺制备，其原理是双聚物在真空中升华为气态，再经加热裂解形成具有反应活性的单聚物形式，最后沉积并聚合成膜。ParyleneN是派拉纶系列渗透性最高的有机材料。派拉纶通过气相沉积进行涂敷，渗透性极强，可进入液态涂敷难以到达的部位。缺点是文物需放置在真空气相沉积专用仪器中，限制于仪器舱的体积，所以无法使用派拉纶封护较大金属文物。

⑨ 聚乙酸乙烯酯。聚乙酸乙烯酯是乙酸乙烯酯的聚合物，具有良好的化学稳定性，溶于苯、丙酮、三氯甲烷等溶剂。由其为材料形成的封护膜透明有光泽且具有可逆性。该封护剂制备相对简单，溶剂在室温下经挥发成膜，无腐蚀性。缺点是耐水性、耐热性和耐溶剂性能较差。当浸泡在水中时，它会膨胀并变白。因此，潮湿环境下的文物封护不能采用聚乙酸乙烯酯。

⑩ 三甲树脂。三甲树脂由甲基丙烯酸甲酯（MMA）、甲基丙烯酸丁酯（BMA）、甲基丙烯酸（MA）和丙烯腈（4%）共聚而成，其易溶于甲苯、丙酮等有机溶剂。通常制成品固体含量约为50%，颜色为淡黄色或白色。可用于文物的加固和粘接，常用的封护浓度约为3%[53]。

6.2.4.4 有机-无机杂化材料

有机-无机杂化材料是一种复合材料。有机-无机杂化材料的有机相与无机相之间存在着较大的界面面积，界面之间具有较强的相互作用力，通常尖锐清晰的界面也因此变得模糊。微区的大小通常为纳米级，有时甚至缩小到“分子复合”的水平。因此，它们具有许多优异的性能。关于有机-无机复合材料的制备，当今最为广泛的一种研究方法是将纳米颗粒添加进涂层材料中，它可以改善涂层的附着力、抗冲击性和柔韧性等常规力学性能，并提高涂层的耐老化性、耐腐蚀性和耐辐射性[53]。例如，在丙烯酸乳液中加入纳米二氧化物或纳米碳酸钙颗粒，以此提高复合材料的耐水性、疏水性、耐老化性和耐酸碱性，同时符合绿色环保的要求。溶胶-凝胶法制备的环氧树脂-二氧化硅杂化材料与金属表面和锈蚀金属表面具有良好的结合力。在使用过程中也可以添加透明玻璃板，片状填料可阻挡水蒸气，增加水汽在涂层中的扩散路径，并防止水汽到达基材。

王菊琳等人[75] 研究了8种金属文物封护剂的物理性能，通过对它们的外在形状、抗冲击强度、在金属表面附着能力、柔韧性、接触角度等的研究分析，得出了微晶石蜡、虫蜡、环氧树脂、丙烯酸乳液对文物表面颜色有轻微影响的结论。三甲树脂、B-72、氟碳树脂、派拉纶有着高硬度、高抗冲击强度、附着力强、外观良好、涂膜质量易于控制的优点；丙烯酸乳液、三甲树脂、B-72及蜡类的可去除性能比较强，而环氧树脂、氟碳树脂和派拉纶的可去除性能相对较差。同时，对8种封护剂的化学性能采用浸泡法进行了研究[53]。实验证明，三甲树脂、B-72、氟碳树脂和派拉纶具有良好的耐碱、耐酸、耐盐性能。

许淳淳等人[76]将有机材料和纳米材料相结合，使复合材料的抗紫外线和抗热老化能力得到提升，并增强了透明性和抗遮盖性，实验证明，纳米材料作为一种保护层材料，具有增加强度和韧性等性能优势，用纳米TiO_2、缓蚀剂和助剂等改性聚合物乳液，开发了一种新型的铜封护剂，并对其进行测试，测试结果表明，该封护剂具有对铜合金的强保护能力及优良的综合性能。纳米TiO_2的抗紫外线特性有效提高了涂层的抗紫外线老化性能。

6.3 银质文物的封护技术

银（Ag）为白色金属，拥有柔和明亮的光泽，且质地柔软，延展性好。在自然界中，银单质较少，多数以化合物形式存在。银进入人类的历史较早，因其独特的优良性质，常被用于制作装饰品、珠宝首饰、货币等。与铜、铁等金属材料相比，银及其合金的化学性质相对稳定，也正因为如此，对银的保护还没有引起人们足够的重视。事实上，银的保护还存在很多问题。

多数银器是由银和铜合金制成的。在埋藏地下的漫长过程中，银器长期处于腐蚀环境，与酸、碱、盐的接触导致发生电化学腐蚀。因储存条件的恶劣甚至直接暴露在大气中，在氧气、阳光和空气中水分的影响下，银会生锈和变色。被含硫物质侵蚀时，会形成硫化银，使银表面变黑，这也是银器被腐蚀的特征。银的变色严重影响其感观效果和观赏价值。因此，防止银器变色是银器保护的主要内容。银器的保护主要是在保持其原有外观的前提下，清除对文物外观、覆盖文物的图案和重要考古标志的锈迹和鳞片。如果条件允许，在将文物处理后，应将其存放在温度和湿度适宜的环境中，以避免产生新的病害。防护的原则是尽量减少外部不利因素的影响，一般采取清洗除锈、缓蚀封护、调节环境等措施。

6.3.1 银质文物的腐蚀因素

银器一旦被挖掘或打捞，因受空气、阳光和水蒸气的影响，会进一步腐蚀从而表面变暗淡。近年来，研究人员对银文物的腐蚀产物进行了分析检测，发现除硫化银（Ag_2S）和氯化银（AgCl）外，还可能含有氧化物、硫酸盐、碳酸盐或有机碳化物等[77]。银试样和腐蚀产物的研究主要是模拟银在 H_2S、SO_2、NO_2、HCl、NaCl 等环境中的腐蚀行为[76]。馆藏银器的腐蚀主要是大气环境下的表面变色腐蚀[78]，如 H_2S、SO_2、HC1、HCOOH 等，在潮湿环境下会对银产生不同程度的腐蚀，O_3、NO_2、Cl_2 等氧化物会加速银腐蚀[79]。此外，氯离子、硫酸盐、碳酸盐、有机物和灰尘颗粒也会吸附并沉积在银表面，以加速银腐蚀[80]。

（1）硫和硫化物

银对硫具有很强的亲合性，并且能在室温下与含硫气体（如 H_2S 和 SO_2）快速反应，形成黑色 Ag_2S[81]。在干燥环境下，SO_2 对银的硫化物的形成速率没有显著影响[82]，但在潮湿和氧化环境[83] 中，很容易与银反应形成 Ag_2SO_4。博物馆空气中的 H_2S 主要来自室外空气，但也有少部分来源于纸张和器皿的挥发、展柜的释放和人体的新陈代谢[84]。当 H_2S 含量为 $0.2\mu g/m^3$（大气中 H_2S 的平均浓度为 $0.1\sim5\mu g/m^3$）时会腐蚀 Ag[85]。当银在 H_2S 环境中硫化时，H_2S 首先吸附在银表面，H 不参与反应，O_2 作为氧化剂与银反应生成 Ag_2S[86]。反应式如下[87]：

$$4Ag+2H_2S+O_2 \longrightarrow 2Ag_2S+2H_2O$$

在 H_2S、NO_2 混合气体中，Ag 硫化速率比纯的 H_2S 环境中硫化速率要快且呈线性规律[85]，反应式如下：

$$H_2S+2NO_2 \longrightarrow S+2HNO_2$$

$$2Ag+S \longrightarrow Ag_2S$$

博物馆中清洁剂和其他物质可挥发产生羰基硫（COS），和银反应生成 Ag_2S，腐蚀机理与 H_2S 相似[88]。H_2S 和 COS 是银器变色的主要原因，COS 的浓度约为 H_2S 的两倍。H_2S 和 COS 对银的影响比 SO_2 和二硫化碳（CS_2）要大得多。调查表明，若银器所处环境中含有 H_2S 和 COS，大约两年后就会明显腐蚀和变色[89]。

(2) 氧和碳酸盐

银在干燥的室温下一般不与原子氧反应，但在潮湿富氧的环境中，会在器皿表面形成稳定的 Ag_2O，其原因是银的硫化反应高度依赖于氧[86]。例如，当银浸入 Na_2S 溶液中时，银在厌氧环境中不会变色，但在有氧环境中其反应式为[90]：

$$4Ag+2Na_2S+2H_2O+O_2 \longrightarrow 2Ag_2S+4NaOH$$

碳酸盐在潮湿的环境中容易水解形成 CO_3^{2-}、HCO_3^- 等离子，在适当的条件下也能与 Ag^+ 发生反应。CO_2 在银器表面与水分子接触形成弱酸，最终与银形成酸溶性腐蚀产物 Ag_2CO_3。其反应式为[91]：

$$2Ag^+ + CO_2 + H_2O \longrightarrow Ag_2CO_3 + 2H^+$$

(3) 光照、温度、湿度

对于文物来讲，阳光中最有害的部分是紫外线，紫外线会使单质银失去电子，形成 Ag^+，使银的腐蚀和变色加速。被照射光的波长越短，能量就会越高，越有可能导致银器表面变色[92]。温度和湿度的变化将与腐蚀介质存在着协同作用，这也会加速银的腐蚀变色[93]。在潮湿的环境中，不同部位的银表面会产生电位差，形成腐蚀微电池，腐蚀银表面[94]。

6.3.2 银质文物的一般保护步骤

银质文物的封护主要是保持其原貌，清除对器物外观有害、覆盖器物的图案和重要考古标志的锈迹，然后用适当的防护材料进行处理，并将其储存在温度和湿度适当的环境中，以避免产生新病害[95]。

银器容易受到环境中硫化物、氯化物和紫外线的影响，使器具表面变暗、无光泽。表面处理主要是采用有机溶剂（如丙酮）来去除器皿表面原有的保护膜。常用的除锈方法有机械除锈法和化学除锈法。机械除锈法采用光滑、有弹性的材料或手术刀去除银表面的黑色锈迹。化学除锈法主要采用化学试剂浸泡，使锈层软化，然后再进行机械除锈[96]。

6.3.3 银质文物的封护材料

封护剂是指涂刷在文物表面，以此隔绝文物表面与外界接触的涂料。目前，聚氨酯、丙烯酸树脂、氟碳树脂、硅树脂等封护材料广受人们的研究[97]。聚氨酯是一种无毒、无味、无污染的环保材料，具有良好的耐腐蚀性和耐候性。然而，在北京化工大学将其用于文物保护后，发现其抗老化性能较差。丙烯酸树脂由甲基丙烯酸甲酯和丙烯酸衍生物单体共聚而成。B-72 常用于文物的封护，其结构为白色玻璃。虽然 B-72 能有效隔离 H_2S 与银器表面接触，但其存在着耐水性和耐老化性较差的缺点，而且老化后容易变黄易脱落，可逆性较差[98]。氟碳树脂具有良好的耐候性、耐腐蚀性和抗紫外线老化性，但缺点是可逆性差，不易去除。具有支链或高度交联的聚有机硅氧烷被称作有机硅树脂。通过氧原子将硅原子相互连接起来，具有优异的耐腐蚀性和耐候性。然而，王武钰等人[97] 认为，对金属基体的附着力较差，因此不适合用于金属文物的保护，但对多孔基体具有良好的保护效果。多种树脂复合改性和纳米改性是有机树脂改性常用的方法。文物保护领域常用的纳米材料有 TiO_2 和 SiO_2。纳米改性后的有机保护膜通常具有良好的自清洁性、耐腐蚀性、耐候性和抗紫外线老化性，可用于室外封护研究。

因为银的化学性质比铜和铁稳定，欧洲的多数保护专家认为，如果银表面的腐蚀产物较为稳定，并且不会进一步损害银器，就不需要进行密封处理，否则，可将 B-72 用于银器的封护。希腊银器通常用 B-72 进行封护，而地中海沿岸通常使用 B-72 和石蜡进行封护。王菊琳等人[75] 发现常用的封护材料有 6 种，分别为丙烯酸乳液、三甲树脂、B-72、氟碳树脂、环氧树脂和微晶蜡。丙烯酸乳液、环氧树脂和微晶蜡会轻微改变文物表面的颜色；氟碳树脂和环氧树脂的可逆性较差，难以去除；三甲树脂、B-72 和氟碳树脂具有良好的耐酸、耐碱和耐盐性。

6.4 金质文物的封护技术

金具有很高的化学稳定性，不易氧化或溶解，只会与氰化物或王水反应。因此，纯金器皿一般不需要保护，只需避免碰撞和挤压即可。需要防护的金器通常是指金和其他金属的合金，如银、铜、铁等被掺杂在金里面。鎏金器的腐蚀主要来自胎基的金属。不同的合金有不同的防护措施。与铜混合的金器容易产生绿色的锈迹，用酸或氨水即可去除。金铁合金容易产生红锈，可用盐酸来除锈。还有一个常见现象是，由于焊料中含有铜，因此一些焊接器具的焊缝处存在铜腐蚀。如果不影响美观，一般不需要去除，它属于器具制造过程中不可分割的一部分。有时金器表面会有石灰质锈壳，可用 1%稀硝酸溶液去除；在 2%的 NaOH 溶液中浸泡几分钟即可去除表面的有机污垢；应特别注意表面的灰尘，由于纯金非常柔软，所以最好避免反复擦拭，应用柔软的刷子轻擦；如果污迹难以去除，可用乙醚、苯、中性肥皂泡沫或10%氨水清洗，然后用蒸馏水反复清洗和干燥。金器不需要特殊的存储环境，它可以在室温下用软纸包裹储存。

鎏金是中国古代的传统工艺。近年来出土的大量鎏金文物证实了它具有2000多年的历史。中国的鎏金工艺始于春秋末期，根据鎏金记录，在公元3世纪，古埃及才开始使用金汞合金，古罗马在公元1世纪才有金溶于汞的记载。

对于鎏金银器，其他金属混入鎏金层中会导致腐蚀，除此之外，主要还是银器胎体的腐蚀。此外，鎏金银器中的金银合金结构在潮湿的环境中会产生腐蚀电池，其中的银会成为阳极并被腐蚀。因此，鎏金银器中银的腐蚀速率一般大于普通银器，其防护研究值得重视。

表面封护处理是通过表面涂料形成致密的表面膜覆着于文物表面，以此防止水分和其他外界物质侵入。这种防护性技术可降低大气湿度对文物表面的影响，但水分受到压力的影响会从次表面溢出，从而导致表面出现粉末化。通过研究发现，有些封护材料具有同时防止腐蚀性介质侵入和阻止水蒸气透出的性能，能够有效减少压力造成的损坏[99]。

目前，学者们常把合成高分子材料作为文物封护剂的研究方向。在鎏金银器的防护中，常用聚氨酯、有机硅树脂、丙烯酸树脂、氟碳树脂、环氧树脂等作为封护剂[100]。林宜超发现，热固性丙烯酸树脂和有机硅树脂涂料是具有优异性能的Ag封护材料[101]。周浩通过对氟碳封护剂的研究发现，因C—F键能大，且不易断裂，氟碳封护剂降解极难，可逆性较差，难以在文物表面去除[102]。张欢在东晋龟钮鎏金铜印表面涂刷3%的ParaloidB-72。待其干燥后，再涂抹下一层，经3次涂抹后，观察发现，有无色透明的密封膜覆着于鎏金铜印表面，但由于局部B-72浓度的累积，可能会出现眩光[103]。杨洪俊等人对聚氨酯改性有机硅做了深入研究，将其用作室外鎏金文物的封护材料，并取得了良好的保护效果[104]。肖璘等人对四川彭州出土的银器利用3%的B-72进行封护，在相对湿度为55%～60%的环境下，封护效果良好[98]。陈鑫[105] 用纳米ZnO对水性丙烯酸进行纳米改性，发现其纳米复合涂层抗紫外线性能优异，其耐候性、抗拉强度、硬度和耐磨性都得到了提高。郭少文等人[106] 用纳米TiO_2和SiO_2进行改性，制备出的聚合物复合材料具有透明、无色及其他优异性能，作为铁质文物封护剂。Foster Produets公司做了混合纳米ZnO（10～80nm）、填料和乳化TX方向的研究，制备出的纳米TX具有杀菌、防霉和抗紫外线等优异性能[107]。

6.5 展望

在文物防腐研究中，相对其他材质，铁质文物发生腐蚀的原因更加复杂多变，要有针对性地采取相应的防腐蚀措施，只能通过对各种影响因素进行深入的分析研究。我国考古发掘的铁质文物不仅仅是悠长历史的见证，更是中华文化和文明的载体。我们有义务也有责任做好保护工作，在未来的保护工作中，要有针对性地加强对缓蚀剂和封护材料的研究，尽快将铁质文物防腐蚀技术提升到更高水平。

铜器封护剂分为天然封护材料、合成高分子封护材料和有机-无机杂化材料三类，其中应用广泛的是合成高分子封护材料[53]。在封护剂的使用中，最能反映其使用价值的是耐候性。因此，铜器封护剂需进行耐候性的提升实验。使用封护材料对文物进行封护保护时，需要考虑被封护文物的具体情况，如文物所处的外部环境，包括环境温度高低、昼夜温差、冬夏温差。总体上看，在室内使用的封护剂更强调优异的再加工性而不再追求长效，以适应对室内文物定期进行维护。与之不同，针对永久的室外文物，封护的长期有效性则更重要，即更追求耐候性及耐老化性。

目前人们对银器封护剂的研究相对较少。丙烯酸树脂（常用 B-72）、有机硅、聚氨酯、环氧树脂和氟碳树脂常用于银质文物的封护。丙烯酸树脂耐水性和耐紫外线老化性较差，成膜后光泽度高；有机硅具有良好的耐腐蚀性和耐候性，对石质多孔材料的封护效果好，但对金属的附着力差；环氧树脂因耐候性相对较差，通常用于室内的文物保护；氟碳树脂具有良好的耐腐蚀性、耐候性和抗紫外线老化性，已引起文物保护工作者和研究人员的重视。结果表明，氟碳树脂对金属文物铜、铁有着显著的封护效果，但其对银的保护性能还尚有欠缺，如何提高其对银器的封护作用还需作进一步的研究。近年来的研究表明，封护材料经过纳米改性后，能使材料拥有良好的自清洁性、耐腐蚀性和耐候性，为户外防护和长期防护研究提供了新的思路。在银防护材料的研究中，经常采用模拟实验。模拟银片的含银量主要分为两类：我国常用含银量约 99.9%的样品；国外大多使用含银量约为 92.5%的样品。大多数古代银器是由合金制成的，它们的合金金属成分和比例各不相同，不同的合金成分可能导致不同状态下的腐蚀。目前，模拟样品的成分单一，其金属成分与该成分下银器的主要腐蚀类型、腐蚀程度和腐蚀速率之间的关系还有待进一步研究。

纯金器的化学稳定性较高，通常无须使用封护剂进行文物封护，只需将其表面清洗干净即可。但对于鎏金银器，因其表面鎏金层与银基体形成的原电池效应，反而使银基体被加速腐蚀。因此需要使用聚氨酯、有机硅树脂、丙烯酸树脂、氟碳树脂、环氧树脂等封护材料对鎏金银器的表面进行封护。

尽管目前文物保护工作者对金属文物的保护取得了一定成果，但仍有需要解决的问题：①针对金属文物的不同状态，确定其化学组成与腐蚀状态和环境要素的内部关系，为选择合适的防护方案起到指导作用；②明确缓蚀剂化学结构、合金组分与缓蚀机理的关系，规范铁质文物防护的缓蚀剂选择与研发；③对现代封护剂的可逆性进行持续改进，从缓蚀/封护的综合防护效果角度来优选封护工艺[7]。如何有效解决以上问题是目前文物封护的当务之急。

文物封护的首要问题是如何选择合适的封护材料。对金属文物而言，因其表面通常存在锈层，表面光洁度无法满足现代工业生产的要求，因此涂装材料显得更加重要。目前，考古工作者还未系统地研究涂层材料在铁质文物锈蚀表面的作用，因此涂层材料的长期有效性还有待探索。我们应该对文物保护展开更加充分详细的研究，使用正确的保护方法和材料来完成国家文物封护的大任。

参考文献

[1] Watkinson D E, Rimmer M B, Emmerson N J. The influence of relative humidity and intrinsic chloride on post-excavation corrosion rates of archaeological wrought iron[J]. Studies in Conservation, 2019,64(8): 456-471.

[2] 许淳淳，岳丽杰，欧阳维真. 海底打捞铁质文物的腐蚀机理及其脱氯方法[J]. 文物保护与考古科学，2005，17(3)：55-59.

[3] 包春磊，贾世杰，符燕. 海南省博物馆馆藏出水古铁炮腐蚀产物分析[J]. 腐蚀与防护，2014，35(1)：83-86，90.

[4] 国家文物局考古研究中心，北京化工大学. 一种可视化荧光监测铁器腐蚀及保护的表征方法：CN202311196718.8[P]. 2023-12-29.

[5] 傅英毅，范敏，廉卫珍，等. 铁质文物防腐工艺初步研究[J]. 广东化工，2017，44(18)：69-70.

[6] 沈大娲，马清林. 硅酸盐缓蚀剂的研究及其在铁质文物保护中的应用[J]. 腐蚀科学与防护技术，2009，21(6)：568-570.

[7] 夏琦兴，杜静楠，杨欢，等. 铁质文物的腐蚀机制及防护策略[J]. 材料保护，2020，53

(12): 101-105.

[8] 刘明轩. 铁质文物腐蚀与保护措施之浅析[J]. 文物鉴定与鉴赏, 2020(24): 88-90.

[9] Chang K C, Ji W F, Lai M C, et al. Synergistic effects of hydrophobicity and gas barrier properties on the anticorrosion property of PMMA nanocomposite coatings embedded with graphene nanosheets[J]. Polymer Chemistry, 2014, 5(3): 1049-1056.

[10] Chen L, Song R G, Li X W, et al. The improvement of corrosion resistance of fluoropolymer coatings by SiO_2/poly(styrene-co-butyl acrylate) nanocomposite particles [J]. Applied Surface Science, 2015, 353(OCT. 30): 254-262.

[11] 房亚楠, 秦立光, 赵文杰, 等. 氟碳涂料在防腐领域的研发现状和发展趋势[J]. 中国腐蚀与防护学报, 2016, 36(2): 97-106.

[12] Duan Y P, Zhao Y P, Liu J, et al. Waterborne fluorocarbon resin and its application in the protection of fair-faced concrete[J]. Modern Paint & Finishing, 2022, 307(4): 1-9.

[13] 于国玲, 李晓黎, 常建英, 等. 几种新型富锌涂料的研究进展[J]. 上海涂料, 2020, 58(2): 30-33.

[14] Leivo E, Wilenius T, Kinos T, et al. Properties of thermally sprayed fluoropolymer PVDF, ECTFE, PFA and FEP coatings[J]. Progress in Organic Coatings, 2004, 49(1): 69-73.

[15] 吴严明, 黄焯轩, 蔡劲树, 等. FEVE树脂改性聚酯-丙烯酸粉末涂料的制备与性能研究[J]. 涂料工业, 2021, 51(06): 20-27.

[16] Vail J R, Krick B A, Marchman K R, et al. Polytetrafluoroethylene (PTFE) fiber reinforced polyetheretherketone (PEEK) composites [J]. Wear, 2011, 270 (11-12): 737-741.

[17] Zhang W, Shi Z, Zhang F, et al. Superhydrophobic and superoleophilic PVDF membranes for effective separation of water-in-oil emulsions with high flux. [J]. Advanced Materials, 2013, 25(14): 2071-2076.

[18] 翁睿, 朱海军, 徐可. 有机硅/氟改性丙烯酸乳液的性能研究[J]. 武汉理工大学学报, 2016, 38(2): 17-21.

[19] 吕钊, 王科, 于雪艳, 等. 水性氟碳面漆的制备与性能研究[J]. 中国涂料, 2018, 33(9): 31-35.

[20] 刘景, 段衍鹏, 陈宝林, 等. 高固含氟碳涂料的制备与性能研究[J]. 山东化工, 2021, 50(14): 31-33.

[21] 于国玲, 陈宛瑶, 王学克, 等. 低VOC双组分水性环氧树脂涂料的配制及性能研究[J]. 涂料技术与文摘, 2020, 041(004): 14-17, 39.

[22] 问娟娟, 刘浪浪, 刘斌, 等. 氟碳树脂改性水性外墙涂料的研制[J]. 化学与生物工程, 2019, 36(10): 20-23.

[23] 张景海, 郭希刚, 石养渡, 等. 热固性FEVE四氟氟碳粉末涂料树脂的开发[J]. 有机氟工

业，2018，181(4)：13-15，40.

[24] 韩明虎，张腊腊，武芸，等. 纳米改性氟碳涂料的研究进展[J]. 日用化学工业，2019，49(5)：328-334，340.

[25] 何庆迪，蔡青青，刘银. 氟硅改性丙烯酸弹性乳液的研制[J]. 涂料技术与文摘，2016，37(5)：43-47.

[26] 姜宇，董雪超，郑超，等. 无溶剂涂料抗阴极剥离性能研究[J]. 涂料技术与文摘，2013，34(9)：32-36.

[27] 陆书葶. 含氟功能涂料的制备[D]. 济南：济南大学，2017.

[28] 于国玲，刘云凡，王学克. 几种新型 UV 固化涂料的研究进展[J]. 上海涂料，2019，57(5)：27-30.

[29] 赵柯，张万里，孙斌，等. 氟碳涂料研究进展[J]. 浙江化工，2023，54(4)：4-8.

[30] 于国玲，赵万赛，王学克. 杂化涂料的最新研究进展[J]. 弹性体，2019，29(5)：68-72.

[31] Turn S，Seicchitano R. Progress of organic coatings[J]. Surface Coatings International，2000(8)：384-389.

[32] Gooch J W，Dong H，Schork F J. Waterborne oil-modified polyurethane coatings via hybrid miniemulsion polymerization[J]. Journal of Applied Polymer Science，2000，76(1)：105-114.

[33] Kukanja D，Golob J，Krajanc M，et al. The structure and properties of acrylic-polyurethane hybrid emulsion and comparison with physical blends[J]. J Appl Polym Sci，2000，78(1)：67-80.

[34] Hirose M，Kadowaki F，Zhou J. The structure and properties of core-shell type acrylic-polyurethane hybrid aqueous emulsions[J]. Progress in Organic Coatings，1997，31(1)：157-169.

[35] 高文艺，任立国，凌立锋. 环氧树脂涂料的水溶性改性[J]. 辽宁石油化工大学学报，2008，28(01)：8-12.

[36] 徐佳，蓝仁华. 环氧磷酸酯防腐涂料乳液的合成研究[J]. 广东化工，2007，34(1)：9-12.

[37] 覃文清，李风. 钢结构防火、防腐双功能涂料的研究[J]. 涂料工业，2008，38(3)：24-26.

[38] 侯光宇，聂俊，谭征兵. 环氧有机硅油改性丙烯酸树脂的合成及性能[J]. 热固性树脂，2007，22(6)：11-14.

[39] 刘文艳，孙建中，周其云. 有机硅改性水性环氧树脂的合成与表征[J]. 高校化学工程学报，2007，21(6)：1044-1048.

[40] 姚祥雨. 反应型乳化剂作用下的丙烯酸酯共聚物乳液[J]. 武汉理工大学学报，2011，33(1)：37-40，55.

[41] 许海燕，张兴元，戴家兵. 氟改性双组分水性丙烯酸聚氨酯涂料性能研究[J]. 聚氨酯工业，2012，27(001)：27-30.

[42] Xu W，Liu M，Zhong X，et al. Smooth water-based antismudge coatings for various

substrates[J]. ACS sustainable Chemistry & Engineering，2017，5(3)：2605-2613.

[43] Shimokawa W，Fukazawa Y. Fluorine - containing acrylic polymer aqueous：JP 051753826 [P]. 1993-01-26.

[44] 幸松民，王一璐. 有机硅合成工艺及产品应用[M]. 北京：化学工业出版社，2000.

[45] Lu D，Xiong P，Chen P，et al. Process for preparing fluorin，silicon，epoxide modified low surface energy acrylate emulsion for heavy anti-corrosion paint：CN1944476A[P]. 2007-04-11.

[46] Cui X，Zhong S，Gao Y，et al. Preparation and characterization of emulsifier-free core - shell interpenetrating polymer network-fluorinated polyacrylate latex particles[J]. Colloids & Surfaces A Physicochemical & Engineering Aspects，2008，324(1-3)：14-21.

[47] Cheng X，Chen Z，Shi T，et al. Synthesis and characterization of core-shell LIPN-fluorine-containing polyacrylate latex[J]. Colloids & Surfaces A Physicochemical & Engineering Aspects，2007，292(2-3)：119-124.

[48] 龙志坤. “南海Ⅰ号”出水铜器及其保护[J]. 文物天地，2020(2)：52-54.

[49] 陈全家，王法岗，王春雪. 嫩江流域青铜时代生业方式研究[J]. 华夏考古，2011(2)：46-53.

[50] 郭灵舢. 青铜文物的化学保护[J]. 海峡科学，2010(8)：5-8.

[51] 孙淑云，韩汝玢，李秀辉. 中国古代金属材料显微组织图谱：有色金属卷[M]. 北京：科学出版社，2011：140.

[52] 孙淑云，韩汝玢，李秀辉. 中国古代金属材料显微组织图谱：有色金属卷[M]. 北京：科学出版社，2011：137-139.

[53] 王荣，田兴玲，贾政. 铜质文物封护材料的研究及应用[J]. 全面腐蚀控制，2020，34(2)：20-27，98.

[54] “青铜文物保护新技术研究”课题组. 青铜文物保护研究现状及发展趋势[J]. 殷都学刊，2004(3)：22-25.

[55] 王月，顾聪. 铜表面BTA薄膜在强酸中耐蚀性的电化学阻抗研究[J]. 腐蚀科学与防护技术，1994(4)：311-317.

[56] 张娟，李周，陈畅，等. BTA及其复配铜缓蚀剂的研究进展[J]. 材料导报，2008，22(9)：83-85.

[57] Cotton J B，Scholes I R. Benzotriazole and related compounds as corrosion inhibitors for Copper[J]. British Corr，1967，2(1)：1-5.

[58] Madsen H B. A preliminary note on the use of benzotriazole for stabilizing bronze objects [J]. Stud Conserv，1967，12(4)：163-167.

[59] Rother H J，Kuron D，Storp S. Proceedings of the 6th European symposium on corrosion inhibitors (6SEIC)[M]. Ferrara，Italy：Universitàdegli Studi di Ferrara，1985：397.

[60] Ganorkar M C，Pandit Rao V，Ayathri P G，et al. A novel method for conservation of

copperbased artifacts[J]. Stud Conserv，1988，33(2)：97-101.
[61] 朱一帆，李大刚，施兵兵，等. AMT保护青铜的研究[J]. 材料保护，1998(5)：6-8.
[62] 李瑛，曹楚南，林海潮，等. AMT在铜表面形成保护膜的STM研究[J]. 物理化学学报，1998(4)：365-368.
[63] 朱一帆，施兵兵，李大刚，等. AMT及其复合物在青铜表面形成保护膜的耐蚀性研究[J]. 南京化工大学学报，1999(2)：16-20.
[64] 万俐，徐飞，陶保成，等. AMT复合剂保护青铜文物的研究[J]. 东南文化，2002(1)：90-92.
[65] 徐飞. 缓蚀剂BTA和AMT保护青铜文物的对比研究[J]. 东南文化，2003(7)：89-91.
[66] 韩玉民，郝存江. AHH-1复合剂去除青铜粉状锈及缓蚀性能研究[J]. 安阳师范学院学报，2003(5)：63-64，75.
[67] 王昕，张春丽. 钼酸钠和三乙醇胺对铜的缓蚀作用[J]. 腐蚀科学与防护技术，2004(1)：44-46.
[68] 胡钢，吕国诚，许淳淳，等. BTA和钼酸钠对青铜的协同缓蚀作用研究[J]. 腐蚀科学与防护技术，2008(1)：25-28.
[69] 冯绍彬，李振兴，冯丽婷，等. 新型青铜器缓蚀剂的研制及其应用效果[J]. 材料保护，2009(10)：55-57.
[70] 杨璐，王丽琴，冯楠，等. 文物保护用环氧树脂的光稳定剂研究 [J]. 文物保护与考古科学，2007(4)：28-32.
[71] 闫庆联. Parylene膜层对青铜文物的保护研究[J]. 中国历史文物，2006(3)：81-82.
[72] Rodgers B A . The archaeologist's manual for conservation：a guide to non-toxic，minimal intervention artifact stabilization[M]. Heidelberger：Springer Berlin，2004.
[73] 沈大娲，马立治，潘路，等. 铁质文物保护的封护材料[J]. 涂料工业，2009，39(1)：17-19.
[74] 潘郁生，黄槐武. 广西博物馆汉代铁器修复保护研究[J]. 文物保护与考古科学，2006(3)：5-10.
[75] 王菊琳，刘军，席鹏. 金属文物用封护剂性能研究[C]//中国文物保护技术协会，新疆文物古迹保护中心. 中国文物保护技术协会会议论文集. 北京：科学出版社，2010：342-347.
[76] 许淳淳，于森，王菊琳. 铜表面透明防蚀封护剂的研究[J]. 腐蚀科学与防护技术，2004(4)：226-228.
[77] Yang C J，Liang C H，Wang P，et al. Investigation of SIMS to silver tarnish film on the surface commemoration silver coin [J]. Rare Metal Materials and Engineering，2007，36(4)：629-632.
[78] Fergus J W，Malliped C V S，Edwards D L. Silver/silver-oxide composite coating for intrinsically adaptive thermal regulation [J]. Composites Part B：Engineering，1998，29(1)：51-56.

[79] 马孟骅. 抗变色银合金及其制备方法[J]. 中国钼业，2003，27(1)：44-45.

[80] 李永涛，熊惟皓，杨青青. 首饰用抗变色银合金研究进展[J]. 材料导报，2006，20(5)：67-69.

[81] Bennett H E. Formation and growth of tarnish on evaporated silver films[J]. Journal of Applied Physics，1969(40)：3351.

[82] 毛秀英，田开尚. 镀银件腐蚀变色机理及防变色工艺[J]. 电镀与环保，1995，15(1)：8-10.

[83] 沈大娲，梁宏刚，孔祥山. 中国钱币博物馆部分陈列银币、铜币的腐蚀产物及成因研究[J]. 文物保护与考古科学，2008(1)：33-41.

[84] 袁军平，申柯娅. 抗变色银合金研究概述[J]. 番禺职业技术学院学报，2005(2)：36-38.

[85] Volpe L，Peterson P J. The atmospheric sulfidation of silver in a tubular corrosion[J]. Corrosion Science，1989，29(10)：1179-1187，1189-1196.

[86] Kleber C，Wiesinger R，Schnöller J，et al. Initial oxidation of silver surfaces by S^{2-} and S^{4+} species[J]. Corrosion Science，2008，50(4)：1112-1121.

[87] Kim H. Corrosion process of silver in environments containing 0.1 ppm H_2S and 1.2 ppm NO_2[J]. Materials and Corrosion，2003，54(4)：243-250.

[88] Graedel T E，Franey J P，Gualtieri G J，et al. On the mechanism of silver and copper sulfidation by atmospheric H_2S and OCS [J]. Corrosion Science，1985，25(12)：1163-1180.

[89] Franey J，Graedel T. The corrosion of silver by atmospheric sulfurous gases [J]. Corrosion Science，1985，25(2)：133-143.

[90] 郑翼. 银及其产品表面改性研究[J]. 甘肃冶金，2008(4)：61-66.

[91] 郭振琪，程德润. 秦俑一号铜车马残件X射线衍射分析：青铜器和银器锈蚀机理比较[J]. 西北大学学报：自然科学版，1999，29(4)：309-312.

[92] 方景礼. 银层光照和 Na_2S 处理致变色的机理[J]. 电镀与精饰，1985，000(004)：14-19.

[93] Sinclair J D. Tarnishing of silver by organic sulfur vapors：rates and film characteristics[J]. Journal of The Electrochemical Society，1982，129(1)：712-721.

[94] 沈勇，张惠芳，王黎明，等. 银器的变色和防护技术[J]. 上海工程技术大学学报，2005，19(2)：129-132.

[95] 张治国. 古代鎏金银器、玻璃器、香料保护技术：南京阿育王塔及出土文物保护技术研究[M]. 北京：科学出版社，2014.

[96] 秦正龙. 化学与金属类文物的保护[J]. 化学教学，1995(10)：29-30.

[97] 王武钰，何海平. 铁质文物脱盐清洗及封护研究[M]. 北京：北京燕山出版社，2008.

[98] 肖璘，白玉龙. 四川彭州出土窖藏银器的锈蚀物分析和保护方法研究[C]//中国化学会. 第六届全国考古与文物保护化学学术会议论文集，2000:43-45.

[99] 和玲. 艺术品保护中的高分子化合物[M]. 北京：化学工业出版社，2003:13-15.

[100] 栾莉. 鎏金器、银器保护技术研究[D]. 北京：北京化工大学，2012.

[101] 林宜超. 银制工艺品的变色与防护[J]. 材料保护，1993，26(3)：28-31.

[102] 周浩. 银器表面缓蚀封护涂层保护作用的性能评定[C]//中国文物保护技术协会，故宫博物院文保科技部. 中国文物保护技术协会第五次学术年会论文集. 北京：科学出版社，2007：286-289.

[103] 张欢. 韶关东晋古墓出土龟钮鎏金铜印的保护[C]//中国化学会应用化学委员会，广东美术馆. 文物保护与修复纪实——第八届全国考古与文物保护(化学)学术会议论文集. 广州：岭南美术出版社，2004：219-225.

[104] 杨洪俊，蒋松元. 户外鎏金文物保护涂料[J]. 涂料工业，1991(2)：18-20，3.

[105] 陈鑫. 纳米氧化锌改性水性丙烯酸涂料的制备与研究[D]. 吉林：长春理工大学，2011.

[106] 郭少文，欧阳维真. 一种新型复合封护剂的配方研究[J]. 梧州学院学报，2008，18(3)：20-24.

[107] 耿耀宗. 现代水性涂料工艺、配方、应用[M]. 北京：中国石化出版社，2003.